석학
人文
강좌
58

한국어의 방언

석학人文강좌 58

한국어의 방언

초판 1쇄 인쇄 2015년 4월 6일

초판 1쇄 발행 2015년 4월 15일

지은이 최명옥

펴낸이 이방원

편 집 강윤경 · 김명희 · 안효희 · 김민균

디자인 박선옥 · 손경화

마케팅 최성수

펴낸곳 세창출판사

출판신고 1990년 10월 8일 제300-1990-63호

주소 120-050 서울시 서대문구 경기대로 88 냉천빌딩 4층

전화 723-8660

팩스 720-4579

이메일 sc1992@empal.com

홈페이지 http://www.sechangpub.co.kr

ISBN 978-89-8411-518-7 04700

978-89-8411-350-3(세트)

_ 책 값은 뒤표지에 있습니다.

이 도서의 국립중앙도서관 출판시도서목록(CIP)은 서지정보유통지원시스템 홈페이지(http://seoji.nl.go.kr)와 국가자료공동목록시스템(http://www.nl.go.kr/kolisnet)에서 이용하실 수 있습니다. (CIP제어번호: CIP2015009801)

석학
人文
강좌
58

한국어의 방언

최명옥 지음

세창출판사

_ 책머리에

사람은 의사소통을 통하여 상호관계를 맺고 사회를 형성하며 삶을 유지한다. 의사소통에 결정적인 역할을 하는 것은 언어다. 언어가 없다면 자유로운 의사소통은 불가능할 것이며 사람들은 모두 침묵 속에서 답답한 삶을 살아가야 할 것이다. 언어가 가진 그러한 의사소통의 기능은 언어의 수행적(遂行的) 기능이다. 언어가 가진 심층적 기능은 사람의 '사고'(思考)를 지배하는 기능이다. 이 기능이 절대적이라고는 할 수 없지만, 거의 절대적이라고 하는 것이 일반적이다. 우리가 전혀 모르는 언어 사용지, 예를 들면, 프랑스나 독일이나 터키에서 프랑스어나 독일어나 터키어로 의사소통을 해야 할 경우를 생각해보면 그러한 사실을 실감할 것이다.

납득하기가 그렇게 쉽지는 않겠지만, 깊이 생각해 보면, 사람의 '사고'는 '언어'를 매체로 하여 형성된다고 할 수 있다. 한 나라 국민이나 한 지역 주민들의 '사고'(思考)가 가시적(可視的)으로 드러난 것이 그 나라 문화나 그 지역의 문화라고 한다면, 그 나라나 그 지역의 문화를 이해하기 위해서 필요한 것은 그 나라나 그 지역의 언어에 대해 이해하는 것이다. 그 나라나 그 지역의 언어는 그 나라 국민이나 그 지역 주민들의 '사고'와 불가분의 관계를 가지고 있기 때문이다.

'언어'를 구성하는 요소는 '어휘'와 '문법'과 '음운'이다. '어휘'는 단어(한국어의 경우는 어간과 어미)로 구성된다. 어휘를 구성하는 '단어'는 사고의 알맹이다. 이들 알맹이들을 연결하여 최소의 완결된 사고 단위인 문장을 만들고 복잡한 사고를 나타내기 위해 문장들을 결합하여 길고 복잡한 문장을 만드는 것이 '문법'이며 만들어진 '문장'을 음성으로 실현시키는 것이 '음운'이다. 따라서 사람의 '사고'를 이해하기 위해서는 '언어'에 대한 이해가 필수적이다. '언어'에 대한 이해는 해당 언어를 구성하는 '어휘'와 '문법'과 '음운'에 대한 이해를 통하여 가능하게 된다.

'한국'으로 범위를 한정한다면, 한국 사람의 '사고'는 '한국어'를 매체로 하여 형성된다고 할 수 있다. 그러므로 한국 사람의 '사고'를 이해하기 위해서는 먼저 '한국어'를 이해해야 한다. '한국어'를 이해하기 위해서는 한국어를 구성하는 '어휘'와 '문법'과 '음운'에 대해서 이해해야 한다. 그러나 우리는 한국 사람이지만, '한국어'의 실상에 대해서는 잘 모른다. 우리가 알고 있는 '한국어'는 '한국어 표준어'에 거의 한정된다. 한국의 표준어는 한국 사람 전체를 대상으로 하는 한국의 정치, 경제, 사회, 교육 등을 위해 만들어진 인공어(人工語)다. 그런데 우리가 실제로 사용하는 한국어는 표준어가 아니라 각자가 소속되어 있는 지역의 언어 즉 지역어나 방언이다. 따라서 인공어가 아닌 자연어로서의 '한국어'를 이해하기 위해서는 한국어를 구성하고 있는 방언들의 '어휘'와 '문법'과 '음운'을 알아야 한다.

필자는 오래전부터 '한국어학'이 상아탑에서 나와 일반인과 가까워져서 일반인들이 교양으로서의 '한국어학'에 대해 이해할 수 있는 책을 쓰고 싶은 생각을 가지고 있었다. 그러다가 2013년 10월에 교육부가 주최하고 한국연구재단이 주관하는 '석학과 함께하는 인문강좌'에서 '한국어의 방언'을 주제로 강의할 기회를 가지게 되었다.

이 책은 그때의 강의 내용을 바탕으로 집필한 것이다. 음운, 형태와 통사, 어휘를 대상으로 한국어의 대방언들을 비교·대조함으로써 일반인들이 '한국어'를 이해하는 데에 도움이 되도록 하는 한편 넓게는 자연어로서의 한국어, 좁게는 '한국어 방언학'에 관심을 가지고 있는 대학생들이나 대학원생들에게 길잡이가 되도록 하는 것이 이 책의 저술 목적이다. 가능한 한 쉽게 설명하려고 노력했지만, 언어학에 사용되는 용어가 내용을 이해하는 데에 장애가 될 것을 감안하여 생소하다고 생각되는 용어에 대해서는 설명을 추가하였다.

이 책이 간행되기까지 여러분들의 도움이 있었다. 먼저 강의와 저술의 기회를 준 한국연구재단과 인문강좌 관계자 여러분에게 감사드리며, 무엇보다 매주 토요일 오후에 두 시간씩 3주에 걸친 강의에 참석하여 경청해 주신 여러분과 4주차의 '질의와 토론'에서 중요한 문제를 질의하고 진지하게 토론에 참여해 주신 여러분께 감사드린다. 그리고 직접 원고를 읽고 잘못된 곳을 수정하여 필자에게 원고 수정의 수고를 많이 줄여주신 세창출판사의 임길남 상무님과 복잡한 원고를 잘 정리하여 보기 좋은 책을 만들어 준 편집부 강윤경 대리와 이해하기 쉽고 품위 있는 지도를 제작해 준 디자인부 박선옥 차장에게 감사드린다.

2015년 3월

최 명 옥

차례

_ 책머리에 · 5
_ 일러두기 · 12

제 1 장 | 서 론 · 17

제 2 장 | 한국어 방언의 이해를 위한 기본 문제 · 29

2.1. 한국어 방언의 실상 · 31
2.2. 방언 일반론 · 56
2.2.1. 몇 가지 용어의 개념: 언어, 방언, 표준어, 지역어, 사투리 · 56
2.2.2. 방언의 형성 · 59
2.2.3. 방언의 성격 · 62
2.2.4. 방언의 중요성 · 65

제 3 장 | 한국어 방언의 음운 · 73

3.1. 음운 목록 · 75
3.2. 음운과정 · 87
3.2.1. 교체 · 87
[1] 평파열음소화 [2] 자음소동화
[3] 유음소화 [4] /X이]Vst 어Y/의 음운과정
3.2.2. 탈락 · 101
[1] 자음소군 단순화 [2] 어미초의 /으/ 탈락
[3] 어간말의 /ㅎ/ 탈락 [4] 어간말의 /ㄹ/ 탈락
[5] 어간말 /어/ 또는 /아/ 탈락 [6] 어간말의 /으/ 탈락
3.2.3. 축약 · 112
[1] /여/의 /에/화 [2] 유기음소화

제 4 장 | 한국어 방언의 형태와 통사 · 117

4.1. 한국어 방언의 존대등분 · 126

4.1.1 동남방언의 존대등분 · 128
4.1.2. 동북방언의 존대등분 · 133
4.1.3. 서남방언의 존대등분 · 134
4.1.4. 서북방언의 존대등분: 평북 〈운전〉지역어 · 135
4.1.5 중부방언의 존대등분 · 136
4.1.6. 제주방언의 존대등분 · 141

4.2. 활용어미 · 143

4.2.1. 종결어미: 의문법 종결어미 · 145
[1] 영수체 | [2] 자네체 | [3] 아저씨체 | [4] 할아버지체
4.2.2. 연결어미 · 195
4.2.3. 선어말어미 · 212

4.3. 곡용어미 · 219

4.3.1. 주격어미 · 220
4.3.2. 목적격어미 · 224
4.3.3. 공동격어미 · 227
4.3.4. 호격어미 · 229

제 5 장 | 한국어 방언의 어휘 · 233

5.1. 친족 어휘 · 244

5.1.1. 부계(父系)와 모계(母系) 조부모 · 244
5.1.2 부계의 부모와 백부모(伯父母)와 시가(媤家)의 부모 · 246
5.1.3. 처가의 부모와 '누이', '도련님' · 249

5.2. 인체 어휘 · 250
5.2.1. 상체 부분의 명칭 (1) · 251
5.2.2. 상체 부분의 명칭 (2) · 252

5.3. 가축 어휘 · 255
5.4. 들짐승과 날짐승 어휘 · 259
5.5. 꽃과 풀 어휘 · 262
5.6. 음식과 음식 재료 어휘 · 265
5.7. 채소 어휘 · 269
5.8. 각 방언의 특수 어휘 · 272
5.8.1. 동남방언 · 272
5.8.2. 동북방언 · 273
5.8.3. 서남방언 · 274
5.8.4. 서북방언 · 276
5.8.5. 중부방언 · 276
5.8.6. 제주방언 · 277

제 6 장 | 결 론 · 279

_ 참고문헌 · 297
_ 찾아보기 · 305

일러두기

이 책에서 사용되는 기호나 문헌 약호는 다음과 같다.

a, b(+대)	a보다 b가 더 많이 사용된다.
노	노년층
(신)	신형(新形)
(구)	구형(舊形)
Vst	동사나 형용사의 어간
C	자음소
V	모음소
⟧	범주표시
∅	없음(無)
j	'형태'나 '형태소'에 사용된 j는 '야(ja)'의 첫음과 동일한 짧은 '이'임.
a(b)	ab 또는 a
X{Y, Z}	XY와 XZ
{X, Y}Z	XZ와 YZ
X{a, b}–	이형태 'Xa–'와 'Xb–'
/X{a–b}–/	어휘화한 이형태 /Xa–/와 /Xb–/를 포괄하는 복합형태소
a → b	현재 a가 b로 된다.
a 〉 b	역사적으로 a가 b로 변한다
a(〈b), (b〉)a	b에서 변한 a
〈 〉	'지명', '표준어 역'이나 '예문 출전'을 표시한다.
A(→ /B/)	음운과정 A 뒤에 다시 A는 B로 된다.
S_1S_2 → S	문장 S_1S_2는 문장 S로 된다.

:	장음(長音)
::	: 보다 긴 장음
~	비음(鼻音)
/ /	'형태음소', '교체형', '기저형' 표시
참	참고(cf.)
곡	월인천강지곡(月印千江之曲)
금삼	금강경삼가해(金剛經三家解)
남궁	남궁계적(南宮桂籍)
남명	남명천계송언해(南明泉繼頌諺解)
노걸	노걸대언해(老乞大諺解)
능	능엄경언해(楞嚴經諺解)
두초	두시언해초간본(杜詩諺解初刊本)
번소학	번역소학(飜譯小學)
석상	석보상절(釋譜詳節)
용가	용비어천가(龍飛御天歌)
월석	월인석보(月印釋譜)
조군	조군령적지(竈軍靈蹟誌)
첩신	첩해신어(捷解新語)
훈언	훈민정음언해(訓民正音諺解)
(금삼 2: 12a)	금강경삼가해 2권 12장 앞면

한국백지도(1991년 9월 이전)

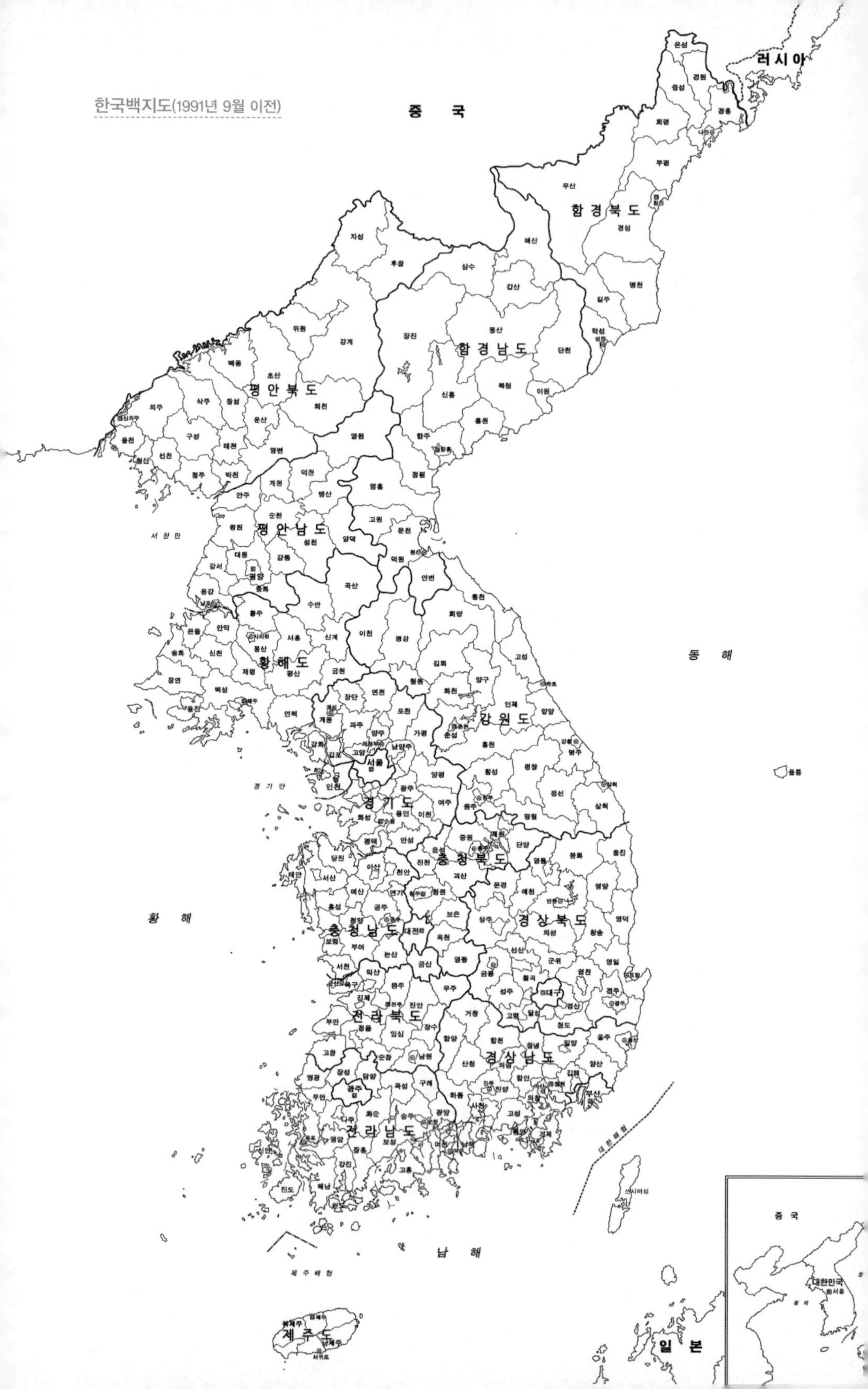

남한의 백지도

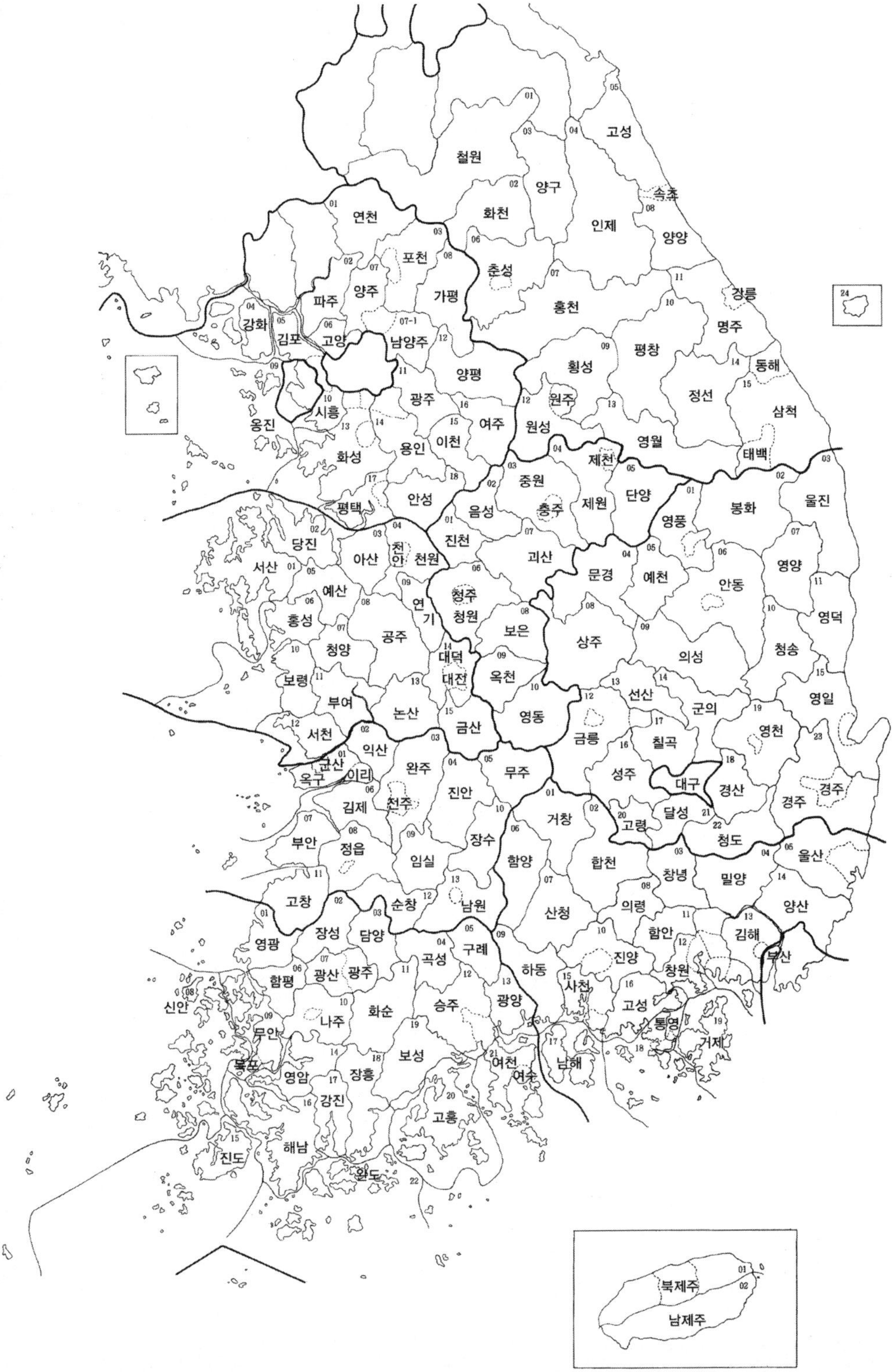
철원
고성
양구
속초
연천
화천
인제
양양
포천
춘성
파주
양주
가평
강릉
홍천
강화
김포
고양
남양주
명주
평창
횡성
양평
동해
옹진
시흥
광주
원주
정선
삼척
여주
원성
이천
용인
화성
영월
제천
태백
중원
안성
평택
음성
충주
제원
단양
봉화
울진
영풍
당진
아산
천안
천원
진천
괴산
서산
문경
예천
영양
예산
청주
연기
안동
홍성
청원
보은
영덕
공주
상주
의성
청송
청양
대덕
보령
대전
옥천
선산
영일
부여
논산
금산
영동
군의
금릉
칠곡
영천
서천
익산
군산
옥구
이리
완주
무주
성주
대구
경산
경주
김제
전주
진안
거창
달성
고령
청도
부안
정읍
장수
울산
임실
함양
합천
창녕
밀양
고창
순창
남원
산청
의령
양산
영광
장성
담양
곡성
구례
함안
김해
부산
하동
진양
함평
광산
광주
사천
창원
신안
나주
화순
승주
광양
고성
통영
거제
무안
목포
영암
장흥
보성
여천
여수
남해
강진
고흥
해남
진도
완도
북제주
남제주

제 1 장

—

서론

일반적으로 우리는 매일 말을 하고 말을 들으면서 살고 있다. 아침에 일어나서는 지난 밤에 별일 없이 잘 잤는지 확인하는 말로 시작하여 아침 식사를 하기 전에는 신문이나 TV 등을 통하여 뉴스나 아침방송을 듣고, 필요에 따라 그중에 일부를 주제로 서로 의견을 교환한다. 직장인의 경우에는, 아침 식사 후 출근 중에 스마트폰으로 뉴스나 음악을 듣고 혹은 드라마를 보기도 하며 직장에서는, 아침 조회를 하고 그들 업무에 대한 이야기를 주고받는다. 학생들의 경우에는, 교실이나 강의실에서 수업을 듣고 질문과 답을 하며 각자 친한 친구들과 다양한 주제에 대해 자신의 생각을 털어놓고 가끔은 상대방의 생각에 대해 열띤 토론을 벌이기도 한다. 그리고 밤이 되면 잘 자라는 인사를 하고 하루를 마감한다. 이것은 매우 일상적인 것들에 속한다. 그 외의 여러 경우를 고려하면, 우리는 매일 말의 홍수 속에서 산다고 해도 지나치지 않을 것이다.

그런데 다음과 같은 경우를 생각해 보자. 한국말만 아는 사람에게 프랑스 사람이 와서 프랑스어로 무엇인가를 묻는다면. 어떤 반응을 보이겠는가? 그 말을 듣는 사람은 프랑스어를 전혀 모르기 때문에 상대방이 하는 말의 뜻을 알 수 없다. 그러므로 어설픈 미소를 지으면서 어줍은 자세로 서 있을 수밖에 없을 것이다. 독일에서 출생하여 독일어만 아는 동포가 독일어를 모르는 한국 사람에게 독일어로 무엇인가를 묻는다면, 어떤 반응을 보이겠는가? 묻는 사람이 한국 사람과 동일한 외모를 가지고 있으므로 친밀감을 가질 수는 있지만, 두 사람 사이에 의사소통은 불가능할 것이다.

위의 경우와는 달리, 한국말만 하는 사람에게 프랑스 사람이나 독일 사람이 한국말로 무엇인가를 묻는다면, 어떤 반응을 보이겠는가? 한국 사람과는 다른 외모 때문에, 한국 사람을 대하는 듯한 친말감은 느끼지 못하겠지만, 상대방이 묻는 말의 내용을 이해할 수 있으므로 상대방의 물음에 답해 주게 될 것이다.

여기서 우리는 사람과 사람 간의 자유로운 의사소통은 사용하는 언어가 동일할 때에만 가능하다는 것을 알 수 있다. 의사소통은 두 사람이 서로의 생각을 주고받는 행위이다. 그러한 생각을 주고받을 수 있는 것은 언어라는 매체를 통해서 비로소 가능하게 된다. 여기서 '언어'의 중요성을 알 수 있으며 한국 사람은 '한국어'의 중요성을 알 수 있다.

우리가 매일 말의 홍수 속에서 살 수 있는 이유는 우리가 동일한 한국 사람이기 때문이 아니라 우리가 동일한 한국어를 사용하기 때문이다. 우리가 한국어를 사용하여 의사소통을 자유롭게 할 수 있는 것은 다음 두 가지 사실에 바탕을 두고 있다. 하나는 한국어가 한국 사람들이 생각할 수 있는 모든 구체적이거나 추상적인 사물과 현상을 지칭할 수 있는 단어나 문법형태소로 이루어져 있다는 것이며 다른 하나는 한국 사람들이 그것들을 결합하여 생각을 표현할 수 있는 한국어 문법을 잘 이해하고 있다는 것이다.

한국어에 모든 사물과 현상을 지칭하는 한국어 단어나 문법형태소가 없다면, 그리고 그들 단어와 문법형태소를 결합하여 생각을 문장으로 표현할 수 있는 한국어 문법을 알고 있지 않다면 한국에서 태어난 사람들이라 하더라도 서로의 생각을 주고받고 하는 일은 거의 불가능할 것이다

위의 사실을 통해서 우리가 알 수 있는 것은 '언어(=말)'와 '사고(=생각)'가 아주 밀접한 관계를 맺고 있다는 것이다.

'언어'와 '사고'에 대하여 미국의 언어학자 사피어(Edward Sapir)는 다음과 같이 말한다. 인간은, 보통 생각하듯이, 객관적인 세계에 살고 있는 것이 아

니라 언어를 매개로 해서 살고 있다. 언어는 단순한 표현수단을 넘어서는 것이다. 실세계란 언어습관의 기초 위에 세워지는 것이며, 우리는 언어를 통해서 세계를 분할하여 보고 듣고 경험한다. 이에 덧붙여 미국의 언어학자 워프(Benjamin Lee Whorf)는 언어가 우리의 행동과 사고의 양식을 만들어간다고 주장한다. 이것은 우리가 객관적 세계를 있는 그대로 보고 경험하는 것이 아니라 언어를 통해서 인식한다는 뜻이다.

이러한 언어상대성 가설 즉 언어가 사고를 결정한다는 가설이 절대적이라고 할 수는 없지만, 언어와 사고가 아주 밀접한 관계를 가지고 있다는 점을 우리는 부정할 수 없다. 이리하여 우리는 한국어와 한국 사람의 사고가 아주 밀접한 관계를 가진다는 것을 알 수 있다. 그런데 실제로 한국사람 중에 한국어에 대해서 잘 알고 있는 사람이 얼마나 될까? 그 수가 그렇게 많지 않을 것이다. 이 말에 대해 "아니, 한국 사람이 한국어를 모르다니 말이 되느냐?"고 반문할 수 있다. 이러한 반문은 우리가 일상생활에서 한국어로 의사소통을 자유롭게 할 수 있기 때문에 제기되는 것으로 보인다. 한국어로 의사소통을 자유롭게 할 수 있으므로 한국어를 잘 알고 있다고 생각한다면 그것은 잘못이다.

한국어를 잘 안다는 것은 다음 두 가지를 의미한다. 한 가지는 한국어로 표현되는 글이나 말의 내용을 정확하게 이해하는 능력과 한국어로써 자기의 생각을 상대방이 분명하게 이해할 수 있도록 글이나 말로 표현하는 능력을 가지고 있다는 것이다. 그리고 다른 한 가지는 한국어를 언어학적으로 잘 알고 있다는 것이다. 한국어의 이해와 표현 능력과 한국어에 대한 언어학적 이해 능력을 가지고 있지 않다면 한국어를 잘 안다고 말할 수 없다.

위에서 서술한 한국어에 대한 두 가지 능력 중에서 앞의 능력은 한국어교육에 속하는 것이므로 이 글의 대상에서는 제외된다. 이 글은 한국어에 대한 언어학적 이해 능력에 대한 것으로 주제를 한정한다.

국내를 두루 여행해 본 사람들은 도(道)마다 말이 다르고 심지어는 같은 도 안에서도 군(郡)마다 말이 다르다는 것을 알게 된다. 본토박이 한국 사람들이 의사소통의 도구로 사용하는 말을 한국어라고 한다면, 지역마다 다른 그 말들은 분명히 본토박이 한국 사람들이 하는 말이므로 한국어라고 하지 않으면 안 된다. 지역마다 다른 말들을 '방언'이라고 한다면, 한국어는 크고 작은 방언으로 구성된다. 그 점에서 한국어는 크고 작은 방언의 총화(總和)라고 규정할 수 있다. 그러므로 한국어에 대해서 언어학적으로 안다는 것은 한국어를 구성하는 크고 작은 한국어 방언들을 아는 것이다.

우리가 사용하는 한국어는 각자의 '방언'과 '표준어'에 거의 한정된다. 우리는 매일 각자의 '방언'과 '표준어'를 사용하기는 하지만 그 '방언'과 '표준어'에 대해 언어학적으로 이해하는 것은 그리 많지 못하다. 한국 사람으로서 각자의 '방언' 이외에 몇 개의 다른 '대방언'을 들어본 사람은 매우 많겠지만, 한국어를 구성하는 모든 '대방언'을 들어본 사람은 매우 적을 것이다. 그리고 그러한 '대방언'들을 언어학적으로 이해하고 있는 사람은 더더욱 적을 것이다. 한국 사람으로서 한국어를 잘 아는 사람 수가 많지 않다고 한 것은 이러한 사실 때문이다.

따라서 이 글은 일반인들이 한국어의 대방언에 대한 일반적인 이해를 통하여, 앞으로 한국어에 대해 더 깊이 이해할 수 있는 기반을 마련하도록 하는 것을 목적으로 한다.

어떤 언어나 방언을 언어학적으로 이해한다는 것은 그 언어나 방언을 구성하고 있는 '형태', '음운', '통사', '어휘'에 대해서 이해한다는 것을 의미한다. 생각을 완전히 나타내는 단위를 문장이라 한다. 하나의 문장은 여러 개의 단위로 분석된다. 예를 들어, '어린애가 밥을 먹는다.'라는 문장은 크게 '어린애가', '밥을', '먹는다'로 분석된다. 이렇게 띄어쓰기 단위를 문장을 구성하는 '성분'(成分)이라고 한다.

다음으로 '어린애가'는 '어린애'와 '-가'로 분석되고 '밥을'은 '밥'과 '-을'로 분석된다. 그리고 '먹는다'는 '먹-'과 '-는다'로 분석된다. 이렇게 분석된 단위를 '형태'라고 하는데, 그중에서 '어린애'와 '밥'과 '먹-'은 각각 '유아'(幼兒)와 '반'(飯)과 '식'(食)이라는 의미를 가진다. 이러한 의미를 '어휘적 의미'라고 한다.

이와는 달리, '-가'와 '-을'과 '-는다'는 어휘적 의미를 가지지 못한다. 그 대신 '-가'는 그 앞의 '어린애'가 문장 속에서 '먹는다'의 '주체'인 '주어'라는 것을 알려주고 '-을'은 그 앞의 '밥'이 '먹는다'의 '대상'인 '목적어'라는 것을 알려준다. 그리고 '-는다'는 문장의 '서술어'인 '먹는다'의 어휘형태인 '먹-'의 동작이 '진행 중'이라는 것을 알려준다. 그 점에서 '-가'와 '-을'과 '-는다'는 문법적 의미를 가진다고 한다. 그리하여 '어린애'와 '밥'과 '먹-' 등 어휘적 의미를 가지는 형태를 '어휘형태'라 하고 '-가'와 '-을'과 '-는다' 등 문법적 의미를 가지는 형태를 '문법형태'라고 한다.

그런데 '밥'은 '밥또, 밤만, 밥까지/박까지'와 같은 말에서 분석된 세 개의 형태 '밥, 밤, 박'의 실현을 설명할 수 있는 기본형이며 '먹-'은 '먹꼬, 먹찌, 멍는다, 머거도'와 같은 말에서 분석된 두 개의 형태 '먹-'과 '멍-'의 실현을 설명할 수 있는 기본형이다. 이와 같이, 실제의 말에서 발견되는 동일한 어휘적 의미나 문법적 의미를 가지는 형태들로부터 그러한 형태들의 실현을 설명할 수 있는 기본형을 정하는 것을 형태소 설정이라고 하며 그렇게 하여 정해진 기본형을 '형태소'라고 한다. 그리고 '형태소'로부터 다르게 실현된 형태를 그 형태소의 '이형태'(異形態)라고 한다. 위에서 '밥'과 '먹-'은 형태소이고 '밤, 박'과 '멍-'은 각각 '밥'과 '먹-'의 이형태이다. 또 '밥'과 '먹-'을 '바'와

'ㅂ'으로 분석하거나 '머'와 'ㄱ'으로 분석하면 '밥'과 '먹-'이 가진 어휘적 의미가 상실된다. 그 점에서 '형태소'는 더 이상 분석하면 그 의미가 상실되는 최소의 의미 단위, 달리 말하면, 더 이상 분석할 수 없는 최소의 의미 단위이다.

'밥'과 '먹-'과 같은 '형태소'는 더 이상 분석할 수 없지만, 형태소 '어린애'는 '어리-ㄴ-애'로 분석된다. 그중에서 '어리-'는 '유'(幼)의 뜻을 가지는 형용사이며 '-ㄴ'은 관형사형어미(=명사를 수식하는 어미)인 '-은'의 '으'가 받침 없는 어간 뒤에서 탈락된 것이고 '애'는 '아이'(兒)에서 변한 명사이다. 그 점에서 '어린애'는 형용사 '어리-'와 관형사형어미 '-은'과 명사 '애'가 결합하여 만들어진 것이다. 이와 같이, '형태소'를 설정하고 '형태소' 즉 '단어'의 내부 구조를 분석하여 단어가 만들어지는 법을 연구하는 언어학의 한 분야를 '형태론'이라 한다. 어떤 언어나 방언에 대해서 이러한 것을 알고 있을 때에 우리는 그 언어나 방언의 '형태'에 대해서 이해하고 있다고 할 수 있다.

'형태소'는 의미를 가지는 최소단위이지만, 그것은 한정된 '형태음소'(=형태소를 구성하는 음소)로 구성된다. 예를 들어. '달'(月)과 '딸'(女)과 '탈'(假面)을 더 이상 분석하면 '월'(月)과 '여'(女)와 '가면'(假面)이라는 의미를 가지지 못한다. 그러므로 그것들은 형태소가 된다. 그리고 '달'은 세 개의 형태음소 'ㄷ, ㅏ, ㄹ'로 구성되고 '딸'도 세 개의 형태음소 'ㄸ, ㅏ, ㄹ'로 구성되며 '탈'도 세 개의 형태음소 'ㅌ, ㅏ, ㄹ'로 구성된다. 그중에서 형태음소 'ㅏ'와 'ㄹ'는 세 단어가 공동으로 가진다. 그러므로 세 단어를 구별짓는 형태음소는 'ㄷ'와 'ㄸ'와 'ㅌ'이다. 이것은 이 세 개의 형태음소가 세 단어의 뜻을 구별시킨다는 것을 말해 준다. 이처럼 단어의 뜻을 구별시키는 최소의 단위를 '음소'라고 한다. 그 점에서 '각'(角)과 '강'(江)'에서 받침의 'ㄱ'와 'ㅇ'는 음소가 된다.

이와는 달리, '먹-'(食)에 어미 '-고, -지, -니, -어도'가 결합한 '먹-고, 먹-지, 먹-니, 먹-어도'에서 어휘적 의미를 가지는 /먹-/을 어간 형태소라 하고 문법적 의미를 가지는 /-고/, /-지/, /-니/, /-어도/를 어미 형태소라 한다. 그리고 어간 형태소와 어미 형태소가 결합하여 실현된 '먹꼬, 먹찌, 멍는다, 머거도'를 활용형이라 한다. 이들 활용형은 '먹-꼬, 먹-찌, 멍-니, 먹-어도'로 분석되는데, 이때 어휘적 의미를 가지는 '먹-'과 '멍-'을 어간 형태라 하고 문법적 의미를 가지는 '-꼬, -찌, -니, -어도'를 어미 형태라 한다. 일반적으로 어휘형태소나 어휘형태를 '어간'이라 하고 문법형태소나 문법형태를 '어미'라 한다.

위의 활용형의 분석에서 두 개의 어간 형태 '먹-'과 '멍-'이 분리된다. 이 두 어간 형태는 'ㄱ'와 'ㅇ'에 의해서 구별되기는 하지만, 그때의 'ㄱ'와 'ㅇ'는, '각'(角)과 '강'(江)'에서의 'ㄱ'와 'ㅇ'와는 달리, 단어의 뜻을 구별시키지 못한다. 다시 말하면, '멍-'은 '먹-'과 각각 다른 형태소가 아니라 '식'(食)의 뜻을 가진 '형태소' /먹-/의 이형태가 된다. 그중에서 '먹-'과 '멍-'이 실현되는 형태소를 /먹-/이라고 하는 것은 '멍-'의 'ㅇ'는 원래 'ㄱ'인데 그것이 뒤에 결합하는 '-니'의 첫음소 'ㄴ'가[01] 가진 비음성(鼻音性 = 공기가 코로 나가면서 나는 소리의 성질)에 동화된 것이기 때문이다. 이런 사실은 동사 '잡-'(執)과 '닫-'(閉)이 어미 '-니'와 결합한 활용형 '잠니'와 '단니'에서 분석된 '잠-'과 '단-'의 'ㅁ'와 'ㄴ'가 어미초의 'ㄴ' 앞에서 각각 'ㅂ'와 'ㄷ'로부터 동화된 것이라는 점에서도 뒷받침된다. 이처럼 어떤 음소가 다른 음소로 바뀌어도 단어의 뜻을 구별시키지 못할 때 그러한 음소의 변동을 '음운과정'(音韻過程)이라고 한다. 이처럼 대상 언어나 방언에서 단어의 뜻을 구별시킬 수 있는 '음소'는 모두 어떤 것으로 구성되며(이것을 '음소목록'이라고 한다) 형태소와 형태소가 결합할 때에 그

01 여기서 'ㄴ'는 '니은'이라는 문자가 아니라 형태음소이다. 그러므로 〈첫 음소 '니은'이〉 아니라 〈첫 음소 'ㄴ' 또는 '니'가〉라고 해야 한다.

경계에 있는 형태음소의 '음운과정'과 그 음운과정을 일어나게 하는 '음운규칙'에 대해서 연구하는 언어학의 한 분야를 '음운론'이라 한다. 어떤 언어나 방언에 대해서 이러한 것을 알고 있을 때에 우리는 그 언어나 방언의 '음운'에 대해서 이해하고 있다고 할 수 있다.

그리고 한국 사람이라면, ① '어린애가 밥을 먹는다.'는 문장을 듣거나 읽으면 그 문장이 한국어로서 자연스럽다고 생각한다. 그러나 ② '의자가 밥을 먹는다.'는 문장을 듣거나 읽으면 그 문장이 한국어로서 자연스럽지 않다고 생각한다. 또 ③ '철수가 가고 영희가 왔다.'는 문장을 듣거나 읽으면 그 문장이 한국어로서 자연스럽다고 생각하지만, ④ '철수가 가고 영희가 예쁘다.'는 문장을 듣거나 읽으면 그 문장이 한국어로서 자연스럽지 않다고 생각한다.

이처럼 왜 어떤 문장은 한국어로서 자연스럽고 어떤 문장은 한국어로서 자연스럽지 않은가? 문장 ①과 ②의 경우, 그 이유는 문장을 구성하는 '서술어'와 '주어'와 '목적어'와의 관계 때문이다. 문장 ①은 주어인 '어린애'와 목적어인 '밥'이 서술어인 '먹는다'의 주체와 대상으로 적합하다. 그러므로 문장 ①은 자연스럽다. 그러나 문장 ②는 목적어인 '밥'은 서술어인 '먹는다'의 대상으로서 적합하지만 주어인 '의자'는 서술어인 '먹는다'의 주체로서 적합하지 않다. 무생물인 '의자'가 '밥'을 먹을 수 없기 때문이다.

이와는 달리, 문장 ③과 ④의 경우, 그 이유는 문장과 문장의 결합 관계 때문이다. 문장 ③은 두 개의 문장 '철수가 갔다'와 '영희가 왔다.'가 연결어미 '-고'에 의하여 대등한 자격을 가지도록 결합된 것이다. 두 개의 문장이 대등한 자격을 가지도록 결합되기 위해서는 결합되는 두 문장의 서술어의 성질이 동일해야 한다. 다시 말하면, 결합될 두 문장의 서술어가 모두 자동사이거나 타동사이거나 계사이거나 해야 하며, 동사인 경우는 두 문장의 서술어가 되는 동사가 모두 동작동사이거나 형용사('상태동사'라고도 한다.)이거나 해야 한다.

이 점에서 문장 ③을 구성하는 두 개의 문장이 가진 서술어는 모두 자동사이면서 동작동사이다. 그러므로 문장 ③은 자연스럽다. 그러나 문장 ④는 두 개의 문장 '철수가 간다.'와 '영희가 예쁘다.'가 연결어미 '-고'에 의하여 대등한 자격을 가지도록 결합된 것이다. 그런데 앞 문장의 서술어는 자동사이면서 동작동사이고 뒷 문장의 서술어는 형용사이다. 다시 말하면, 두 문장의 서술어의 성질이 동일하지 않다. 문장 ④가 자연스럽지 못한 것은 서술어의 성질이 동일하지 않은 두 문장이 대등한 자격을 가지도록 결합되었기 때문이다.

지금까지의 서술에서 보았듯이, ㉠ 기본문장의 성분들 상호관계와 ㉡ 기본문장과 기본문장의 결합 원리 등에 대해서 연구하는 언어학의 한 분야를 '통사론'이라 한다. 어떤 언어나 방언에 대해서 이러한 것을 알고 있을 때에 우리는 그 언어나 방언의 '통사'에 대해서 이해하고 있다고 할 수 있다.

그리고 '할아버지, 할머니, 아버지, 어머니, 아들, 딸' 등은 '친족'(親族)이라는 범주에 속하며 '머리, 눈, 코, 팔, 손, 손가락, 다리, 발, 발가락' 등은 '인체'(人體)라는 범주에 속한다. 또 '삶다, 볶다, 지지다, 고다(煮)' 등의 동사는 '요리'(料理)라는 범주에 속한다. 이처럼 동일한 범주에 속하는 단어들을 통털어 '어휘'(語彙)라고 한다. 어떤 지역에서 사용되는 단어들은 개별적으로 존재하는 것 같지만 사실은 서로 관계를 맺고 있다. 서로 유기적인 관계를 가지는 단어들의 그룹은 크고 작은 범주를 구성하며 그러한 크고 작은 범주에 속하는 단어들의 관계가 크고 작은 어휘체계를 형성한다. 체계를 구성하는 단어들의 관계를 '의미, 형태, 문체' 등을 기준으로 연구하는 언어학의 한 분야를 '어휘론'이라 한다. 어떤 언어나 방언에 대해서 이러한 것을 알고 있을 때에 우리는 그 언어나 방언의 '어휘'에 대해서 이해하고 있다고 할 수 있다.

이러한 사실을 고려하여 제2장에서는 한국어의 방언을 이해하기 위한 기본 문제에 대해 논하고 제3장에서는 한국어 방언의 '음운'에 대해서 논한다. 그리고 제4장에서는 한국어 방언의 '형태와 통사'에 대해서 논하며 제5장에서는 한국어 방언의 '어휘'에 대해서 논한다. 끝으로 제6장은 결론으로서 여기서는 제2장에서 제5장까지의 논의 내용이 요약된다.

제 2 장

—

한국어 방언의 이해를 위한 기본 문제

'방언'을 이해하기 위해서 먼저 알아야 할 것은 '한국어 방언의 실상'과 '방언의 형성'과 '방언의 성격' 그리고 '방언의 중요성'이다.

2.1. 한국어 방언의 실상

한국어의 방언은 대개 6개의 대방언으로 나뉘어진다. 동남방언(=경상도방언), 서남방언(=전라도방언), 동북방언(=함경도방언), 서북방언(=평안도방언), 중부방언(=충청도, 경기도, 황해도, 강원도방언), 제주방언(=제주도방언)이 그것이다. 이 6개의 대방언을 지도로 보이면 〈지도 1〉과 같다.

〈지도 1〉은 대방언구획 표시(ⓐ~ⓕ의 선과 방언명칭)를 제외하면, '말'(語)의 운소분포 지도이다. 이 지도는 대한민국 학술원이 국제학술원협회가 추진하는 '태평양지역 언어지도집(太平洋地域 言語地圖集)' 작성의 일환으로 제출한 《한국언어지도집(韓國言語地圖集, *Linguistic Atlas of Korea*)》의 일부이다. 《한국언어지도집》은 1993년에 '성지문화사'에서 출판된 것으로 한국어학자들에 의해 만들어진 첫 지도집이며 〈지도 1〉은 그 지도집에서 핵심이 되는 지도이다.

〈지도 1〉은 한국어에 대한 중요한 사실을 알려준다. 그것은 한국어가 '음장방언'과 '성조방언'과 '비음장·비성조방언'으로 구성되어 있다는 것이다. 다시 말하면 경상남·북도 방언과 강원도의 〈삼척, 강릉, 영월〉 지역어 그리고 함경남도의 〈안변, 덕원, 문천, 고원, 영흥〉을 제외한 함경남·북도 방언

지도 1 '말'(言)의 운소 분포

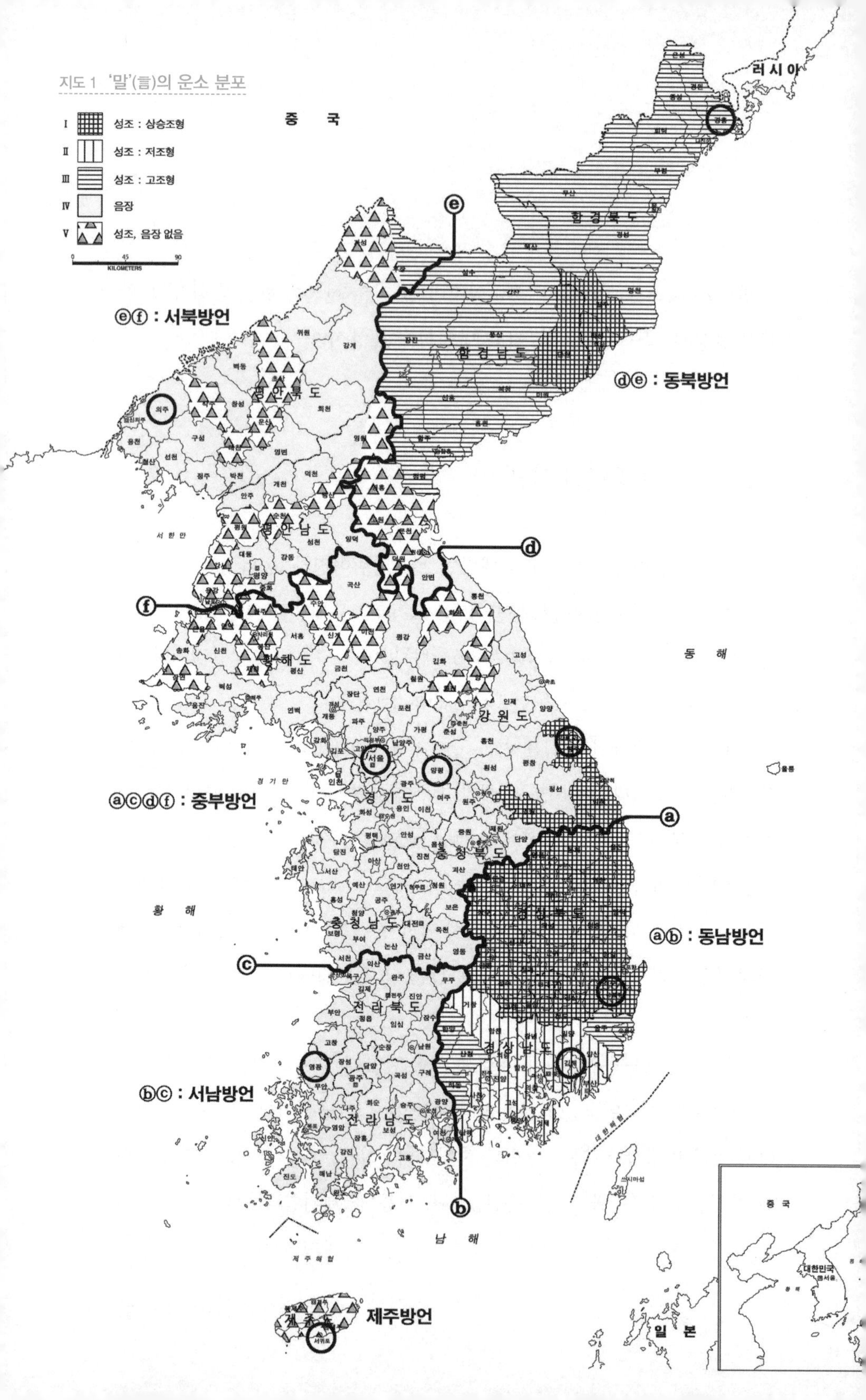
I 성조 : 상승조형
II 성조 : 저조형
III 성조 : 고조형
IV 음장
V 성조, 음장 없음
0 45 90
KILOMETERS
중국
러시아
ⓔⓕ : 서북방언
ⓓⓔ : 동북방언
ⓐⓒⓓⓕ : 중부방언
ⓐⓑ : 동남방언
ⓑⓒ : 서남방언
제주방언
함경북도
함경남도
평안북도
평안남도
황해도
강원도
경기도
충청북도
충청남도
경상북도
경상남도
전라북도
전라남도
제주도
동해
황해
남해
일본
서울
양평
의주
영광
김해
서귀포
ⓐ
ⓑ
ⓒ
ⓓ
ⓔ
ⓕ

과 평안북도의 〈후창〉의 일부 지역어는 '성조방언'이고 제주방언을 포함하여 지도에 제시된 범례에서 V의 무늬로 표시된 지역어는 '비음장·비성조방언'이며 경기도 방언와 충청남·북도 방언과 전라남·북도 방언을 포함하여 지도에 제시된 범례에서 IV의 무늬로 표시된 지역어는 '음장방언'이다. 하나의 언어가 성조방언과 음장방언과 비성조·비음장방언으로 구성되어 있다는 것은 매우 특이하다.

그러면 한국어 방언이 가진 그러한 특성을 기억하면서 먼저 한국어의 실상에 대해서 알아보기로 하자. 그러기 위하여 '지도 1'에 동그라미로 표시된 지역의 사람들이 실제로 사용하는 말을 아래에 제시하기로 한다. 우리는 그 말들을 통하여 한국어가 가진 대방언 간의 공통점과 차이점을 일부 확인할 수 있을 것이다.

가 동남방언

동남방언은 크게 경북방언과 경남방언으로 구분된다. 강원도의 〈삼척, 강릉, 영월〉 지역은 강원도에 속하지만, 그 지역어는 방언상으로 경북방언에 포함될 수 있다. 특히 〈강릉〉지역어는 동남방언과 동북방언을 연결하는 특성을 가지는 것으로 보인다. 여기서는 경북방언 중에서 〈경주〉지역어와 경남방언 중에서 〈김해〉지역어 그리고 강원도의 〈강릉〉지역어를 제시한다.

가-1 경북 〈경주〉

① 식꺼가아 말라아가아 그래가아 참 보오하이 바래애가아 이래가아 보내애는데〈(보통은) 씻어서 말려서 참 보얗게 바래어 가지고 보내는 것이 (관례인데)〉 ② 집빼로 기양, 앤 시끙 거로 기양 한 통〈짚베를 그냥, 안 씻은 것을 그냥 한 통〉 ③ 그래 가주고 보내앤능 기라, 그래가아 인자 모오치느느,

"세에사~아~ 이런 버비 어딘노?" 커머 그캐애 삭코. 〈그래 가지고 보내온 것이다, 그래서 인제 모친은, "세상에 이런 법이 어디 있느냐?" 고 하며 그런 말을 하고.〉 ④ 마아 그 어른드리 꽉악 다치가아 마아, "어째튼 니가 이부네 딸로 치아야지, 파혼한다 커머 인자, 아푸로 니 딸 치울 때 우리느 모린다." 꼬. 〈그만 그 어른들이 꽉 닫쳐서는 그만, "어떻게 하든지 네가 이번에 딸을 치워야지, 파혼한다고 하면 인제, 앞으로 네가 딸을 (다른데) 치울(=시집을 보낼) 때 우리는 모른다."고.〉 ⑤ 마아 모도 이캐 사채, 그래가아 치얃따. 〈그만 모두들 이렇게 말하지, 그래서 치웠다.〉 ⑥ 날로 바드~이~께네 아흐레 압서 언떵강? 여드레 압서언떵강? 그러터라, 그래가아. 〈(결혼)날을 받으니까 아흐레 앞섰던지? 여드레 앞섰던지? 그렇더라, 그래서.〉 ⑦ 정월 열여쉔날 그걸 지고 왔는데, 그라머 정월 저저 수무엳쉔날 치얃따 커~이~. 〈정월 열엿샛날 그것을(=봉채(〈봉치)를) 지고 왔는데, 그러면 정월 스무엿샛날 치웠다니까.〉 ⑧ 치야가아 멩석, 수무 아흐렌날 시이지비라꼬 인자 왇따. 〈치워 가지고서 명색이, 스무 아흐렛날 시집이라는 것을 왔다.〉

⑨ 그래 가주고 인자 이걸 새액시라꼬 꿔미가주고 이레 서아녹코, 이레가아 서아 녹콜랑, 이시~이~, 〈그래 가지고 인제 이걸 색시라고 꾸며가지고 이렇게 세워놓고, 이렇게 세워 놓고 있으니까,〉 ⑩ 인자 실라~이~ 드롸, 〈인제 신랑이 들어와〉, ⑪ 드로~이~ 모도 서어가아 "아이고 실랑도 대애도 자악따, 실라~이~ 열대앧 살 무구머, 아아드리, 크는 아아느 제북 크니~이~마느 실랑도 대애도 자악따." 이케 산능 기라. 〈들어오니까 모두들 서서, (하는 말이) "아이고 신랑도 참 작다, 신랑이 열댓 살 먹으면, 아이들이, 자라는 아이들은 제법 큰데 신랑도 참 작다."고 말하는 것이다.〉 ⑫ 그래 나느 소오그로 '얼매나 자악껄래 나미 모도 저캐 산노?' 이레 시푸더라꼬. 〈그래서 나는 속으로 '얼마나 작기에 남들이 모두 저렇게 말해 쌓을까?' 이렇게 싶더라고.〉

[중략] ⑬ 요런 얼라아가 빼앨강 기이 익꼬, 우리 큰대러므느, 인자 아옵, 아옵 살 드럭꼬 저거 자아근삼초느 인자 일곱 살 드런능 기라. 〈요런 아기가 새빨간 것이 있고, 우리 큰도련님은, 인제 아홉 살에 들었고 아이들의 작은삼촌은 인제 일곱 살에 든 것이다.〉 ⑭ 그래애도 동지따레 생이리라 노~이~, 여섣 살바께 앤 대, 달수느. 해 수느 그래 일곱 살 대애도, 그래가아 그런데다가〈그래도 생일이 동짓달이니까, 여섯 살밖에 안 되지, 달수로 치면. 햇수는 일곱 살이 되어도, 그래서 그런데다가.〉

가–2 경남 〈김해〉

① 어, 완는데. 어지 와가지고 그러케 대충 오늘 온다꼬 이야기를 해 노코 간는데, 오늘 아치메 그래 열두시 데에서 온능 기라, 이 양바~이~. 〈어, 왔는데. 어제 와서 그러니까 대충 오늘 온다고 이야기를 해놓고 갔는데, 오늘 아침에 그래 열두시 되어서 왔어, 이 양반이.〉 ② 오가지고 지금 우리지베 읻따. 〈와서 지금 우리 집에 있다.〉 ③ 어어, 인는데 그래 짜글 해가지고 머언 말로 이래 주고 박꼬 하능거로 해애야 데는데,〈어어, 있는데 그래 짝을 해가지고 무슨 말을 이렇게 주고받고 하는 것으로 해야 되는데,〉 ④ 그래 독서~이~는 내캉 가치 분서~이~ 그자 안 인나. 각해도~이~ 마느래. 〈그래 독선이는 나와 같이 분선이 왜 안 있니? 곽해동이 부인.〉 ⑤ 그래 오몬 딱 만는데 그 양바~이~ 강기가 드러가 얄군네. 〈그래 (분선이가) 오면 딱 맞는데. 그 양반이 감기가 들어서 얄궂네.〉 ⑥그래 오라 소리를 몬하겐능기라. 〈그래 오라 소리를 못하겠는 것이다.〉 [중략]

⑦ 그러캐해가지고 그 말로 머슨 마아 이래해도, 말로 몯또 이, 그어리 해가지고 데는 소리가 아이고. 〈그렇게 해서 그 말을 무슨 머 이렇게 해도, 말을 모두 이, 그렇게 해서 되는 소리가 아니고.〉 ⑧ 우리 내애나 요리로. 그

자? 비안 그대로 요대로 말해야지.〈우리 있잖아 요렇게. 그렇지 않니? 배운 그대로 그대로 말해야지.〉 ⑨ 할 수 업시 북곡 낙똥대기 오라캐꺼등.〈할 수 없이 북곡 낙동댁을 오라고 했거든.〉 ⑩ 그래가 오저네 해고.〈그래서 오전에 (조사를) 하고.〉 [중략] ⑪ 안자 채리주모 안데게따 시퍼서. 촌음시기 맥꼬 짜고 이러타 아이가.〈이제 (점심을) 차려주면 안 되겠다 싶어서. 시골 음식이 맵고 짜고 이렇잖아.〉 ⑫ 할 수 엄서 두 시가 너머서러 점심을 무우따, 너거 아재하고.〈할 수 없어서 두 시가 넘어서 점심을 먹었다. 너희 아저씨하고.〉 ⑬ 그래 서이서. 이자 바블 묵꼬 노네 가서 더꼬 온는데. 혼자서 방에 이서꺼덩.〈그렇게 셋이서. 이제 밥을 먹고 논으로 가서 데리고 왔는데. 혼자서 방에 있었거든.〉 ⑭ 이선는데. 지금 이제 메까지 이래 해가아 갈낀데.〈있었는데. 지금 이제 몇 가지 (조사를) 해가지고 갈 것인데.〉 ⑮ 내이른 우리 지베 오든지 이라몬 데는데 토요일 나른 헤가네 영감 할마시드리 한 삼심멩 데는데 할마시드리 이심멩 넘는다.〈내일은 우리 집으로 오든지 그러면 되는데, 토요일은 (마을)회관에 할아버지 할머니들이 한 삼십 명 되는데, 할머니들이 이십 명 넘는다.〉 ⑯ 그래 내가 이거마 호도강강거치 해 차로 대절해가꼬 이거 할마시들하고 부곡가서 부곡 문아페 모욕탕 문아페 몽간 할마시드리 천지다. 수산 아지매하고.〈그래서 내가 이것, 효도관광같이 해서 차를 대절해서 이거 할머니들과 〈부곡〉으로 가서, 〈부곡〉 문 앞에 목욕탕 문 앞에 못 간 할머니들이 많다. 수산 아지매하고.〉 ⑰ 그래가 할마시드리 부짜바 시끼가 더꼬올라고.〈그래서 할머니들을 붙잡아 씻겨서 데리고 오려고.〉 ⑱ 그래도 내, 돈 짜다락 디리가지고 봉사할똥하는 사람도 인는데 내가 머 안자서 할끼가 머 인노?〈그래도 내, 돈(을) 많이 들여서 봉사활동하는 사람도 있는데, 내가 머 앉아서 할 것이 무엇이 있니?〉

가–3 강원 〈강릉〉

① 아주머이들 앙그러캐쏘? 이 몬나이가 요 이래 와가지고.〈아주머니들, 안 그렇겠소? 이 못난이가 여기 이렇게 와가지고.〉 ② 내가 오깨나 풍, 패앙꼴에 사는 네에째 이기워~이~ 딸 네에째 따리래요.〈내가 오깨 나 풍, 패앙골에 사는 넷째, 이기원이 딸, 넷째 딸입니다.〉 ③ 처언째, 두울째, 세엔째, 네엔째, 매애 딸로 커각꼬〈첫째, 둘째, 셋째, 넷째. 모두 딸로 커가지고〉 ④ 머글 껃또 몬 먹꼬 이블 껃또 모 익꼬. 사아느라고 혀엉편 억께 사라써요.〈먹을 것도 못 먹고 입을 것도 못 입고. 사느라고 형편 없게 살았어요.〉 ⑤ 그저 저 악께으레 가가지고 꼴 베어 오너라, 머 아주 마아또 감자 캐애라.〈그저 저 앞 개울에 가서 꼴 베어 오너라. 아주 말도, 감자 캐라.〉 ⑥ 감자는 항 고박씩 까꺼가저 쩌가저 먹꼬. 그치요?〈감자는 한 고박씩 깎아서 쪄가지고 먹고. 그렇지요?〉 ⑦ 촌 사람드른 아알지요? 아라요? 모올라요?〈촌사람들은 알지요? 알아요? 몰라요?〉 ⑧ 아알지요? 차암, 촌사람빼끼 불쌍한 기이 지인짜 지인짜 업써요.〈알지요? 참, 촌사람밖에 불쌍한 것이 진짜 진짜 없어요.〉 ⑨ 이 시네 사라므는 아무껃또 몰리고, 지금 아아드르는 시네서 보메는 청바지 질지일 빨꼬 댕기고 그저 배꼬븐 툭툭 내애녹코 댕기고〈이 시네 사람은 아무것도 모르고, 지금 아이들은 시네에서 보면 청바지 질질 밟고 다니고 그저 배꼽은 툭툭 내어놓고 다니고〉. ⑩ 그그는 말할 쑤 업씨 히안하고 야알굳하오야.〈그것은 말할 수 없이 희안하고 얄궂소.〉 ⑪ 그치요? 마찌요? 초온사람드른 우리 클때에 이 키가 앙킁거 보오.〈그렇지요? 맞지요? 촌사람들은 우리 클 때에 이 키가 안 큰 것 보세요.〉 ⑫ 키가 컨께쏘? 지게지고 거저 꼬올 빌라네. 소 미기로 댕길라네. 흐은디가 나가지고 디디이캐가지고 이 흔디자국 좀 보오야. 마알또 모타오. 이 흔디자구그.〈키가 컸겠어요? 지게 지고 거저 꼴 비랴 소 먹이러 다닐랴. 부스럼

이 나서 디딕해서(?) 이 부스럼자국 좀 보세요. 말도 못해요. 이 부스럼자국을.〉 ⑬ 야아 그래 온 사방 흔디자국으요.〈야아 그래 온 사방 부스럼자국을요.〉 ⑭ 나 그리 우리 아아드른 두르 나아찌마는요.〈나 그리 우리 아이들은 둘을 낳았지마는요.〉 ⑮ 아이구 옌날 생가카고. 그래도 운도화 사 싱키고. 우리드른 그 전에 운도화가 어디 이렁기 이쏘?〈아이구 옛날 생각하고. 그래도 운동화 사서 신기고. 우리들은 그전에 운동화가 어데 이런 것이 있어요?〉 ⑯ 그거또 형제드리 여리니까.〈그것도 형제들이 열이니까.〉 ⑰ 에펜아아드리 여리니까. 아주 그거또 서럽시하고.〈여자애들이 열이니까. 아주 그것도 홀대하고.〉

⑱ 그래 크고. 또 마알또 마오. 그거 시잉꼬 고무줄 하느라고야 고무줄 하모 우리 하라부지는 에펜아아드리 신발 떨구운다고 빨리 버서노오라 하모.〈그렇게 자라고. 또 말도 마세요. 그것(운동화) 신고 고무줄 하느라고 고무줄 하면, 우리 할아버지는 여자애들이 신발 떨어진다고 빨리 벗어놓으라고 하면.〉 ⑲ 신바리 이거 시잉꼬요 띠다가 획 지버내뻰지고 고무줄 하고요.〈신발이 이것 신고요 뛰다가 휙 집어내버리고 고무줄 하고요.〉 ⑳ 마알또 모태서 마알또 모태. 그거는요. 이루 마알또 모타게 크고요.〈말도 못해서 말도 못해. 그것은요. 이루 말도 못하게 자라고요.〉

나 동북방언

함북 〈경흥〉: 동북방언은 함북방언과 함남방언으로 구분된다. 여기서는 함북방언 중에서 〈경흥〉지역어를 제시한다.

① 우리 크라반네 그, 창째 돌리민데, 그 창째애 사오뉴추니 야들비 건네완따던디. 우리 크라반네 형데부니구 우리 크라반네 사추니 또 멥뿐 돼구 뉴추니 또 멥 뿐, 이래서 야듭찌비 동시에 건네완따구 그러더구만.〈우리 할

아버지네 그, '창'자 돌림인데, 그 '창'자의 사오육촌이 여덟이 건너왔다던지. 우리 할아버지네 형제분이고 우리 할아버지네 사촌이 또 몇 분 되고 육촌이 또 몇 분, 이래서 여덟 집이 동시에 건너왔다고 그러더구먼.〉 ② 그, 그져네, 건네오기 져네, 그, 져어 머글 따~이~ 이서야 돼단 마리오.〈그, 그 전에, 건너오기 전에, 그, (농사) 지어 먹을 땅이 있어야 된단 말이오.〉 ③ 기양 만져 건네온 사름들까 열라그 해애서 좀 토지르 쟝만하게끔 맨들구.〈그냥 먼저 건너온 사람들과 연락을 해서 좀 토지를 장만하게끔 만들고〉 ④ 그 다으메 거기 이스멘서 와서 지부 마련하구, 지을 사름드른 지꾸 무슨 내미 내애노온 지부 수리르 한다던가 무스그 새지부 지꾸나가구 헌지부 내애논는 거 수리르 한다던가 이래서 와서 채비르 헨딴 마리오.〈그 다음에 거기 있으면서 와서 집을 마련하고, (집을) 지을 사람들은 짓고 무슨 남이 내어놓은 집을 수리를 한다든가 무슨 새 집을 짓고 나가고 헌 집을 내어놓는 것을 수리를 한다든가 이래서 와서 차비를 했단 말이오.〉 ⑤ 기애니까 건네오기 위해서 준비사어비 게 메태 걸렌띠 머 기게.〈그러니까 건너오기 위해서 준비사업이 그게 몇 해 걸렸지 뭐. 그게.〉 ⑥ 그저 무뚝 건네옹 게 애니란 마리디.〈그저 훌쩍 건너온 게 아니란 말이지.〉 ⑦ 그래 와서, 그 〈홰룡보~〉이~라는 데 사알다가 이기 〈훈춘〉 짜그르 온 사름덜뚜 읻꾸, 〈왕청〉 간 사름덜뚜 읻꾸.〈그렇게 와서, 그 〈회룡봉〉이라는 데 살다가 여기 〈훈춘〉 쪽으로 온 사람들도 있고, 〈왕청〉 간 사람들도 있고.〉 ⑧ 그래서 여라 고데 또 농가덴띠. 머.〈그래서 또 여러 곳에 또 나누어졌지 뭐.〉 ⑨ 개애 그 후손드리 지금 이 〈연변〉 각찌에 다 이쏘.〈그래서 그 후손들이 지금 이 〈연변〉 각지에 다 있소.〉 ⑩ 아니 다른 집안덜뚜 마낸띠 머.〈아니, 다른 집안들도 많았지 뭐.〉 ⑪ 성씨, 그때는 야아, 김씨, 박씨, 니씨, 쵀씨. 그런 분드리.〈성씨, 그때는 야, 김씨, 박씨, 이씨. 최씨. 그런 분들이.〉 ⑫ 거저 애앤 망키는 김씨하구 박씨 뎨일 마낸소 거기.〈그저 가장 많기는 김씨하고 박씨 제일 많았소. ⑬ 어, 〈김해〉 김씨하구 〈밀양〉 박씨가 마낸띠.〈어, 〈김해〉 김씨하고 〈밀양〉 박씨가 많았지.〉 ⑭ 월래, 그져네 올 때는 〈도룡비〉라구 해앤딴 마리오. 더거, 〈해룡보~〉이르.〈원래, 그전에 올 때는 〈도룡비〉라고 했단 말이오. 저거, 〈회룡봉〉을.〉 ⑮ 〈도룡비〉라능 게 이게 한족말두 애니구 아마 무슨 녀진마린두 무슨 마린두 그렇기 돼앤뗜 거 가태.〈〈도룡비〉라는 게 이게 한족말도 아니고 아마 무슨 여진말인지 무슨 말인지 그렇게 됐던 것 같아.〉

다 서남방언

전남 〈영광〉: 서남방언은 전남방언과 전북방언으로 구분된다. 여기서는 서남방언 중에서 전라남도 〈영광〉지역어를 제시한다.

① 산:후 조리를 아네써.〈산후 조리를 안 했어.〉 ② 아:먼. 애:기만 나:머는 시어마이 기게써도 우리 시어마이는 달::떼 먼 시집싸리고 먼 나보고 잘모대따 쏘리 아네.〈아무렴. 아기만 낳으면은 시어머니 계셨어도 우리 시어머니는 절대 무슨 시집살이고 뭐 나보고 잘못했다 소리 안 해.〉 ③ 내가 머:설 싹 잘 헤: 버링게.〈내가 무엇이든지 싹 잘 해 버리니까.〉 ④ 그래뜽가 어쨰뜽가는 모르건는데 머 항가지꺼 시게 본 저기 업써.〈그랬든지 어쨌든지는 모르겠는데 뭐 한 가지 시켜 본 적이 없어.〉 ⑤ 그런디 산:후 조리 가틍건 안 시게줘, 우리 시어마이는.〈그런데 산후 조리 같은 것은 안 시켜 줘, 우리 시어머니는.〉 ⑥ 밥 허능 거슬 기양 호래~이~마큼 거시거고 이:러능 거슨 호래~이~마치 무사:가꼬는 저 부어게 드러강 거슬 그러케 시러허시드마.〈밥 하는 것을 그냥 호랑이만큼 거시기하고 일하는 것은 호랑이만큼 무서워가지고는 저 부엌에 들어가는 것을 그렇게 싫어하시더구먼.〉 ⑦ 그렇게 포도::시 애기나코 눠:씨먼 그때 조까 헤:주고는 새밀날보터믄 아침 새밀날 아침보터

믄 내:가 나와서 바벌 헤:머거.〈그러니까 겨우 아기 낳고 누워 있으면 그때
조금 해 주고는 삼 일부터는 아침 삼 일 아침부터는 내가 나와서 밥을 해 먹
어.〉⑧ 그러먼 인자 애:기 내가 이:를 싹 헤벌지아나요?〈그러면 이제 아기
내가 일을 싹 해 버리지 않아요?〉⑨ 바베무그먼 이:러능거시라.〈밥 해 먹으
면 일하는 것이라.〉⑩ 그러고 사라써요.〈그렇게 살았어요.〉⑪ 그래가꼬 그
러도 그래도 고롱 거슨 헝거슨 겐찬헌데 여그서사 난: 노문 겐찬헌데 영광으
로 이사가가꼬는 실랑잉가 남방잉가가 검방저가꼬 먼 노무 또 나락짱사헌
다고 가서 그래가꼬 나만 이러케 골병들게 맨드라써라우.〈그래가지고 그래
도 그래도 그런 것은 한 것은 괜찮은데 여기서야 낳은 녀석은 괜찮은데 영광
으로 이사가가지고는 신랑인가 남방인가가 건방져가지고 무슨 놈의 또 벼
장사 한다고 가서 그래가지고 나만 이렇게 골병들게 만들었어요.〉⑫ 나락
짱사헌다고 가서 나락짱시헌디 꼭:: 오월따레 애:기를 두:를 나써.〈벼장사한
다고 가서 벼장사하는데 꼭 오월에 아기를 둘을 낳았어.〉⑬ 요 우리 막 먹뚜
~이~ 막뛰~이~ 딸허고 우리 막 인자 아들허고 시방.〈이 우리 막 먹둥이 막
둥이 딸하고 우리 막 이제 아들하고 시방.〉⑭ 그렁게 그때는 지금치름 보리
매:상헝게 누가 보리 사무근 사람 업써.〈그러니까 그때는 지금처럼 보리 매
상하니까 누가 보리 사 먹는 사람 없어.〉⑮ 근디. 그때는 다:: 봄네:: 옴:눈 사
라미 도:늘 가지가, 보리또늘, 나락짱시한테.〈그런데 그때는 다 봄 내내 없
는 사람이 돈을 가져가, 보릿돈을 벼장사에게서.〉⑯ 그러고는 인자 나락 처
보리 처서는 이러게 가주와. 꼭:: 새밀날뽀텀 보리가 드로드람 마리요.〈그리
고는 이제 벼 쳐 보리 쳐서는 이렇게 가져와. 꼭 삼일부터 보리가 들어오더
란 말이오.〉⑰ 그 노믈 우리 실랑은 요마치도 모데 모데 아풍게 생전. 병고
병골말로 생에가꼬.〈그것을 우리 신랑은 이만큼도 못해. 못해 생전. 병골처
럼 생겨가지고.〉⑱ 군대 가따와서 아파가꼬.〈군대 갔다와서 아파가지고.〉

⑲ 군대 가 병드러가 와서 거 노믈 금방 끄르고 여그 신장노서 내가 펴가꼬 요로코 저울헤서 다라가꼬 쩌 아:네다 가따 종구허고 종구허고 그래써라. 새밀날보텀. 〈군대 가 병들어서 와서 그것을 금방 끄르고 여기 신작로서 내가 펴가지고 이렇게 저울 해가지고 달아가지고 저 안에다 가져다 쟁이고 쟁이고 그랬어요. 삼일부터.〉 ⑳ 얼::마나 내가 긍:강허게 생인지 아요?〈얼마나 내가 건강하게 생긴 줄 아오?〉 ㉑ 글려기 시여가꼬 그러코 애:기나코 그러코 헤도 이:를 헤도 눈도 뽀속뽀속 아네. 〈근력이 세어가지고 그렇게 아기 낳고 그렇게 해도 일을 해도 눈도 부석부석 안 해.〉 ㉒ 애:기나고 막 모욕허고 막 씨꼬헤도 그렁게 동:네싸람드리 애:기 난:지 안 난지를 몰라써. 〈아기 낳고 막 목욕하고 막 씻고 해도 그러니까 동네 사람들이 아기 낳았는지 안 낳았는지를 몰랐어.〉 ㉓ 그런디 인자 그때 그래가꼬 뻬가 잘 모 뙤야버리고 허리고 다리고 그래가꼬 시방 오늘날 내가 이러케 고생허제. 〈그런데 이제 그때 그래가지고 뼈가 잘못 돼 버리고 허리건 다리건 그래가지고 시방 오늘날 내가 이렇게 고생하지.〉 ㉔ 내가 무리게 생인 사라믄 아니어써라. 〈내가 무르게 생긴 사람은 아니었어요.〉

라 서북방언

평북 〈의주〉: 서북방언은 평남방언과 평북방언으로 구분된다. 여기서는 평북방언 중에서 〈의주〉지역어를 제시한다.

① 오가왕에서 사랃띠오 머. 〈오가왕에서 살았지요 머.〉 ② 사라게지구, 나 여기 야:들 쌀 데:게지구, 여 오가왕에 왇꺼덩요. 〈살아서, 나 여기 여덟 살 되어서, 여기 오가왕에 왔거던요.〉 ③ 오가왕에 왇는데, 친척뜰두 업:띠 해니깐 골:란핻띠오 머. 〈오가왕에 왔는데, 친척들도 없지. 그러니까 곤란했지요머.〉 ④ 골:라내게지구, 어, 머 친 친척뜰 인는 데 차자와서두. 〈곤란해

서, 어, 머 친, 친척들 있는 곳에 찾아와서도.〉 ⑤ 우리가 잘 싸러야 다 친척뜰두 조아하디.〈우리가 잘 살아야 다 친척들도 좋아하지.〉 ⑥ 친척뜰두 우리가 몯::쌀:구 오니까니, 머 정말 보따리만 게:구 왇띠요 머. 쩌 우리 남동생허구.〈친척들도 우리가 못살고 오니까 머 정말 보따리만 가지고 왔지요 머. 저 우리 남동생과.〉 ⑦ 남동생 고거 네:살라구, 나 야덜쌀 라서두, 아주 멀 몰:랃띠요 머.〈남동생 그애 네 살 나고, 내(가) 여덟 살 나서도, 아주 뭘 몰랐지요머.〉 ⑧ 기거 오가왕에서 사라게지구. 지븐 또 어:더게구, 사랃찌오머.〈그, 오가왕에서 살아서. 집은 또 얻어서, 살았지요머.〉 ⑨ 긴데 우리 우리 아바지가 또 여기 와게지구 또 병중에 아랃따오.〈그런데 우리, 우리 아버지가 또 여기 와서 또 병을 앓았어요.〉 ⑩ 병:두 또 더:러운 병:이라오.〈병도 또 더러운 병이라요.〉 ⑪ 그거 정신 좀 나빠게지구 그런 병: 걸레게지구 고:생 마:낻시오.〈그, 정신 좀 나빠서, 그런 병 걸려서 고생 많이 했어요.〉 ⑫ 그링거 그 병: 걸레게지구 또 머 정:말 굳:뚜 허구.〈그런 거, 그 병 걸려서 또 정말 굿도 하고.〉 ⑬ 그런 그러케 해게지구 고테시오, 우리 아바지.〈그런, 그렇게 해서 고쳤어요, 우리 아버지.〉 ⑭ 고테게지구 기대맨 농어베 드러게지구 농:새핻띠오머 내내.〈고쳐서 그 다음에는 농업에 들어서 농사했지요머, 내내.〉 ⑮ 내가 열 열쌀 라서부턴 바배씨오.〈내가 열, 열 살 나서부터 밥 했어요.〉

마 중부방언

중부방언은 아직 하위방언 구획에 대한 연구가 충분히 행해지지 않았으나 대개 충청방언과 경기방언과 황해방언으로 구분된다. 여기서는 경기방언 중에서 〈양평〉지역어와 한국어표준어의 바탕이 되는 〈서울〉지역어를 제시한다.

〈서울〉은 중부방언지역에 속하지만, 한국의 수도이다. 수도를 비롯한 대도시는 각지로부터 인구가 유입되기 때문에 순수 지역어를 가지기 어렵다. 현재 한국의 표준어는 1933년에 제정되었다. 서울 시청 통계에 의하면 1930년의 서울 인구는 3십5만 5천여 명이었다. 그러므로 1933년의 서울말은 어느 정도 단일 지역어로서의 성격을 가지고 있었다고 할 수 있다. 그러나 2005년의 서울 인구는 1천2십9만7천여 명이다. 이것은 그동안 각지로부터 많은 사람들이 이주하였다는 것을 의미한다. 따라서 지금은 〈서울〉지역어라는 말을 사용할 수 없다. 그러므로 여기에 제시된 〈서울〉지역어는 현재의 〈서울〉지역어가 아니라 1930년대의 〈서울〉지역어를 말하며 그 말은 5대째 〈서울〉에서 살고 있는 서울 토박이 말이다.

마-1 경기 〈양평〉

① 그게 이제:: 닥:써리가튼 게 우:트게 하냐믄,〈그게 이제 닭서리 같은 게 어떻게 하냐면,〉 ② 그게 참 장:냥이에요, 그게 장:냥인데.〈그게 참 장난이에요. 그게 장난인데.〉 ③ 사랑방에나 머 이러케 가서 놀:다가 심심해믄〈사랑방에나 뭐 이렇게 가서 놀다가 심심하면〉 ④ 근데 누구네 지비 닥이 이때는 걸 이제 꼬나 나제봐 꼬나 놔. 나제 드러갈 짜리두 보고.〈그런데 누구네 집이 닭이 있다는 걸 이제 눈여겨, 낮에 봐 눈여겨 놓아, 낮에 들어갈 자리도 보고.〉 ⑤ 근데 그늠두 불러 내는 거에요, 닥 메기는 넘두.〈그런데 그놈도 불러 내는 거예요, 닭 먹이는 놈도.〉 ⑥ 불러다 내:다 노쿤 놀:다가 인제 면너미 가서 거가 닥 두어마리 훔켜와.〈불러다 놓고는 놀다가 이제 몇 놈이 가서 거기에 가서 닭 두어마리 훔쳐와.〉 ⑦ 훔켜다 이제 해 머그믄 그 다김자도 먹꾸 가는 거에요.〈훔쳐다 이제 해 먹으면 그 닭 임자도 먹고 가는 거예요.〉 ⑧ 그러구 가치 먹꾸 가구.〈그리고 같이 먹고 가고.〉 ⑨ 아 게다 아치메 보

믄, 즈으 다기 웁써지면 헐 마리 웁:찌.〈아 그러다가 아침에 보면 자기 닭이 없어지면 할 말이 없지.〉 ⑩ 그 이제 가튼 동아리 끼리가 서로 마 나제 만나믄 다글 훔처다 먹꾸.〈그 이제 같은 동아리 끼리가 서로 마 낮에 만나면 닭을 훔쳐다 먹고.〉 ⑪ 저두 가치 머거시니 닥깝 물릴 쏘릴 무:태구 소:그로만 끙끙그리는 거지 머, 마:를 무태.〈자기도 같이 먹었으니 닭값 물릴 소리를 못하고 속으로만 끙끙거리는 거지 뭐, 말을 못해.〉 ⑫ 아 근데 여자는 아니거등. 여잔 누가 닥 훔처가따구 날리 치구 댕기지요.〈아 그런데 여자는 아니거든. 여자는 누가 닭 훔쳐갔다고 난리 치고 다니지요.〉 ⑬ 댕기지만 남자드리 마 이블 여:나.〈다니지만 남자들이 마 입을 여나.〉 ⑭ 차:미두 그래요. 차:미두〈참외도 그래요, 참외도〉 ⑮ 원:두마기 인는데 차:미 서리는 꼭 별르는 거라고.〈원두막이 있는데 참외 서리는 꼭 벼르는 거라고.〉 ⑯ 그 차:미 좀 달라 하나 달래믄 안주니까 이노므 늘그이 차:미 안주니까 골린다구 대:드는 거야.〈그 참외 좀 달라 하나 달라면 안 주니까 이놈의 늙은이 참외 안 주니까 골린다고 대드는 거야.〉 ⑰ 그냥 안해. 가 새다리 올라대니는 새다리 끄너놔버려.〈그냥 안 해, 가서 사다리 올라다니는 사다리 끊어놔버려.〉 ⑱ 새다리를 칼가지구 끄:너 노쿤, 가 채:미 따가지고 와 이째게 와 소리 지르믄 자다 말구 내:려 뛰:다간 자기가 골병드는 거야.〈사다리를 칼가지고 끊어 놓고는 가서 참외 따가지고 와 이쪽에 와 소리치면 자다가 말고 내려 뛰다가는 자기가 골병드는 거야.〉 ⑲ 머 누가 해따고 얘:길 해나?〈뭐 누가 했다고 얘길 하나?〉 ⑳ 그래노코 인제 그 다:메 가서 차:미 하나 달라믄〈그래놓고 이제 그 다음에 가서 참외 하나 달라면〉 ㉑ 차:메 시믄 눔두 함 번 경허믈 저꺼야 차:메래두 하나 주지 안 줘.〈참외 심은 놈도 한 번 경험을 겪어야 참외라도 하나 주지 안 줘.〉

마-2 〈서울〉

① 예:단 가튼 거두, 그때두 이낀이썬는데, 이러케 요란허지 아너.〈예단 같은 것도, 그때도 있긴 있었는데, 이렇게 요란하지 않아.〉 ② 뭐 이러케 간딴헌 거 자기 성이루, 뭐 노인들한테는 뭐 주머니 정도.〈뭐 이렇게 간단한 것. 자기 성의로, 뭐 노인들한테는 뭐 주머니 정도.〉 ③ 자기가 공드려서, 만든 거 거튼 거 그런 거나 또, 뭐 옌:날에드른 지끄므로 치며는 혁때 인짜누?〈자기가 공들여서, 만든 것 같은 거 그런 거나 또, 뭐 옛날에들은 지금으로 치면은 혁대 있잖아?〉 ④ 할머니드른 요러케 끈 거튼 걸루 그거 허리띠라 그래. 그런 거 수: 놔:서 선:물 허구, 그런 거지 뭐. 그런 정도지 뭐.〈할머니들은 요렇게 끈 같은 것으로 그거 허리띠라 그래. 그런 거 수: 놔서 선물 하구, 그런 거지 뭐. 그런 정도지 뭐.〉 ⑤ 버선, 버선. 고러케 간딴한 거야.〈버선, 버선. 고렇게 간단한 거야.〉 ⑥ 그거뚜 형펴네 따라서, 뭐 인는 집뜨른, 뭐 온깜두 허긴 허는데 온체, 나 시집 올 그 당시드른 물짜가 되::게 구:현 때라 고무신발두 껌정고무신 시늘 쩡도여써쓰니까.〈그것두 형편에 따라서, 뭐 있는 집들은, 뭐 옷감도 하긴 하는데 워낙, 내 시집 올 그 당시는 물자가 되게 귀한 때라 고무신발도 껌정고무신 신을 정도였었으니까.〉 ⑦ 하연 고무시니믄 지끄므루 치믄 아마 밍크코트만크미나 귀해쓸 꺼야.〈하얀 고무신이면 지금으로 치면 아마 밍크코트만큼이나 귀했을 거야.〉 ⑧ 그럴 때, 시지블 와쓰니까 그때는 뭐 혼수에 지끔거치 그러케 신경을 쓰지 모:털 때라구.〈그럴 때, 시집을 왔으니까 그때는 뭐 혼수에 지금같이 그렇게 신경을 쓰지 못할 때라고.〉 ⑨ 고자캐야 신랑 이제, 양복 한 벌 정도 해:주믄 잘:한 거라 그러지, 그래써. 그 때.〈고작해야 신랑 이제, 양복 한 벌 정도 해주면 잘한 거라 그러지, 그랬어. 그때.〉 [중략] ⑩ 서울서드른, 그거 새켜 가주구 저, 설탕무레 타서 먹찌.〈서울서는, 그거 삭혀 가지고 저, 설탕물에 타서 먹지.〉

⑪ 근데, 시굴서는 그걸 그 무를 끄리드라구 푸르덕떡커지? 빋깔이.〈근데, 시골에서는 그걸 그 물을 끓이더라고 푸르덕덕하지? 빛깔이.〉 ⑫ 그러니까 새켜서 그래.〈그러니까 삭혀서 그래.〉 ⑬ 우리, 서울서드른 그러케 안 하자나.〈우리, 서울서는 그렇게 안 하잖아.〉 ⑭ 새켜 가지구 그걸 저, 이 시케 헐래며는 엳끼름이라구 읻짜나 밀, 밀싹 내서 말린 거.〈삭혀 가지고 그걸 저, 이 식혜 하려면 엿기름이라구 있잖아 보(←밀), 보리싹 내서 말린 거.〉 ⑮ 그거 가라 가주구 그걸 미지근헌 물에다가 인제, 우리며는 뿌:연 무리 나오거든.〈그거 갈아 가지고 그걸 미지근한 물에다가 인제, 우리면 뿌연 물이 나오거든.〉 ⑯ 그러믄 인제, 그거를 다 나올 때꺼정 해 가주구 그 무를 인제 가라 안치며는 미테 앙그미 허:여케 나마.〈그러면 인제, 그거를 다 나올 때까지 해 가지고 그 물을 인제 가라앉히면 밑에 앙금이 허옇게 남아.〉 ⑰ 그러믄 인제 그걸 따라버려, 우에 말근 물만 해서 느:쿠.〈그러면 인제 그걸 따라버려, 위에 맑은 물만 해서 넣고.〉 ⑱ 요새는 그 전기 밥소시 이쓰니까 조:터라구.〈요새는 그 전기 밥솥이 있으니까 좋더라고.〉

바 제주방언

제주 〈서귀포〉

제주방언은 그 자체로 독립된 방언이다. 여기서는 제주방언 중에서, 〈서귀포〉지역어를 제시한다.

① 나가 그 어린 때 이야긴데 그 일가에 일가에 잔치가 이서서 잔치머그레 가니까 우리 또.〈내가 그 어린 때 이야기인데 그 일가에 일가에 잔치가 있어서 잔치 먹으러 가니까 우리 또.〉 ② 우리 고뜬 나이 또레 그 궨당 아이더리 합쭈게. 그 당시.〈우리 같은 나이 또래 그 권당(집안) 아이들이 많습지

요. 그 당시.〉 ③ 겐디 실랑이 떡 드러와네 상을 딱 아지난 상이 드러올 꺼 아니우꽈?〈그런데 신랑이 떡 들어와서 상에 딱 앉으니 상이 들어올 거 아닙니까?〉 ④ 게난 그때 거 촘 장난더리 심헨따는 걸 나 이야기허젠 허는겁쭈.〈그러니까 그때 거 참 장난들이 심했다는 것을 내가 이야기하려고 하는 거지요.〉 ⑤ 아 상을 실랑쌍을 영 들러와 가니까.〈아 상을 신랑상을 이렇게 들고 오니까.〉 ⑥ 우리 고튼 또레 안네서 장난 잘 피우는 아이더리 면 이쑤다. 게나제나.〈우리 같은 또래 안에서 장난 잘 피우는 아이들이 몇 있습니다. 그러나저러나.〉 ⑦ 화닥딱 기냥 그 상에 인는 독따리 냥. 독따리를 언주왕양. 도망치는 거라마씨. 어.〈화닥탁 그냥 그 상에 있는 닭다리 예. 닭다리를 그러모아서 도망치는 겁니다. 어.〉 ⑧ 게난 또 혼 노믄 또 독세기 논 걸 또 이젠 화닥탁 지벙 도망처부난.〈그러니까 또 한 놈은 또 달걀 올린 것을 또 이젠 화닥탁 집어서 도망쳐 버리니까.〉 ⑨ 베련 보니까니 실랑쌍에 겨우 밥끄른만 나마서.〈봐 보니까 신랑상에 겨우 밥그릇만 남았어요.〉 ⑩ 아피 인는 건 원 호나토 업써.〈앞에 있는 것은 원 하나도 없어.〉 ⑪ 게나네 지반 어른드리 이 놈 셍긴걷뗄 머.〈그러니까 집안 어른들이 이 놈 생긴 것들 뭐.〉 ⑫ 아주 몬뒌짇 헌덴 허멍 어디 그럴 쑤 인느냐 허멍. 바다 놔그네 그걸.〈아주 못된 짓 한다고 하면서 어디 그럴 수 있느냐고 하면서 받아 놔서 그걸.〉 ⑬ 아 저 갈라주 갈라주건 아사주건 먹찌 그 그러케 헌다고 허멍 막 야단쳐네 호난.〈아 저 갈라주 갈라주면 가져주면 먹지 그 그렇게 한다고 하면서 막 야단치고 해서.〉 ⑭ 아 그럼 그 꼬마덜 우리드른 허여네 도망덜들 처불곡.〈아 그럼 그 꼬마들 우리들은 해서 도망들 쳐버리고.〉 ⑮ 난 그때 쫌 쪼끔 더 동자기 느저저신고라 기냥 그디 이서십쭈. 인는데 밥.〈난 그때 좀 조금 더 동작이 늦어졌는지 그냥 거기에 있었지요. 있는데 밥.〉 ⑯ 상을 다른 다시 강 출려오렌 허영.〈상을 다른 다시 가서 차려오라고 해서.〉 ⑰ 두

불 쌍을 촐려 옵디다게. 그걸 어서부니까. 어서부니까. 촐려단 호멍 허난 이거 안뒙쩌 안뒙쩌 헨게 원 그 따문사 아닐뎁쭈마는 그 살림드리 실랑 신부가 몬쌉디다.〈두 번 상을 차려옵디다. 그것이 없어져버리니까. 없어져버리니. 차려다가 하면서 하니까 이거 안됐다 안됐다 했는데 원 그 때문이 아닐테지만 그 살림들이 신랑 신부가 못 살더군요.〉

위에 제시된 말에서 우리는 각 방언 또는 각 방언 속의 지역어가 가진 몇 가지 특징을 찾을 수 있다. 그것을 간략하게 제시하면 다음과 같다.

가 동남방언

가-1 경북 〈경주〉

경북 〈경주〉 지역의 자연어 중에서, ②의 '앤 시꿍 거로〈안 씻은 것으로〉'에서 부정의 표준어 '안'이 '앤'으로 사용되고 표준어 동사 '씻-'(洗)이 '쉬-'으로 사용됨을 알 수 있다. 그리고 ③의 '모오치느느, 이런 버비 어딘노〈모친은, 이런 법이 어딘노〉?'에서 표준어 어미 '-은'이 '-으느'로, 해라체 표준어의 의문종결어미 '-니?'나 '-냐?'가 '-노'가 사용됨을 알 수 있다. 또 ④의 '딸로 치아야지'에서 표준어 어미 '-을'이 '-로'로, 표준어 활용형 '치워야지'가 '치아야지'로 사용됨을 알 수 있다.

한편, ⑥의 '바드이께네 아흐레 압서얼떵강〈받으니까 아흐레 앞섰던가〉?'에서 표준어 어미 '-으니까'가 '-으이께네'로, 표준어 해라체 의문종결어미 '-던가'가 '-던강'으로 사용되며 ⑧의 '시이지비라꼬〈시집이라고〉'에서 표준어 인용어미 '-고'가 '-꼬'로 사용됨을 알 수 있다. 그리고 ⑨의 '서아 녹콜랑'에서 표준어 활용형 '세워'가 '서아'로, 표준어 어미 '-고'가 '-골랑'으로 사용되며 ⑪의 '무구머, 이케 산능 기라〈먹으며, 이렇게 말하는 것이다〉.'에서 표준어 동사 '먹-'이 '묵-'으로, 표준어 어미 '-으면'이 '-으머'로, 표준어 '이렇게'가 '이케'로, 표준어 명사 '것'이 '기'로, 계사와 결합하는 해라체 서술 종결어미 '-다'가 '-라'로 사용됨을 알 수 있다. 그리고 ⑬의 '얼라아가, 드런능 기라〈어린애가, 들은 것이다〉.'에서 표준어 '어린애'가 '얼라'로, 표준어의 관형사형 어미 '-은'이 '-엇는'으로 사용됨을 알 수 있다.

가-2 경남 〈김해〉

경남 〈김해〉지역의 자연어 중에서, ①의 '온능 기라〈온 것이다〉'에서 표준어의 동사어간 '오-'와 관형사형어미 '-은'의 결합형인 '온'이 '옷는(〈오-앗는)'으로, 표준어 명사 '것'이 '기'로, 계사와 결합하는 해라체 서술 종결어미 '-다'가 '-라'로 사용됨을 알 수 있고 ④의 '내캉〈나와〉'에서는 공동격 어미 '-와/과'가 '-캉'으로, 그리고 공동격어미와 결합하는 일인칭 대명사가 '나'가 아닌 '내'로, ⑥의 '몬하겐능기라〈못하겠다는 것이다〉'에서 표준어 동사 '못하-'가 '몬하-'로, 그리고 ⑦의 '아이고, 말로〈아니고, 말을〉'에서 표준어 부정표시 계사 '아니-'가 '아이-'로, 표준어 대격어미 '-을'이 '-로'로 사용됨을 알 수 있다. 또 ⑧의 '내애나, 비안 그대로'에서 표준어 '역시'나 '다름 아니라'에 대응하는 부사가 '내애나'로, 표준어 '배우-'(學)가 '비아-'로 사용됨을 알 수 있다. 그리고 ⑪의 '이러타 아이가〈이렇다 아니니〉'에서 부가의문문(=tag question의 번역어. 긍정이나 부정을 강조하기 위해 문장 뒤에 설정된 의문문. (예) It's fine, isn't it?〈날씨가 좋지요?〉) '아니가'가 사용되며 ⑫의 '엄서, 너머서러, 무우따〈없어, 넘어서, 먹었다〉'에서 표준어 '없-'(無)이 '엄-'으로, 표준어 어미 '-어서'가 '-어서러'로, 표준어 동사 '먹-'(食)이 '묵-'으로, 표준어 동사 '먹-'의 활용형 '먹었다'가 '무웃다'로 사용됨을 알 수 있다. 그리고 ⑮의 '헤가네, 할마시

〈회관에, 할머니〉'에서 표준어 '회관'(會館)이 '헤간'으로, 표준어 '할머니'가 '할마시'로 사용되며 ⑱의 '짜다락, 머 인노〈많이, 무엇(이) 있니〉?'에서 표준어 부사 '많이'가 '짜다락'으로, 표준어 '무엇'이 '머'로, 표준어 해라체 의문 종결어미 '-니'가 '-노'로 사용됨을 알 수 있다.

가-3 강원 〈강릉〉

강원 〈강릉〉지역의 자연어 중에서, ①의 '따리래요〈딸입니다〉'에서 계사와 결합하는 존대 서술형 종결어미 '-음니다'가 '-래요'로 사용되고 ⑨의 '사라므는, 아아드르는, 빨꼬〈사람은, 아이들은, 밟고〉'에서 표준어 주제표시어미 '-은/는'이 '-으는'으로, 표준어 동사 '밟-'(踏)이 '빫-'으로, 표준어 동사 '밟-'의 활용형 '밟고'가 '빨꼬'로 사용되며 ⑫의 '흐은디, 마알또, (흔디자국 좀 보오야.) 흔디자구그〈부스럼, 말도, 부스럼자국을〉'에서 표준어 '부스럼'이 '흔디'로, 표준어 어미 '-도'의 'ㄷ'가 명사말의 'ㄹ' 뒤에서 'ㄸ'로, 표준어의 대격어미 '-을'이 '-으'로 사용됨을 알 수 있다. 그리고 ⑰의 '에펜아아드리〈여자애들이〉'에서 표준어 '여자애'가 '에펜아'로, ⑲의 '지버내뻰지고〈집어내버리고〉'에서 표준어 보조동사 '버리-'가 '뻰지-'로 사용됨을 알 수 있다.

나 동북방언

함북 〈경흥〉지역의 자연어 중에서 ①의 '크라반네, 사오늌추니 야들비, 형데부니구〈할아버지네, 사오육촌이 여덟이, 형제분이고〉'에서 표준어 '할아버지'가 '클아반'으로, 표준어 '여덟'이 '야듧'으로, 표준어 '형제'(兄弟)가 '형데'로 사용되며, ③의 '열라그 해애서, 토지르 쟝만하게끔〈연락을 해서, 토지를 장만하겠금〉'에서 표준어 대격어미 '-을'과 '-를'이 각각 '-으'와 '-르'로, 표준어 동사 '장만하-'가 '쟝만하-'로 사용됨을 알 수 있다. 그리고 ④의 '무스그〈무슨〉'에서 표준어 '무슨'이 '무스그'로 사용되고 ⑤의 '기애니까, 걸렌 띠 머 기게〈그러니까, 걸렸지 머 그것이/그게〉'에서 표준어 부사 '그러니까'가 '기애니까'로, 표준어 동사 '걸리-'와 과거표시 어미 '-었-'이 결합한 활용형 '걸렸-'이 '걸렛-'으로, 표준어 어미 '-지'가 '-디'로, 표준어 명사 '것'과 어미 '-이'의 결합형 '그것이' 또는 '그게'가 '기게'로 사용됨을 알 수 있다.

그리고 ⑥의 '애니란 마리디〈아니란 말이지〉'에서 표준어의 부정 계사 '아니-'가 '애니-'로 사용되며 ⑧의 '여라 고데, 농가뎃띠〈여러 곳에, 나뉘어졌지〉'에서 표준어 '여러'가 '여라'로, 표준어 '곳'(場所)이 '곧'으로, 표준어 '나누어지-'가 '농가디-'로, 표준어 동사 '나누어지-'와 과거표시어미 '-었-'이 결합한 활용형 '나누어졌-'이 '농가뎃-'으로 사용됨을 알 수 있다. 또 ⑫의 '애앤 망키는〈가장 많기는〉'에서 표준어 '가장'이 '앤'으로 사용되며 ⑮의 '녀진 마린두 무슨 마린두〈여진말인지 무슨 말인지〉'에서 '여진'(女眞)이 '녀진'으로, 표준어 어미 '-은지'가 '-은두'로 사용됨을 알 수 있다.

다 서남방언

전남 〈영광〉지역의 자연어 중에서, ②의 '아:먼〈아무렴〉'에서 표준어 '아무렴'이 '아먼'으로 사용되며, ③의 '헤: 버링게〈해 버리니까〉'에서 표준어 이유표시 연결어미 '-으니까'가 '-응게'로, ⑤의 '그런디〈그런데〉'에서 표준어 접속어 '그런데'가 '그런디'로 사용됨을 알 수 있다. 그리고 ⑥의 '거시거고, 무사:가꼬는〈거시기하고, 무서워갖고〉'에서 '이름이 얼른 생각나지 않거나 바로 말하기 곤란한 사람 또는 사물을 가리키는 대명사'가 '거시기'로, 표준어 '무섭-'과 어미 '-어'가 결합된 활용형 '무서워'가 '무사아'로 사용되며 ⑦의 '새밀날보터믄〈삼일날부터는〉'에서 표준어 '삼일'(三日)이 '샘일'로, 표준어 어미 '-부터'가 '-보텀'으로 사용됨을 알 수 있다. 또 ⑪의 '맨드라써라우〈만들었습니다〉'에서 표준어 동사 '만들-'(造)이 '맨들-'로 말음절에 'ㅡ'를 가진 어간 뒤에 결합하는 '-어'가 '-아'로, 표준어 '-어요' 또는 '-습/읍니다'가 '-라우'로 사용되며 ⑲의 '그래써라〈그랬습니다〉'에서 표준어 '-어요' 또는 '-습/읍니다'가 '-라'로 사용됨을 알 수 있다. 이 경우의 '-라'는 '-라우'에서 '우'가 끊어진 것이다.

라 서북방언

평북 〈의주〉지역의 자연어 중에서, ①의 '사랃띠오〈살았지오〉'에서 표준어 존대 서술법 종결어미 '-지오'가 '-디오'로, ②의 '사라게지구, 야:들 쌀〈살아가지고, 여덟 살〉'에서 표준어 어미 '-아가지고'가 '-아게지구'로 사용되며 표준어 '여덟'이 '야들'로, ⑤의 '조아하디〈좋아하지〉'에서 표준어 종결어미 '-지'가 '-디'로 사용됨을 알 수 있다. 그리고 ⑥의 '오니까니, 게:구〈오니까, 가지고〉'에서 표준어 어미 '-으니까'가 '-으니까니'로, 표준어 '가지-'(持)와 표준어 어미 '-고'가 결합한 활용형 '가지고'가 '게:구'로 사용되며 ⑬의 '고테시오〈고쳤어요〉'에서 표준어 동사 '고치-'(改)가 '고티-'로, 표준어 과거표시 어미 '-었-'과 종결어미 '-어요'의 결합형 '-었어요'가 '-어시오'로, ⑭의 '기대맨〈그 다음에는〉'에서 표준어 관형어 '그'가 '기'로, 표준어 '다음'이 '댐'으로 사용됨을 알 수 있다.

마 중부방언

마-1 경기

경기 〈양평〉지역의 자연어 중에서, ①의 '우:트게〈어떻게〉'에서 표준어 '어떻-'이 '우:트-'로 사용되며 ②의 '장:냥이에요〈장난이에요〉'에서 표준어

'장난'이 '장냥'으로, ③의 '심심해믄〈심심하면〉'에서 표준어 '심심하-'가 '심심해-'로, 표준어 어미 '-으면'이 '-으믄'으로 사용됨을 알 수 있다. 그리고 ④의 '(누구네) 지비 닥이〈집에 닭이〉'에서 표준어 어미 '-에'가 명사 '집' 뒤에서만 '-이'로, 표준어 '닭'이 '닥'으로 사용되며 ⑤의 '그 넘두〈그 놈도〉'에서 표준어 명사 '놈'이 '넘'으로, 표준어 어미 '-도'가 '-두'로 사용됨을 알 수 있다. 또 ⑨의 '웁써지면 헐 마리 웁:찌〈없어지면 할 말이 없지〉'에서 표준어 '없-'이 '읎-'으로 사용되며 ⑪의 '무:태구〈못하고〉'에서 표준어 '못하-'가 '무태-(〈뭇해-)'로, ⑭의 '차:미두〈참외도〉'에서 표준어 '참외'가 '차미'로 사용됨을 알 수 있다.

마-2 〈서울〉

표준어의 바탕이 되는 〈서울〉지역의 자연어 중에서, ①의 '요란허지 아너〈요란하지 않아〉?'에서 표준어 동사 '요란하-'가 '여란허-'로, 표준어 어간 '않-'과 종결어미 '-아'가 결합한 활용형 '않아'가 '않어'로 사용되며 ②의 '성이루〈성의로〉'에서 표준어 명사 '성의'(誠意)가 '성이'로, 어미 '-으로'가 '-으루'로 사용됨을 알 수 있다. 그리고 ⑦의 '하연 고무시니믄 지끄므루 치믄〈하얀 고무신이면 지금으로 치면〉'에서 표준어 어미 '-으면'이 '-으믄'으로, ⑯의 '나올 때꺼정〈나올 때까지〉'에서 표준어 어미 '-까지'가 '-꺼정'으로 사용되며 ⑱의 '밥소시〈밥솥이〉'에서 '솥'이 '솟'으로 사용됨을 알 수 있다.

바 제주방언

제주 〈서귀포〉지역의 자연어 중에서, ①의 '나가, 잔치머그레〈내가, 잔치먹으러〉'에서 표준어 주격어미 '-가'와 결합하는 일인칭대명사 '내'가 '나'로, 표준어 어미 '-으러'가 '-으레'로 사용되며 ②의 '우리 고뜬, 합쭈게〈우리 같은, 많습지요〉'에서 표준어 '같은'이 '고뜬'으로, 표준어 '많-'(多)이 '하-'로, 표준어 어미 '-읍/습지요'가 '-읍주게'로 사용됨을 알 수 있다. 그리고 ③의 '겐디, 드러와네, 아지난, 아니우꽈?〈그런데, 들어와서, 앉으니, 아닙니까〉?'에서 표준어 접속어 '그런데'가 '겐디'로, 표준어 어미 '-어서'가 '-아네'로, 표준어 어미 '-으니까'가 '-난'으로, 표준어 어미 '-읍/습니까'가 '-우꽈'로 사용되며 ④의 '게난, 이야기허젠 허는겁쭈〈그러니까, 이야기하려고 하는 거지요〉'에서 표준어 접속어 '그러니까'가 '게난'으로, 표준어 어미 '-으려고'가 '-젠'으로, 표준어 어미 '-지요'가 '-읍주'로 사용됨을 알 수 있다.

또 ⑥의 '이쑤다. 게나제나〈있습니다. 그러나저러나〉'에서 표준어어미 '-읍/습니다'가 '-수다'로, 표준어 '그러나저러나'가 '게나제나'로 사용되며 ⑦의 '독따리, 언주왕양, 도망치는 거라마씨〈닭다리, 그러모아서예, 도망치는 겁니다.〉'에서 표준어 '닭'이 '독'으로, 표준어 동사 '도망치-'가 '언주-'로, 그리고 표준어 어미 '-어서'가 '-왕'으로, 표준어 감탄사 '예'가 '양'으로, 표준어 존대 서술법 종결어미 '-읍/습니다'가 '-마씨'로 사용됨을 알 수 있다. 그리고 ⑧의 '독세기, 지병 도망처부난〈달걀, 집어서 도망쳐 버리니까〉'에서 표준어 '달걀'이 '독세기'로, 계기(繼起) 표시의 표준어 연결어미 '-어서'가 '-엉'으로, 표준어 보조동사 '버리-'가 '부-'로 사용되며 ⑫의 '몯뒌질 헌덴허멍〈못된 짓 한다고 하면서〉'에서 모음소나 'ㄹ'로 끝나는 동사 어간과 결합하는 표준어 '해라체' 서술법 종결어미 '-은다'와 인용어미 '-고'의 결합형인 '-은다고'가 '-은덴'으로, 표준어 연결어미 '-으면서'가 '-어멍'으로 사용됨을 알 수 있다.

한편, ⑭의 '동자기 느저저신고라 기냥 그디 이서십쭈〈동작이 늦어졌는지 그냥 거기에 있었지요〉'에서 표준어 '-었-'이 '-어시-'로, 표준어 어미 '-는지'가 '-은고라'로, 표준어 '거기'가 '그디'로, 표준어 어미 '-지요'가 '-읍주'로 사용되며 ⑯의 '강 촐려오렌 허영〈가서 차려오라고 해서〉'에서 표준어 동사 '차리-'(備)가 '촐리-'로, 표준어 해라체 명령어미 '-어라'와 인용 어미 '-고'의 결합형인 '-어라고'가 '-으렌'으로 사용되며 ⑰의 '어서부니까, 이거 안뒐쩌 안뒐쩌 헨게〈없어져버리니까, 이거 안됐다 안됐다 했는데〉'에서 표준어 '없-'(無)이 '엇-'으로, 표준어 형용사 어간과 결합하는 해라체 서술법 종결어미 '-다'가 '-저'로, 표준어 어미 '-은데'가 '-은게'로 사용됨을 알 수 있다.

2.2. 방언 일반론

그동안 한국어의 방언은 대학의 강의로만 알려졌고 일반인들에게는 잘 알려지지 않았다. 그러므로 일반인들이 방언에 대해 이해하기 위해서는 몇 가지 용어(用語)에 대한 이해가 필요하며 방언이 어떻게 하여 형성되었는가에 대한 이해와 방언의 성격 및 방언의 중요성에 대한 이해가 필요하다. 여기서는 그러한 것들에 대해서 간단히 서술하기로 한다.

2.2.1. 몇 가지 용어의 개념: 언어, 방언, 표준어, 지역어, 사투리

일반적으로 우리가 잘못 이해하고 있는 용어로 '언어, 방언, 표준어, 지역어, 사투리'가 있다. 먼저 '언어'와 '방언'의 구별부터 알아본다. '언어'와 '방언'을 구별하는 일반적인 기준은 그 말을 화자(話者)와 청자(聽者)가 서로 이해할 수 있는가 아니면 이해할 수 없는가 하는 것이다. 예를 들어, '영어'나 '독일어'를 배우지 않은 한국 사람은 그 말들을 듣고 이해할 수 없다. 그러므로 한국 사람에게 '영어'나 '독일어'는 다른 언어가 된다. 중국과 일본은 우리나라와 인접해 있다. 그러나 '중국어'와 '일본어'를 배우지 않은 한국 사람은 그 말들을 듣고 이해할 수 없다. 그러므로 한국 사람에게 '중국어'나 '일본어'는 다른 언어가 된다. 이 점에서 '서로 이해할 수 있는가 없는가' 하는 기준은 언어를 구별하는 좋은 기준이 될 수 있는 것 같다.

그러나 이 기준이 언어를 구별하는 적합한 기준이 될 수 없다는 것을 우리는 금방 알 수 있다. 먼 예로, 스칸디나비아어의 경우, 노르웨이어와 스웨덴어와 덴마크어는 서로 다른 언어로 알려져 있다. 그러나 실제로 그들 국가의 사람들은 각각 다른 두 언어를 이해할 수 있고 의사소통도 할 수 있다. 앞의 기준을 따르면 그들 '언어'는 언어가 아니라 '방언'이라고 해야 한다. 이번에는 가까운 예로, 제주도 본토박이가 "연나렌 우리 어린 땐 강 보민 원 낭 ᄒᆞ나 어섣쭈게, 그디가? 이 동사니면서 낭 ᄒᆞ나 어성으네 개가 꿩사농을 허영 착 시키면 꿩조창 달려가당 그거(=강셍이굴) 인는 거슬 몰라그네 그레 떠러질 쩡도주게"라는[01] 말을 할 경우, 경기도 사람이나 충청도 사람이나 경상도 사람이 그 말을 이해할 수 있는지? 이해할 수 없다면, 앞의 기준에 따라 그 말은 '한국어'와는 다른 '언어'라고 해야 할 것이다. 그러나 우리는 그런 말을 한국어의 '제주방언'이라고 한다.

그래서 '언어'와 '방언'을 구별 짓기 위한 기준으로 제시되는 것이 '정치제도, 역사, 지리, 문화의 차이'다. 정치제도가 다르고 역사와 지리가 다르고 문화가 다르면 그러한 국가가 사용하는 언어는 독립된 '언어' 즉, 다른 '언어'라는 것이다. 이 기준을 따르면, 비로소 스칸디나비아반도의 세 나라 —노르웨이와 스웨덴과 덴마크— 의 말은 서로 다른 '언어'로 인정되며 '제주도 말'은 '한국어'를 구성하는 한 '방언'이 된다. 그러므로 '언어'는 '정치제도, 지리,

01 이 말을 표준어로 바꾸면 다음과 같다. "옛날에는 우리 어린 때 가보면 원 나무 하나 없었지요, 거기가. 이 동산이면서 나무 하나 없어서 개가 꿩사냥을 해서 착 시키면(=물어와! 하면) 꿩 쫓아서 달려가다가 그것(=강아지굴=허방) 있는 것을 몰라서 그쪽으로 떨어질 정도였지요."

역사, 문화'를 같이하는 사람들이 의사소통을 위해 사용하는 말이며 '방언'은 그 자체로 독립된 언어체계(음운, 형태, 통사)를 가지는 한 언어의 '변종'(變種=분화체)이라고 규정한다.

이러한 규정을 따르면, '한국어'는 한반도와 제주도를 위시한 부속 도서(島嶼)에 거주하는 본토박이 한국 사람들과 외국에 집단적으로 거주하는 본토박이 한국 사람들이 의사소통에 사용하는 언어라고[02] 규정할 수 있다. 그리고 '한국어 방언'은 독립된 언어체계(음운, 형태, 통사)를 가지는 한국어의 변종(變種=분화체)이라고 규정할 수 있다.

한편, 한국어는 앞의 〈지도 1〉에 제시된 것처럼, 6개의 대방언으로[03] 구성되는데, '2.1. 한국어 방언의 실상'에서 보았듯이, 서로 다른 방언을 사용하는 사람들이 모여서 국가의 정책을 수립하고 시행하거나 또 공적이거나 사적인 단체를 운영하려고 할 경우, 서로 간에 의사소통이 되지 않아 제대로 일을 진행할 수 없게 될 것이다. 그러므로 그러한 경우에 그러한 단체를 포함한 국민 전체 간에 의사가 소통될 수 있는 제3의 말이 필요하게 된다. 그러한 목적을 위해서 만들어진 것이 '표준어'이다. 우리나라에서 만든 '표준어(=표준한국어)'는 교양인들이 두루 쓰는 현대 서울말을 근간(根幹)으로 하되 부분적으로 수정하여 문법·어휘·음운의 각 면에 걸쳐 규범적 통일성을 가

02 세계에는 약 6천 개의 언어가 존재하는데, 현재 한국어는 약 7700만 명(2010년 기준)이 사용하는 언어로서 언어 사용자가 세계에서 12번째로 많은 언어이다(김정화 역 2003: 59).

03 '대방언'(大方言)은 한 국가에서 사용하는 말을 언어체계(음운, 형태, 통사, 어휘)를 기준으로 구분한 첫 번째 방언이다. 그리고 '중방언'(中方言)은 '대방언'에서 사용하는 말을 언어체계를 기준으로 구분한 첫 번째 방언이다. 한국어의 경우, '대방언'은 두 개 이상의 도(道)에서 사용하는 방언이 되는데, 그중의 하나인 '동남방언'을 예로 들면, '경남방언'과 '경북방언'이 '중방언'이 된다. 이와 같이, '중방언'은 대개 하나의 도(道)에서 사용하는 방언이 된다. 그리고 '소방언'(小方言)은 중방언에서 사용하는 말을 언어체계를 기준으로 구분한 첫 번째 방언이다. 하나의 중방언을 구성하고 있는 '소방언'에 대한 연구는 그 수가 많지 않지만, 동남방언을 구성하는 중방언인 '경남방언'의 경우, 경남방언을 구성하는 '소방언'은 '경남 동부방언'(〈창녕, 밀양, 울산, 양산, 김해〉 포함)과 '경남 중서부방언'(그 외의 지역을 포함)이 된다.

지게 하여 공문서, 문학, 자국민과 외국인의 교육, 신문, 방송 등에 사용하도록 인위적으로 만들어진 언어이다.

다음으로 '방언'과 혼동하기 쉬운 '지역어'가 있다. '방언'이 "언어체계(음운, 문법, 어휘의 체계)를 기준으로 어떤 언어가 사용되는 지역사회를 구분하는 방언학적 작업 즉 '방언구획론'에 의하여 밝혀진 지역사회의 언어"라고 한다면, '지역어'는 방언구획론에 의해 밝혀지지 않은 임의적으로 정해진 지역사회에서 사용되는 언어를 말한다. '지역어'는, '경기지역어'와 같이, 넓은 지역사회의 언어를 지칭할 수도 있지만, '〈강릉〉지역어', '〈서귀포〉지역어' 등과 같이, 좁은 지역사회의 언어를 지칭할 수도 있다.

'방언'을 어떤 지역사회에서 사용되는 말 전체(여기에는 표준어와 같은 것도 있고 다른 것도 포함된다.)라고 한다면 '사투리'는 해당 방언에서 사용되는 말 중에서 표준어 어형(단어, 구, 문장)과 다른 어형(단어, 구, 문장)을 지칭하는 말이다. '2.1. 한국어 방언의 실상'에 제시된 대방언 자료와 그에 대한 표준어 대역을 대조하면 대방언 각각에서 사용되는 '사투리'가 어떤 것인지 알 수 있다.

2.2.2. 방언의 형성

우리나라와 같이 단일 민족인데도 크고 작은 지역마다 말이 다른 이유는 무엇인가. 원래 하나였던 언어가 지역마다 달라지게 되는 것을 '방언의 형성'이라고 한다. 방언은 어느 한 시기에 갑자기 형성되는 것이 아니다. 방언은 여러 가지 요인에 의하여 형성된다. 그 중에서 가장 초기의 방언 형성은 인구이동과 자연 장애물에 의한 것으로 보인다.

국가가 형성되기 전의 씨족 사회는 그 구성원이 얼마 되지 않았다. 그러므로 그들이 사용하는 말은 음운, 어휘, 어법에서 차이를 보이지 않았다. 그러나 점점 인구가 늘어나고 그와는 반대로 식량이 부족하게 되면 씨족은 전체나 부분으로 나뉘어 더 넓고 살기 좋은 곳으로 이주하게 된다. 이주한 곳이 높은 산 너머거나 큰 강 건너라면 그런 장애물을 사이에 두고 나누어진 씨족 간에 왕래가 어렵게 된다. 그러므로 대부분이 한정된 지역에서 살아갈 수밖에 없게 된다. 그 한정된 지역에서 다시 인구가 늘어나고 사람들은 각각의 문화를 발전시키고 그에 따라 그들에게 필요한 어휘를 만들고 그들에게 적합한 표현 방법을 발전시켜 나간다. 그 결과 격리된 지역 간에는 사용하는 말이 음운, 어휘, 어법에서 체계적인 차이를 가지게 된다. 이렇게 하여 형성된 방언을 '지역방언'이라고 한다.

'방언'이 형성되는 다른 요인은 사회계층의 분화이다. 국가가 만들어지면, 자연히 왕을 중심으로 하는 사대부 계층이 형성되고 그 밑에 직종이나 직업에 따라 여러 사회 계층이 형성된다. 조선 시대를 예로 들면, 사대부 계층, 중인 계층, 농민 계층, 장인 계층, 상민 계층 등이 그것이다. 각 계층에 속하는 사람들은 복장이나 머리 모양은 물론 말에서도 차이를 보여 각자의 신분을 구별하게 된다. 그리하여 산이나 강과 같은 자연적 장애물이 없어도 사회 계층 간에 말의 차이가 생기고 그 차이가 음운, 어휘, 어법에서 체계적인 차이를 가지게 된다. 이렇게 하여 형성된 방언을 '사회방언'이라고 한다.

'방언'이 형성되는 또 다른 요인은 방언과 방언의 접촉과 간섭이다. 교통수단의 발달과 환경의 변화로 인접한 A 방언 화자들과 B 방언 화자들이 서로 왕래하는 동안 두 방언이 만나게 되고 그 과정에서 A 방언이 B 방언에, 또는 B 방언이 A 방언에 영향을 미치게 된다. 이러한 과정이 오랫동안 계속되면 두 방언이 서로 만나는 지역의 말은 음운, 어휘, 어법에서 A, B 방언과는 차이를 가지게 되어 C 방언이 생긴다. 이렇게 하여 형성된 방언을 '접촉방언'이라고 한다. 도시가 발생할 경우에, 그 주변의 여러 지역에서 사람들이 도시로 몰려들면 그 사람들이 사용하는 방언들이 서로 만나게 되고 그 과정에서 영향을 주고 받는데 그 기간이 오래되면 사회방언이나 접촉방언과는 다른 방언이 형성된다. 이렇게 하여 형성된 방언을 '도시방언'이라고 한다.

방언이 형성되는 직접적인 요인은 아니지만 간접적인 요인으로 '전쟁'을 들 수 있다. 고대에는 부족 간이나 국가 간에 전쟁이 일어나면 패배한 부족민이나 국가의 왕족과 귀족 등 상층부의 사람들은 승리한 부족이나 국가의 노비(奴婢)가 된다. 그러므로 피지배 부족이나 국가의 언어는 소멸되고 피지배 부족이나 국가의 사람들은 지배 부족이나 국가의 언어를 사용하게 된다. 그 경우에 피지배 부족이나 국가의 언어가 완전히 소멸되지 않고 그중의 일부가 지배 부족이나 국가의 언어와 함께 사용되면서 지배 부족이나 국가의 언어에 영향을 미친 결과 지배 부족이나 국가의 언어는 변화를 겪게 된다. 이 경우에 승리한 부족이나 국가의 언어를 상층어(上層語, adstratum)라 하고 피지배 부족이나 국가의 언어를 저층어(底層語, substratum)라 한다.

우리나라의 경우, 삼한시대에는 변한(弁韓), 마한(馬韓), 진한(辰韓)에 각각 그들의 고유언어가 있었던 것으로 보인다. 이기문(1972: 29-42)에 의하면, 변한 지역은 합병되어 가야로 되었다. 가야어는 부여어 계통에 속하였다. 마한 지역은 백제에 속하게 됨에 따라 마한어는 소멸되어 저층어로 명맥을 유지하게 되고 지배계층 언어인 부여어(夫餘語)가 마한 지역의 상층어가 되었다. 그리고 진한의 소국 중의 하나인 사로국(斯盧國)이 진한을 병합한 뒤 신라가 되고 신라는 뒤에 가야를 정벌하였다. 그리하여 가야어는 소멸되어 신라어의 저층어로 명맥을 유지하게 되었다.

가야가 멸망하자 한반도에는 고구려, 백제, 신라가 남게 되었다. 그중에서 고구려와 백제에서 사용하는 언어는 부여어에 속했다. 신라가 백제와 고구려를 멸망시켜 삼국을 통일함으로써, 백제어와 고구려어는 소멸되고 그 일부가 신라어의 저층어로 남게 되었으며 신라어가 한반도 내의 언어를 통일하게 되었다. 그 뒤에 고려가 신라를 병합하고 다시 고려가 망하고 조선이 건국되었지만, 신라어는 그대로 계승되어 고려어가 되고 조선어가 되었다. 그러므로 현대국어는 그 뿌리를 신라어에 두고 있다고 하겠으며 따라서 고대국어는 신라어만을 의미한다.

국어의 대방언과 중방언과 소방언은 이러한 고대 한반도에 있던 여러 언어들이 소멸되고 일부는 지배국 언어의 저층어가 됨으로써, 그리고 한반도의 언어통일을 이룬 신라어가 지리적인 환경에 의해 자체적인 변화를 거치고 다른 지역어와의 접촉과 간섭을[04] 받음으로써 형성된 것이다.

2.2.3. 방언의 성격

방언의 성격은 언어적인 성격과 언어 외적인 성격으로 나눌 수 있다. 언어적인 면에서, 방언은 통일과 분열의 교호성(交互性)과 보수성과 다양성을 가진다. 첫째로, 방언이 가진 통일과 분열의 교호성은 방언이 한 언어나 한 방언에서 분열되고,[05] 분열된 방언이 다시 하나의 방언으로 통일되는 과정을 되풀이한다는 뜻한다. 이러한 성격에 영향을 미치는 것은 교통의 발달, 문화의 차이, 인구수의 차이, 표준어의 등장, 도시의 발생 등이다. 교통의 발달은 사람들이 왕래할 수 있는 공간을 넓혀줌으로써 방언간의 접촉과 간섭을 가능하게 하고 그 결과 접촉과 간섭이 가능한 지역의 방언들은 한 방언

04 언어에서 '접촉'은 서로 다른 둘 이상의 언어 또는 둘 이상의 방언이 서로 만나는 것을 말한다. 서로 다른 언어나 방언을 사용하는 사람들이 일정한 장소에서 서로 만나면 각자가 자기의 언어나 방언을 말하게 된다. 이렇게 서로 다른 언어나 방언이 동일한 장소에서 자리를 같이하는 것을 '언어의 접촉' 또는 '방언의 접촉'이라 한다. 이런 경우가 되풀이되면 사람들은 상대방의 언어나 방언이 가지고 있는 공통점과 차이점을 알게 되고 특히 차이점에 대해서는 흉내를 내거나 자기 언어나 방언에 필요한 부분을 자기 언어나 방언 속에 받아들이게 된다. 이렇게 한 언어나 방언이 다른 언어나 방언에 영향을 주는 것을 '언어의 간섭' 또는 '방언의 간섭'이라 한다.

05 '방언이 한 언어에서 분열된다'는 것은 '원래 하나의 언어였던 것이 방언으로 나누어진다'는 말이며 '방언이 한 방언에서 분열된다'는 것은 '대방언에서 중방언으로, 중방언에서 소방언으로 나누어진다'는 말이다.

이 다른 방언의 일부를 받아들임으로써 방언 간의 차이점을 축소시키는 반면 그렇지 못한 동일 지역 안의 방언들과는 차이점을 확대시킨다.

그리고 접촉하는 두 지역이나 집단 간에 문화의 차이가 있을 경우, ⓐ 상대 지역보다 문화가 하위인 지역이나 집단의 방언은 ⓑ 문화가 상위인 지역이나 집단의 방언을 받아들임으로써 점차로 문화가 상위인 지역이나 집단의 방언에 동화되어 간다. 그리하여 문화가 상위인 지역이나 집단의 방언에 동화된 ⓐ 방언 중의 일부 지역어는 그 외의 ⓐ 방언과는 차이를 가지게 된다. 또 접촉하는 두 지역이나 집단의 방언 간에 문화의 차이는 없고 다만 인구수에만 차이가 있을 경우, ⓐ 인구가 적은 지역과 ⓑ 인구가 많은 지역 중 ⓑ 지역의 방언과 접촉하는 ⓐ 지역의 방언은 ⓑ 지역의 방언에 동화되어 가며 동화되는 ⓐ 지역의 방언을 제외한 ⓐ 지역의 방언은 동화되는 ⓐ 지역의 방언과는 차이를 가지게 된다.

그리고 표준어가 등장하는 경우, 모든 방언은 점차로 표준어에 동화되어 간다. 표준어 이외 지역의 방언 화자들은 자기들이 사용하고 있는 말이 표준어에 비하여 품위가 낮다거나 열등하다고 생각하여 표준어를 사용하려고 하기 때문이다. 그리고 도시가 발생하여 ⓐ 도시방언이 형성되어 있을 경우, ⓑ 그 도시에 인접한 방언들은 도시방언으로 동화되어 가며 동시에 도시에 인접하지 않은 나머지 ⓑ 방언과는 차이를 가지게 된다. 도시에 인접한 ⓑ 방언의 화자들은 자기들이 사용하고 있는 말이 좀 더 세련된 도시방언에 비하여 품위가 낮다거나 열등하다고 생각하여 도시방언을 사용하려고 하기 때문이다. 화자들은 표준어를 사용하거나 도시방언을 사용함으로써 동일한 지역이나 집단에 속하는 다른 사람들이 자신들을 품위 있는 사람으로 인정하게 할 수 있다고 생각하는 것이다.

이와 같이 방언은 통일이 되면서 동시에 분열이 되고 분열이 되면서 다시 통일이 되는 과정을 되풀이하는 것이다. 이 점에서 현대 한국어 방언은 통일이 되는 최종 단계에 있다고 생각하는 사람들이 많다. 그러므로 그런 사람들은 한국어에서 방언이 곧 소멸될 것으로 생각한다. 그러나 언어 자체가 소멸되지 않고 살아 있는 한 방언은 언제나 있게 마련이다. 따라서 한국어 방언은 다시 새로운 방언들로 분열하게 될 것이다.

둘째로, 방언이 가진 보수성은 방언에는 고어(古語)가 많이 남아 있다는 것을 뜻한다. 특히 서울에서 멀리 떨어진 지역의 방언일수록 그 방언에 고어가 많이 남아 있다. 제주도, 경상북도의 동남해안지역, 함경북도의 동북부지역, 전라남도의 서남해안지역, 평안북도의 서북부지역의 방언에 고어가 많이 남아 있다는 것이 그러한 사실을 뒷받침한다. 표준어 '고양이'(猫)에 대한 '고내기, 고냉이', 표준어 '새우'(鰕)에 대한 '새비, 쌔비, 새뱅이', 표준어 '겨울'(冬)에 대한 '저실, 저슬, 저싥', 표준어 '입술'(脣)에 대한 '입수부리, 입수구리, 입술기, 입서블', 표준어 '가을'(秋)에 대한 '가실, 가슬, 가싥' 등이 그들 지역에 남아 있다는 것이 그러한 사실을 알려준다.06

셋째, 방언의 다양성은 하나의 단어나 형태가 여러 방언에 다양하게 사용되고 있다는 것을 뜻한다. 하나의 예로서, '여우'(狐)는 도(道) 단위에 따라, '야시, 여시〈경남〉, 여수, 예수, 여께이〈경북〉, 여시, 여수〈전남, 전북, 충북〉, 여호〈제주〉, 여시, 여수〈충북〉, 여호, 여우〈충남〉, 여우, 여위〈경기〉, 여우, 영우〈평남〉, 여우〈평북〉, 여우, 여위, 영꽹이〈황해〉, 영우, 영이, 여끼, 영끼〈함남〉, 여우, 영우, 여호, 여꼥이〈강원〉, 여끼, 예끼〈함북〉'로 사용되고 있다.

이상이 방언이 가진 언어 내적인 성격이라 한다면, 방언이 가진 언어 외

06 '고양이'는 《계림유사(鷄林類事)》와 《삼국유사(三國遺事)》에 각각 '고니(高尼)'와 '고이(高伊)'라고 되어 있으며 15세기 문헌에 '새우'는 '사비', '겨울'은 '겨슬', '입술'은 '입시울', '가을'은 'ᄀᆞ ᅀᅳᆯ'로 기록 되어 있다.

적인 성격은 결속성(結束性)이다. 이것은 방언이 그 방언을 사용하는 화자들을 강하게 하나로 묶는다는 것을 뜻한다. 외국에서 알아듣기 어려운 외국어를 듣다가 어디서 한국어가 들려오면, 그 말을 하는 사람의 출신 지역과는 상관없이, 전혀 만난 적이 없다고 하더라도 반가운 마음으로 그 사람을 보고 싶은 충동을 느끼는 것은 언어가 가진 결속성 때문이다. 그와 마찬가지로, 국내의 다른 지역에서 그 지역어만 듣다가 어디선가 자신에게 낯익은 말이 들려오면, 그 사람의 출신 고장과는 상관없이, 한 번도 만난 적이 없다고 하더라도 반가움을 느끼고 그 말이 들려오는 곳으로 시선을 돌리는 것은 방언이 가진 결속성 때문이다. 방언이 가진 이러한 성격 때문에 지역주의가 생긴다고 비난하지만, 그런 비난은 방언의 그런 성격을 정치적으로 이용하려는 데에서 비롯되는 것으로 보인다. 지역 간에 문화의 차이가 나는 것은 그들 지역 간에 사용하는 방언이 달라 각 지역의 주민을 하나로 묶는 방언의 결속성에서 결과되는 것이라고 한다면, 방언이 가진 언어 외적인 성격은 결코 부정적으로 볼 것이 아니다.

2.2.4. 방언의 중요성

방언의 중요성은 그것을 보는 기준에 따라 다르다. 먼저 언어학적 기준에서 보면, 한국어의 방언은 한국어의 역사를 복선적이고 입체적인 역사로 구성하는 데에 절대적으로 중요하다. 지금까지 우리에게 알려져 있는 한국어의 역사는 문헌어에서 구성된 역사인데, 문헌에 실려 있는 한국어—15세기에서 20세기에 이르기까지의 한국어는 거의 대부분이 서울을 중심으로 하는 중부방언 지역의 상류층이 사용하는 언어이므로, 현재 우리가 알고 있는 한국어의 역사는 중부방언의 역사라고 할 수 있다.

살아 있는 언어는 크고 작은 방언으로 구성된다. 15세기에서 20세기까지의 한국어도, 오늘날과 같이, 크고 작은 방언으로 구성되어 있었다고 보아야 한다. 그 점에서 한국어의 역사는 한국어를 구성하여 온 크고 작은 방언들이 겪어온 역사의 총화가 되어야 한다. 그러므로 방언은 지금까지 알려져 온 한국어의 단선적 역사를 복선적이고 입체적인 역사로 구성하는 데에 없어서는 안 될 존재이다. 한 가지 예를 들면, 15세기 문헌에는 표준어 동사 '말리(다)'(仲裁)가 '말이(다)'로 표기되어 있었고 '알리(다)'(使知)와 '울리(다)'(使泣) 등도 각각 '알외(다)'와 '울이(다)'로 표기되어 있었다. 이 어형을 기준으로 하면 현재 중부방언형 '말리(다)', '알리(다)'와 '울리(다)' 등은 두 번 째 음절 앞에 'ㄹ'가 삽입된 것임을 알 수 있다.[07]

그러나 이들 동사는 중부방언 지역을 제외한 동남방언 지역, 서남방언 지역, 동북방언 지역, 서부방언 지역에서는 표준어 동사 '말리(다)'(仲裁)에 대하여 '말기(다)'가 사용되고, '알리(다)'(使知)에 대하여 '알기(다), 알구(다), 알괴(다), 알귀(다)'가 사용된다. 그리고 '울리(다)'(使泣)에 대하여 '울기(다), 울구(다)'가 사용된다.

위의 사실은 15세기 문헌에 표기되어 있는 '말이(다), 알외(다), 울이(다)'는 원래 '말기(다), 알괴(다), 울기(다)'였는데, 중부방언에서 'ㄹ' 뒤의 'ㄱ'가 탈락되는 변화를 거친 것임을 알 수 있다. 이러한 현상은 15세기 당시에 사용되던 말에도 작용하고 있었다. "車匿ᄋᆞᆫ 죠의 일후미니 太子와 ᄒᆞᆫ날 나니라 健陟이 기르마 지허 오라 ᄒᆞ시니 그저긔 ᄆᆞᆯ도 울오 車匿이도 울어늘〈차익은 종의 이름이니 태자와 같은 날에 났다. 건보가 길마를 얹져 오라 하시니 그때에 말도 울고 차익도 울거늘〉(석상 3:29b)"이나 "됴ᄒᆞᆫ 고ᄌᆞ란 ᄠᆞ디 말오 다

07 그러나 '알리(다)'는 16세기 문헌에 '알위(다)', 17세기 문헌에 '알뢰(다)'로 표기되어 있는 것으로 보아 '알외(다) 〉 알위(다) 〉 알뤼(다) 〉 알리(다)'나 '알외(다) 〉 알뢰(다) 〉 알뤼(다) 〉 알리(다)'와 같은 변화 과정을 거친 것으로 보인다.

王씌 가져오라〈좋은 꽃은 팔지 말고 다 왕에게 가져오라〉(월석1:9b)."

이 경우는 15세기 이전에 단어 내부의 'ㄹ' 뒤에서 'ㄱ'가 탈락되는 변화가 중부방언에서 일어났으나 중부방언에서 먼 다른 방언에서는 그러한 변화가 일어나지 않았다는 것을 알려준다.

그리고 15세기 문헌에 표기되어 있는 '사비'(蝦), '더버'(暑) 등은 대부분의 방언에서는 각각 '새우, 생이, 생우지' 등과 '더워'로 사용되지만 주로 동남방언과 동북방언에서는 각각 '새비, 쐐비, 새뱅이' 등과 '더버'로 사용된다. 이것은 대부분의 방언에서는 'ㅸ'가 '우'로 변했으나 동남방언과 동북방언에서는 'ㅂ'로 변했음을 알려준다. 또 15세기 문헌에 표기되어 있는 'ᄆᆞᅀᆞᆶ(村), 그스름(煤)' 등은 중부방언과 서북방언을 제외한 다른 방언에서는 '마실, 모실, 마슬'과 '그쓰름, ㄲ스름, ㄲ스럼, ㄲ시럼(동남, 동북, 서남 방언), 그슬먹, 그스렁, 그시렁(제주방언)' 등으로 사용되지만, 중부방언과 서북 방언에서는 '마을, 마알'과 '그럼, ㄲ름, ㄲ럼, ㄲ으럼' 등으로 사용된다. 이것은 주로 중부방언과 서북방언에서는 'ㅿ'가 탈락했고 그 외의 방언에서는 'ㅿ'가 'ㅅ'로 변했음을 알려준다.

방언들이 겪은 그러한 변화가 소상하게 밝혀질 때 비로소 한국어의 역사가 복선적이고 입체적인 역사가 될 것이다.

언어학적인 면에서 방언이 가진 다른 중요성은 '방언'이 현대 한국어와 한국어방언 연구의 일차적인 대상이 된다는 것이다. 표준한국어는 '교육, 행정, 방송' 등 정책적인 목적을 위해서 제정된 것이다. 그러므로 그 목적을 수행하기 위하여 표준한국어의 연구는 중요하다. 그러나 표준한국어 특히 표준한국어 문어는 방언이 가지고 있는 여러 가지 언어적 차이를 반영하지 못한다. 그러므로 학술적인 의미에서의 한국어 연구를 위한 일차적 대상은 자연어인 '방언'이 된다. '방언'에 대한 일반언어학적 연구와 방언학적 연구가 축적될 때에 비로소 한국어의 공통점과 방언 간의 차이점이 드러날 수 있을 것이다.

언어학적인 면에서 방언이 가진 또 다른 중요성은 '방언'이 한국어학자 양성을 위한 언어훈련의 자료가 된다는 것이다. 해방 이후 지금까지 한국어학은 문어(文語) 표준어 중심의 연구였고 대학과 대학원에 개설된 한국어학의 중요과목의 강의는 전적으로 표준어에 한정되었다고 할 수 있다. 이러한 교육의 결과는 표준어 전공 한국어학자를 양성하는 데는 성공했지만, 언어학자로서의 한국어학자를 양성하는 데는 실패했다. 이미 분석된 문어 표준어만을 배운 결과 젊은 한국어학자 중에 자연어로서의 한국어에 대해서 잘 아는 사람은 그 수가 많지 않을 뿐 아니라 그러한 자연어를 수집하고 정리하고 연구하는 방법을 제대로 아는 사람도 많지 않게 되었기 때문이다.

이러한 문제를 해결하는 방법은 모든 대학교의 국어국문학과에서 개설되는 한국어학 과목 —그 과목이 현대 한국어에 대한 것이거나 현대 이전의 한국어에 대한 것이거나 상관없이— 들에 대하여 이론적인 설명은 표준어로써 하되 '연습'은 대방언자료를 대상으로 그 자료를 분석하고 정리하고 연구하여 발표하고 토론하도록 강의 방법이 바뀌어야 할 것이다.

다음으로 언어학적 이외의 기준에서 보는 방언의 중요성은 그 방언이 수백 년에 걸쳐 조상에서 후손들에게 전수되어 오면서 삶의 지혜와 기록되지 않은 문화를 전달할 수 있는 무형문화재가 된다는 것이며, 방언은 그 방언을 사용하는 지역 주민을 하나로 묶고 주민들의 사고를 유형화시킴으로써 그 지역의 독특한 문화를 창조하게 한다는 것이다. 지역에 따라 그 지역의 문화가 다른 것은 방언이 가진 그러한 성격 때문이라 할 것이다.

언어학적 이외의 기준에서 보는 또 다른 방언의 중요성은 문학작품에 사용되어 지역의 특색이나 등장인물의 성격을 뚜렷하게 한다는 것이다. 특히 그 작품을 읽는 독자들이 해당 방언을 사용하였던 사람들이라면, 그 작품을 읽으면서 작품의 내용과는 관계없이 자신들의 과거를 되찾는 먼 여행을 떠날 수도 있을 것이다. 다음에 제시된 두 작품에서 그러한 것을 느낄 수 있을 것이다.

(1) 어머야 말도 말그라 한방 씨던 순냄이 성네 아부지/ 미꾸리 맨치로 아이고 얄똥미럽던 고 기상오래비// 등 너메 산비얄 소실댁네 주야장창 살믄서/ 이 둔덕 비얄에 본 마누레 순냄이 어머이 나놔두구/ 가무른 날 콩 쌔기 나드키 쩔꿈쩔꿈 디다보던 그 진상[08] [이하 생략]

○ 고경희 〈꽃시절〉의 앞 2연

(2) 그는 뱃사람이라 나는 짐작하였다.

"고향이 영유요?"

"예, 머, 영유서 나기는 했디만 한 이십 년 영윤 가보디두 않았시요."

"왜, 이십 년씩 고향엘 안 가요?"

"사람의 일이라니 마음대로 됩데까?"

그는, 왜 그러는지, 한숨을 짓는다.

"거저, 운명이 데일 힘셉디다."

○ 김동인 〈배따라기〉에서

위에 제시된 글 (1)은 강원도 〈강릉〉지역어로 쓴 시다. 그리고 글 (2)는

08 이 시에 인용된 부분을 표준어로 바꾸면 다음과 같다. 〈어머나 말도 마라 한 방 쓰던 순남이 형네 아버지/ 미꾸라지처럼 아이고 얄밉던 고 기생오라비// 등 너머 산비탈 소실댁네 주야장창 살면서/ 이 둔덕 비탈에 본 마누라 순남이 어머니 놓아 두고/ 가문 날 콩 싹 나듯이 찔끔찔끔 들여다 보던 그 진상〉.

〈평양〉지역어가 대화에 사용된 소설이다. 〈강릉〉지역어나 서북방언을 잘 모르는 독자들은 이 시나 소설의 대화에 별로 흥미를 느끼지 못할 것이다. 그러나 〈강릉〉이나 〈평양〉에서 출생하여 성장한 독자들은 이 시와 소설의 대화를 통해서 고향에 대한 향수를 느낄 것이며 독자에 따라서는 시나 소설에 사용된 단어나 대화를 매개로 하여 시나 소설의 내용과 직접 간접으로 관련된 과거사를 떠올리면서 추억에 잠길 수도 있을 것이다.

끝으로 방언이 가지고 있는 언어학적 이외의 기준에서 보는 중요성은 '방언'이 우리의 사고를 절대적인 것에서 상대적인 것으로 바꿀 수 있는 사고전환의 연습대상이 될 수 있다는 것이다. 방언을 이용한 사고전환 연습은 초등학생에서 성인에 이르기까지 누구나 쉽게 할 수 있다. 한국어에 대한 우리의 사고는 거의 표준어에 한정되어 있다. 그러한 사고는 절대적이라고 하여도 지나치지 않을 것이다. 예를 들어, 표준어 명사 '솥'(鼎)의 곡용형 '솥-이, 솥-을, 솥-에'(鼎)를 각자 자기 집에서 사용하는 말로 소리나는 대로 써보자.

그 결과는 ①~⑤와 같을 것이다. ① '소치, 소틀, 소테'나 ② '소치, 소츨, 소체'나 ③ '소치, 소츨, 소테'나 ④ '소시, 소슬, 소테'나 ⑤ '소시, 소슬, 소세' 등. 다시 ①~⑤와 같이 쓴 사람은 자기가 쓴 곡용형에서 '鼎'(정)을 뜻하는 명사만 써보자. 이때 그 명사를 '솥'이라고 썼다면 그 사람은 표준어 교육을 통해 배운 지식을 절대적인 것으로 믿고 있는 사람이다. ①~⑤의 곡용형은 명사에 어미 '-이, -을, -에'가 결합된 것이므로 각각의 곡용형에서 이들 어미를 분리시키면 ①은 '솣-이, 솥-을, 솥-에'로 되고 ②는 '솣-이, 솣-을, 솣-에'로 되며 ③은 '솣-이, 솣-을, 솥-에'가 된다. 그리고 ④는 '솟-이, 솟-을, 솥-에'가 되고 ⑤는 '솟-이, 솟-을, 솟-에'가 된다. 그 결과 '鼎'을 뜻하는 명사는 ①~⑤를 말하는 사람에 따라 다르다는 것을 알 수 있다. 다시 말하면, '鼎'을 뜻하는 명사는, ①과 같이 말하는 사람에게는 '솣/솥'이고 ②와 같이 말하는 사람에게는 '솣'이며 ③과 같이 말하는 사람에게는 '솣/솥'이다. 그리고 ④와 같이 말하는 사람에게는 '솟/솥'이고 ⑤와 같이 말하는 사람에게는 '솟'이다.

표준어 '솥'이라는 하나의 단어만으로도 우리가 얼마나 표준어 교육을 통해 배운 지식을 절대적인 것으로 믿고 있는가를 알게 된다. 각자가 평소에 사용하는 말에 관심을 가지고 자신이 사용하는 단어를 표준어와 대조하여 그 차이를 알아보는 것만으로도 절대적인 사고에서 벗어날 수 있는 좋은 연습이 될 것이다.

제 3 장

—

한국어 방언의 음운

'한국어 방언의 음운'에서는 대방언 각각이 가지고 있는 '음운 목록'[01]과 어간(어휘형태소)과 어미(문법형태소)가 결합할 때에 그 경계에서 일어나는 몇 가지 음운과정에 대해서 알아본다

3.1. 음운 목록

우리는 주로 말로써 의사소통을 한다. A가 말하면 B가 듣고 B는 다시 A의 말에 대하여 자기의 생각을 A에게 말한다. 그러면 다시 A가 듣고 A는 B의 말에 대하여 자기의 생각을 B에게 말한다. 그러므로 A와 B가 서로 의사소통을 한다는 것은 다음과 같다. B는 A의 음성(말)을[02] 듣고 그것을 의미로

01 '음운목록'과 '음운체계'는 서로 다르다. '음운목록'은 해당 언어나 방언에서 단어의 뜻을 구별시키는 소리(=음소) 전체의 집합이고 '음운체계'는 해당 언어나 방언에서 단어의 뜻을 구별시키는 소리(=음소) 전체의 관계망(network)이다. 예를 들어, 해당 언어나 방언에서 단어의 뜻을 구별시킬 수 있는 8개의 모음소 '이, 에, 애, 으, 우, 어, 오, 아'가 있다면, 그 언어나 방언의 모음소 목록은 /이, 에, 애, 으, 우, 어, 오, 아/이고 모음소 체계는 다음 표와 같다. 표에서 각각의 모음소와 다른 모음소와의 관계를 알 수 있다.

B \ A	전	후	
		비원순	원순
고	이	으	우
중	에	어	오
저	애	아	

02 '음성'과 '소리'는 서로 다르다. '음성'은 사람의 입에서 나오는 소리 중에서 '자음소'와 '모음소'로 분리할 수 있는 것이며 '소리'는 자음소와 모음소로 분리할 수 없는 것이다. 우리가 '하늘'이라고 말하면 한글을 아는 한국 사람이라면 누구나 그것을 'ㅎ, ㅏ, ㄴ, ㅡ, ㄹ'로 분리할 수 있다. 그러나 한국 사람은 수탉이 우는 소리를 '꼬끼오'라고 적지만, 실제로 수탉의 울음 소리는 'ㄲ, ㅗ, ㄲ, ㅣ, ㅗ'로 분리할 수 없다. 한국 사람에게는 수탉의 울음소리가 마치 '꼬끼오'라고 하는 것 같아서 그렇게 적는 것이다. 그것은 수탉 울음소리를 영어로는 '코커두들두'(cok-a-doodle-doo), 독일어로는 '키커리키'(kikeriki), 프랑스어로는 '꼬꼬리꼬'(cocorico), 일본어로는 '고케콕코-'(コケコッコー)와 같이 서로 다르게 적고 있는 데에서도 알 수 있다.

파악하여 A의 생각을 이해한 다음에 자기의 생각(의미)을 음성(말)에 실어 A에게 보낸다. 그러면 A는 그것을 의미로 파악하여 B의 생각을 이해한 다음에 자기의 생각(의미)을 음성(말)에 실어 B에게 보낸다. 이러한 과정을 '언어활동'이라고 하며 그것을 그림으로 나타내면 (1)과 같다.

(1)

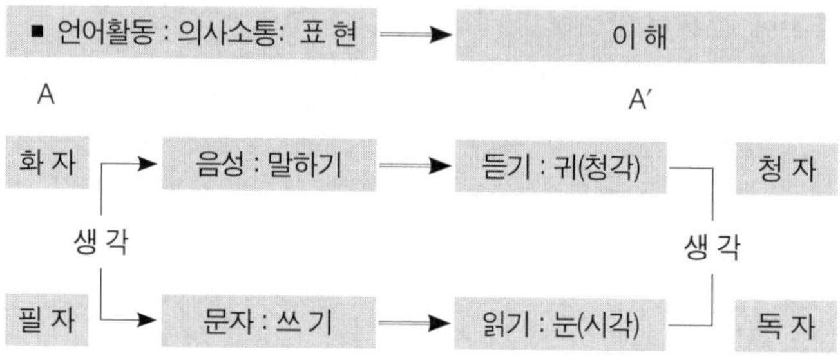

위와 같은 언어활동은 간단히 '음성 ⇔ 의미'로 나타낼 수 있다. 이렇게 '음성'을 '의미'로 바꾸고 '의미'를 '음성'으로 바꾸는 작용은 우리의 두뇌에서 일어난다. 실제로 '음성'은 (2)에서 보듯이, 음파(音波, =음의 파동)의 연속체이다. 이러한 음파의 연속체로부터 어떻게 '의미'를 파악할 수 있는가? 그것은 우리가 그러한 음파의 연속체를 불연속체인 자음소와 모음소의 연속체로 인식하기 때문이다.

사람들이 인식하는 자음소와 모음소는 그 사람의 모국어에 따라서 다르다. 예를 들어, 본토박이 한국 사람은 무성음 [ㄱ]와 유기음 [ㅋ]는 서로 다른 것으로 인식하지만, 무성음 [ㄱ(k)]과 유성음 [ㄱ(g)]는 동일한 것으로 인식한다. 이와는 달리, 본토박이 미국 사람은 무성음 [ㄱ(k)]와 유성음 [ㄱ(g)]는 서로 다른 것으로 인식하지만 무성음 [ㄱ]와 유기음 [ㅋ]는 동일한 것으로 인식한다. 그러므로 한 언어나 한 방언에 존재하는 '음운'(音韻)은 그 언어나 방

(2) [/말소리/의 스펙트럼과 스펙트로그램]

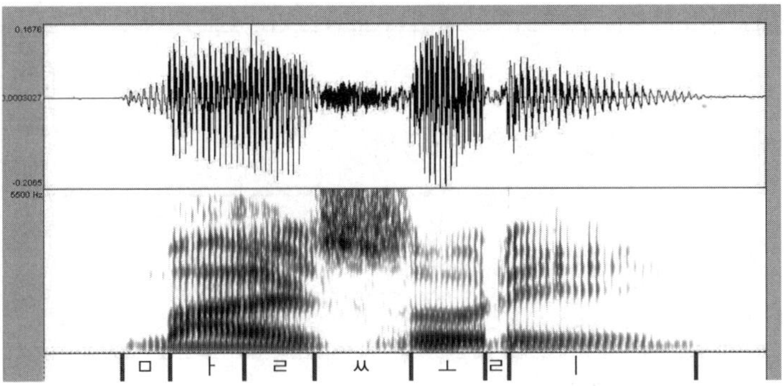

언을 사용하는 본토박이의 음성에 대한 인식에 따라 다르다. 따라서 한국어 방언의 '음운'은 본토박이 화자들이 자기 방언에서 서로 다른 것으로 인식하는 소리, 즉 단어의 뜻을 구별시키는 최소의 음성단위가 된다.

여기서 '음운'은 '음소'와 '운소'를 포함하는 뜻으로 사용된다. '1. 서론'에서 말한 바와 같이 '음소'(音素)는 단어의 뜻을 구별시키는 최소의 음성단위로서 '자음소', '모음소' 등을 말한다. 이에 대하여 '운소'(韻素)는 구조가 동일한 형태소 내의 모음소나 음절에 얹혀서 단어의 뜻을 구별시키는 음성단위로서 영어의 '강세'(强勢, =악센트)나 중국어의 '성조' 등을 말한다.

한국어에서 '음소'가 되는 것은 '자음소, 모음소' 등 문자로써 표기될 수 있는 음성단위이다. '말(斗)-발(足)-칼(刀)-달(月)-딸(女)'에서 '갈'은 다섯 개의 단어가 동일하게 가지고 있다. 그러므로 다섯 개의 단어를 구별시키는 것은 'ㅁ, ㅂ, ㅋ, ㄷ, ㄸ'이다. 이들 다섯 개의 음성단위가 다섯 개의 단어를 서로 다른 의미를 가지게 하는 것이다. 따라서 'ㅁ, ㅂ, ㅋ, ㄷ, ㄸ'는 한국어의 자음소가 된다. 또 '말(斗)-물(水)-밀(小麥)'에서 'ㅁ'와 'ㄹ'는 세 개의 단어가 동일하게 가지고 있다. 그러므로 세 개의 단어를 구별시키는 것은 '아, 우, 이'

이다. 이들 세 개의 음성단위가 세 개의 단어를 서로 다른 의미를 가지게 하는 것이다. 따라서 '아, 우, 이'는 한국어의 모음소가 된다.

'음소'는 단어의 뜻을 구별시키는 것이지만, 다음 (3)에서 보듯이, 문장 속에서는 문장 전체의 뜻을 구별시키기도 한다.

(3) a. 소주 반 병 주세요.
b. 소주 한 병 주세요.
c. 소주 만 병 주세요.

이 엄청난 양의 차이를 불러일으키는 것은 '반-한-만'의 /ㅂ/, /ㅎ/, /ㅁ/이다.

그러나 무엇보다도 한국어의 방언을 구별짓는 첫째 요소는 '성조'(聲調)이다. '성조'는 자음소와 모음소 등으로 구성된 음절에 얹혀 단어의 뜻을 구별시키는 '고조소(高調素, H), 저조소(低調素, L), 상승조소(上昇調素, R)' 등이다. 2장의 〈지도 1〉에서 보듯이, 한국어 방언은 '성조'를 기준으로 크게 '성조방언'과 '비(非)성조방언'으로 구분된다. 성조방언은 '동남방언'과 '동북방언', 그리고 강원도의 〈삼척, 강릉, 영월〉이고 그 외의 방언은 비성조방언이다. '비성조방언'은 다시 '음장방언'과 '비음장방언'으로 구분된다. '음장'(音長)은 단어의 뜻을 구별시키는 모음소의 길이를 말한다. 이 음장을 기준으로 모음소는 '단(短)모음소'와 '장(長)모음소'로 구분된다. 음장방언은 '서남방언, 중부방언, 서북방언'이고 비음장방언 즉 비음장·비성조방언은 '제주방언'이다.

성조방언은 '성조소 목록'(聲調素目錄)에 의해서 '경북방언'과 '경남방언'과 '동북방언'으로 구분된다. 경북방언은 세 개의 성조소 '고조소(高調素), 저조소(低調素), 상승조소(上昇調素)'를 가지며 경남방언과 동북방언은 동일하게 2개의 성조소 '고조소(高調素)'와 '저조소(低調素)'를 가진다. 그러나 경남방언의 '저조소'는 동북방언에서 '고조소'로 실현된다는 것이 두 방언 간의 차이점이다. 그런 차이는 경북방언의 '상승조소'를 기준으로 규칙성을 보이는데, 경북방언의 '상승조소'는 경남방언에서는 '저조소'이고 동북방언에서는 '고조소'이다. 다음 (4a-c)에서 그러한 사실을 알 수 있다.

(4) a. 경북방언: /고조소(H)/, /저조소(L)/, /상승조소(R)/

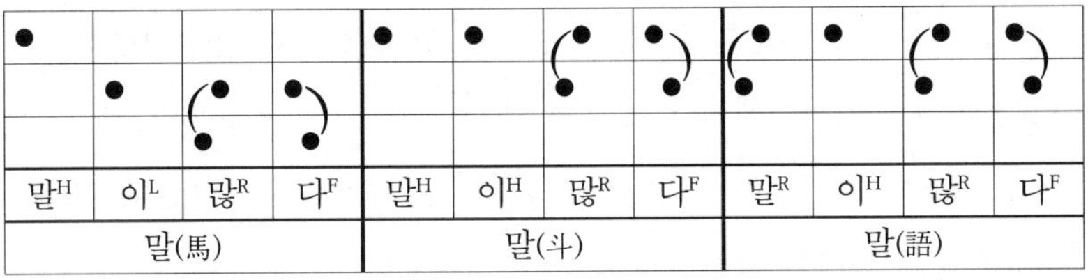

b. 경남방언: /고조소(H)/, /저조소(L)/

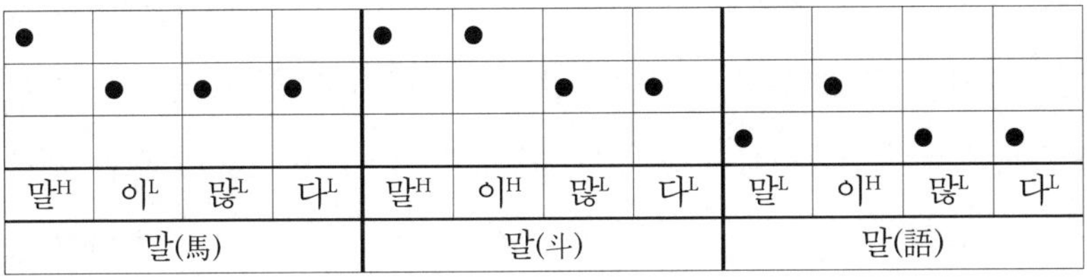

c. 동북방언: /고조소(H)/, /저조소(L)/

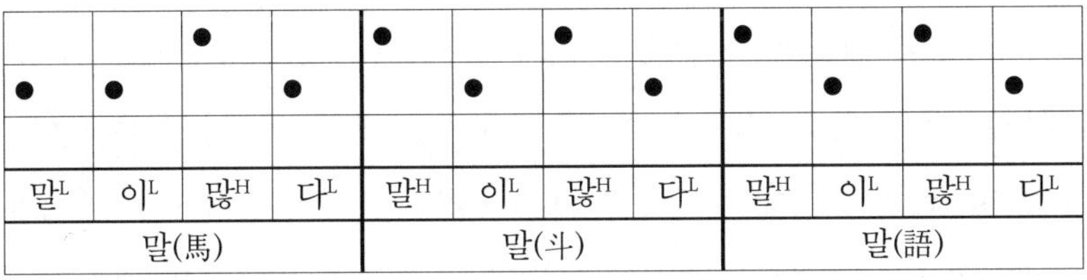

d. 중부방언, 서남방언 , 서북방언: /단모음소(V^{S})/, /장모음소(V^{l})/

●	●	●:	●	●	●	●:	●	●:	●	●:	●
말^{S}	이^{S}	많^{l}	다^{S}	말^{S}	이^{S}	많^{l}	다^{S}	말^{l}	이^{S}	많^{l}	다^{S}
말(馬)				말(斗)				말(語)			

위의 (4a-c)에서 '말'(馬)은 경북방언과 경남방언에서 '말'(斗)과 동일한 '고조소'를 가지는 것으로 보이지만, '말^{L}보^{H}다^{L}'나 '말^{L}마^{H}다^{L}'(馬)에서 보는 바와 같이, 대개 '-보다'나 '-마다'와 같은 2음절 어미와 결합하면 '저조소'로 실현된다. '말'(馬)은 15세기 문헌에 '저조소'를 가지고 있었는데, 동남방언에서는 결합하는 어미의 음절수에 따라 '고조소'와 '저조소'를 넘나드는 것으로 변했다. 그와는 달리, '말'(斗)은 15세기 문헌에 '고조소'를 가지고 있었다. '말'(斗)는 어떤 종류의 어미와 결합하든지 항상 '고조소'를 가지고 있으므로 이런 '고조소'가 진정한 '고조소'라 할 것이다.

이와는 달리, 중부방언과 서남방언과 서북방언에서는 모음소의 길이가 단어의 뜻을 구별시키는데, 세 단어 '말'(馬)과 '말'(斗)과 '말'(語)은 모두 형태음소 'ㅁ, ㅏ, ㄹ'로 구성되어 있지만, '말'(馬)과 '말'(斗)은 단(短)모음소 'ㅏ'를 가지고 있고 '말'(語)은 장모음소 'ㅏ'를 가지고 있다. 이렇게 길이가 다른 모음소에 의해서 '말'(馬, 斗)와 '말'(語)의 뜻이 구별된다.

(4d)의 문장에서는 '말'(馬)과 '말'(斗)의 뜻이 구별되지 않는다. 그러므로 그것들은 다른 단어라고 할 수 없으나 '말이 뛴다'와 '말로써 쌀을 된다'는 두 문장을 통하여 '뛰는 말'은 '말'(馬)이고 '되는 말'은 '말'(斗)이라는 것을 알 수 있다.

한편 한국어를 구성하는 음소 중 자음소 목록은 대방언 간에 큰 차이가 없다. 동남방언의 일부를 제외하면 모두 19개 또는 20개의 자음소 /ㅂ, ㅍ, ㅃ, ㅁ, ㄷ, ㅌ, ㄸ, ㄴ, ㄹ, ㅅ, ㅆ, ㅈ, ㅊ, ㅉ, ㄱ, ㅋ, ㄲ, ㅇ(ng), ㅎ, (ㆆ)/를 가진다. 다만 동남방언 중에서 경북의 〈영일, 청송, 군위, 칠곡, 달성, 청도〉와 경남의 〈밀양, 김해〉를 비롯한 동부지역어에서는 치조마찰음소로서 /ㅅ/만 있고 /ㅆ/는 음소로서의 기능을 가지지 못한다. 그래서 '쌀'(米)과 '살'(膚)은 모두 [살]로 소리난다. 대방언 간의 다른 차이는 경구개음소 /ㅈ, ㅊ, ㅉ/의 음가(音價)인데 서북방언과 동북방언 중 육진방언에서는 그것들의 음가가 치음(혀끝이 잇몸에 붙는 관계로 폐에서 나오는 공기가 일단 막힌 다음에 잇몸과 혀끝이 아주 조금 떨어진 사이로 공기가 마찰을 일으키며 나는 소리) [ʦ, ʦʰ, ʦ']인 데 반하여 다른 방언에서는 경구개음(전설면=혓바닥이 입천정에 붙고 폐에서 나오는 공기가 일단 막힌 다음에 전설면과 입천정이 아주 조금 떨어진 다음에 그 사이로 공기가 마찰을 일으키며 나는 소리) [ʧ, ʧʰ, ʧ']이라는 것이다. 이러한 사실을 정리하면 (5)와 같다.

(5)

	대방언	자음소 목록
1	2 이외의 대방언	/ㅂ, ㅍ, ㅃ, ㅁ, ㄷ, ㅌ, ㄸ, ㄴ, ㄹ, ㅅ, ㅆ, ㅈ, ㅊ, ㅉ, ㄱ, ㅋ, ㄲ, ㆁ(ng), ㅎ, (ㆆ)/
2	동남방언: 낙동강 동부지역어	/ㅂ, ㅍ, ㅃ, ㅁ, ㄷ, ㅌ, ㄸ, ㄴ, ㄹ, ㅅ, ㅈ, ㅊ, ㅉ, ㄱ, ㅋ, ㄲ, ㆁ(ng), ㅎ, ㆆ/

자음소는 조음위치(調音位置)와 조음방식에 따라서 다음과 같이 나뉜다. (6)을 참조하면서 조음위치와 조음방식에 따른 자음소의 명칭을 알아보기로 한다.

먼저 조음위치를 기준으로 하면, /ㅂ, ㅍ, ㅃ, ㅁ/는 두 입술에서 조음되는 음소라 하여 '양순음소'라 하고 /ㄷ, ㅌ, ㄸ, ㄴ, ㄹ, ㅅ, ㅆ/는 설첨(혓끝)이 치조에서 조음되는 음소라 하여 '치조음소'라 한다. 그리고 /ㅈ, ㅊ, ㅉ/는 전설면(前舌面)이 경구개에서 조음되는 음소라 하여 '경구개음소'라 하며 /ㄱ, ㅋ, ㄲ, ㆁ(ng)/는 후설과 연구개가 조음되는 음소라 하여 '연구개음소'라 한다.

(6)

a.

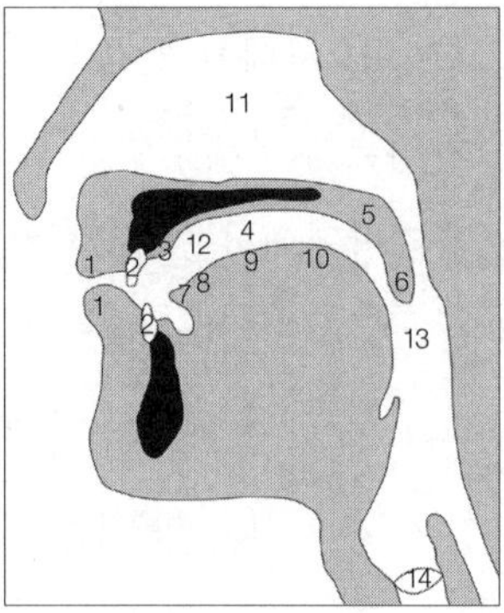

b.

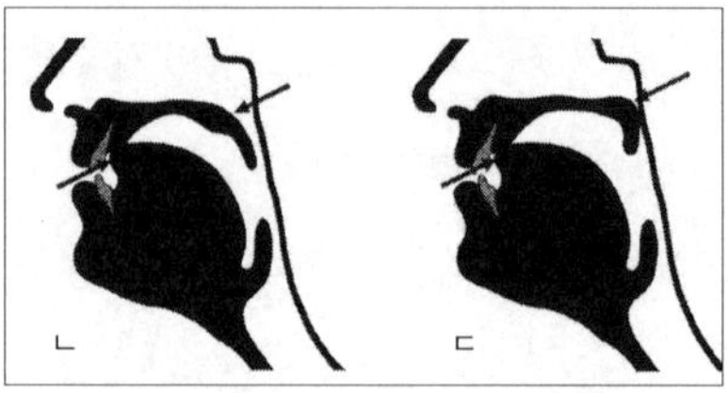

1. 입술 2. 이 3. 치조 4. 경구개 5. 연구개 6. 목젖 7. 설첨 8. 설단 9. 전설 10. 후설
11. 비강 12. 구강 13. 인두 14. 성대

그리고 /ㅎ, ㆆ/는 성문에서 조음되는 음소라 하여 '성문음소'라 한다.

다음으로 조음방식을 기준으로 하면, /ㅂ, ㅍ, ㅃ, ㄷ, ㅌ, ㄸ, ㄱ, ㅋ, ㄲ/는 입술과 입술이 붙거나 설첨이 치조에 붙거나 후설이 연구개에 붙고 목젖이 인두벽에 붙은 상태에서, 그리고 /ㆆ/는 성문이 붙었다가 갑자기 개방되면서 조음되는 음소라 하여 '파열음소'라 하고 /ㅅ, ㅆ, ㅎ/는 설첨과 치조 또는 성문과 성문을 접근시켜 그 사이를 통과하는 공기가 마찰하면서 발음되는 음소라 하여 '마찰음소'라 한다. 그리고 /ㅈ, ㅊ, ㅉ/는 전설면이 경구개에 붙고 목젖이 인두벽에 붙었다가 약간 떨어지면서 파열과 마찰의 단계를 순간적으로 연속시켜 조음되는 음소라 하여 '파찰음소'라 하며 /ㅁ, ㄴ, ㅇ(ng)/은 두 입술이 붙거나 설첨이 치조에 붙거나 후설이 연구개에 붙고 목젖이 후설에 닿아 공기가 비강을 통과하면서 조음되는 음소라 하여 '비(鼻)음소'라 한다. 그리고 /ㄹ/는 설첨이 치조를 가볍게 치거나 치조에 붙어 부분적인 폐쇄를 일으키지만 그 폐쇄의 옆으로 공기가 통과하면서 조음되는 음소라 하여 '유(流)음소'라 한다.

(7)

조음방식 \ 조음위치			양순음소	치경음소	경구개음소	연구개음소	성문음소
자음소	파열음소	평(平)	ㅂ(p)	ㄷ(t)		ㄱ(k)	ㆆ(ʔ)
		경(硬)	ㅃ(p')	ㄸ(t')		ㄲ(k')	
		유기(有氣)	ㅍ(p^h)	ㅌ(t^h)		ㅋ(k^h)	
	마찰음소	평		ㅅ(s)			ㅎ(h)
		경		ㅆ(s')			
	파찰음소	평			ㅈ(č)		
		경			ㅉ(č')		
		유기(有氣)			ㅊ($č^h$)		
	비음소		ㅁ(m)	ㄴ(n)		ㅇ(ŋ)	
유음소				ㄹ(l)			
활음소					j	w	

이 외에 자음소도 아니고 모음소도 아닌 것이 있다. 활음소(滑音素)가 그것이다. 한국어의 활음소로는 /j/와 /w/가 있다. /j/는 경구개에서 조음되는데 혀의 굽은 부분이 /이/를 조음할 때보다는 높지만 경구개에 붙지는 않는다. 그리고 /w/는 연구개에서 조음되는데 혀의 굽은 부분이 /우/를 조음할 때보다는 높지만 연구개에 붙지는 않는다. 그래서 종래에 그들 음소를 '반모음'이나 '반자음'이라고 했다.

한국어의 자음소와 유음소와 활음소를 조음위치와 조음방식을 기준으로 정리하면 (7)과 같다.

자음소 목록과는 달리, 모음소 목록 중에서 단모음소 목록은 대방언 간에 상당한 차이를 보인다. 그러한 차이를 보이면 (8)과 같다.[03]

03 이 책에서 제시되는 동북방언은 김태균(1986)과 최명옥 외(2002a)와 곽충구·박진혁·소신애(2008) 및 함경남도 〈삼수〉 지역어가 중심이 되고 서북방언은 김이협(1981)과 김영배(1977)과 평안북도 〈의주, 운전〉 지

(8)

방언 \ 모음소	단(單)모음소 목록
동남방언	/이, 에·애, 으·어, 우, 오, 아/(6)[04]
동북방언	[+노]: /이, 에, 애, 위, 외, 으, 어, 우, 오, 아/(10) [−노]: /이, 에, 애, 으, 어, 우, 오, 아/(8)
서남방언	① /이, 에, 애, 위, 외, 으, 어, 우, 오, 아/(10) ② /이, 에·애, 위, 외, 으, 어, 우, 오, 아/(9)
서북방언	① /이, 에, 애, 으, 어, 우, 오, 아/(8) ② /이, 에, 애, 우, 오, 아/(6) 참 참 /으/는 /우/로, /어/는 /오/로 됨.
중부방언	[+노]: ① /이, 에, 애, 위, 외, 으, 어, 우, 오, 아/(10) ② /이, 에, 애, 외, 으, 어, 우, 오, 아/(9) [−노]: ① /이, 에, 애, 으, 어, 우, 오, 아/(8) ② /이, 에·애, 으, 어, 우, 오, 아/(7)
제주방언	[+노]: /이, 에, 애, 으, 어, 우, 오, 아, ᄋᆞ/(9) [−노]: /이, 에·애, 으, 어, 우, 오, 아/(7)

(8)에서, 우리는 모든 방언이 공통으로 4개의 단모음소 /이, 우, 오, 아/를 가진다는 것을 알 수 있다. 그러므로 단모음소 목록에 의한 '대방언'과 대방언 속의 [±노년층]의 구별은 본토박이 화자들이 /위/와 /외/를 단모음소로 인식하고 있느냐, /에/와 /애/ 그리고 /으/와 /어/를 서로 다른 음소로 인식하고 있느냐, 그리고 /ᄋᆞ/를 음소로 인식하고 있느냐에 따라서 결정된다.

역어와 〈평양〉 지역어가 중심이 된다. 그리고 동남방언, 서남방언, 중부방언, 제주방언은 김정대·김무식·이기갑·소강춘·한영목·김봉국·강영봉(2005–2009, 2011)과 박경래·최명옥(2005–2009), 그리고 한국정신문화연구원(1987–1995)이 중심이 된다.

04 /에·애/와 /으·어/는 각각 /에/와 /애/, /으/와 /어/가 구별되지 않음을 나타낸다. 로마자로는 각각 /E/와 /ᴲ/로 표시된다. 그리고 ( ) 속의 글자는 음소의 수를 나타낸다.

경상도 학교 수업시간

[학생(안득기)이 수업시간에 졸다가 선생님께 들켜서 불려나갔다]

선생: ⓐ 니 이름이 머꼬?*

학생: 안득낍니다.

선생: ⓑ 안드끼나? 니 이름이 머냐꼬. 드끼제?

학생: 예!

선생: ⓒ 이자슥바라! 내, 니 이름이 머냐꼬 안물어밨나.

학생: 안득낍니다.

선생: ⓓ 정말 안드끼냐?

학생: 예!

선생: ⓔ 그라모 니 성 말고 이름만 말해 보거라.

학생: 득낍니다.

선생: ⓕ 그래, 드끼제? 그라모 성하고 이름하고 다 대 보거라.

학생: 안득낍니다.

선생: ⓖ 이자슥 바라. 드낀다 캣다. 안 드낀다 캣다. 니 시방 내한테 장난치나?

– 떠돌아 다니는 글

* 선생의 말을 표준어로 대역하면 다음과 같다. ⓐ 너 이름이 뭐니? ⓑ 안 들리니? 너 이름이 뭐냐고. 들리지? ⓒ 이 자식 봐라! 내(가) 너 이름이 뭐냐고 물었잖아. ⓓ 정말 안 들리니? ⓔ 그러면 너 성 말고 이름만 말해 봐라. ⓕ 그래, 들리지? 그러면 성과 이름을 모두 말해 봐라. ⓖ 이 자식 봐라. 들린다고 했다가 안 들린다고 했다가. 너 지금 나에게 장난치니?

참 위의 대화는 그냥 웃자고 한 것이지만, 아래 그림에서 보듯이, 경상도 '성조'를 제대로 적용하면, '안 들립니다'의 경상도 표현 '안득낌니다'와 이름 '안득기'의 존대 서술법 표현 '안득낌니다'는 성조형이 서로 다르다.

	●H	●H	●H			●H	●H		
●L				●L	●L			●L	●L
안	득	낌	니	다	안	득	낌	니	다
들리지 않습니다					(이름이) 안득기입니다				

3.2. 음운과정

음운과정이란 어간과 어미가 결합할 때에 그 경계에 있는 음소들의 변동을 말한다. 한국어의 방언이 가지고 있는 음운과정에는 '교체, 탈락, 축약, 삽입'이 있다.

3.2.1. 교체

교체란 어간과 어미가 결할 때에 그 경계에 있는 음소가 다른 음소로 변동하는 음운과정이다. 교체는 자음소 교체와 모음소 교체로 나눌 수 있다. 여기서는 자음소 교체 중 '평파열음소화, 자음소동화, 유음소화'와 모음소 교체 중 '어간말의 /이/와 어미초 /아/가 결합할 때의 음운과정'에 대해 알아보기로 한다.

[1] 평파열음소화

어간과 어미가 결합할 때에 제일 먼저 일어나는 음운과정이 평파열음소화이다. 아래의 (9)에서 보듯이, 평파열음소화는 비(鼻)음소와 /ㅂ/, /ㄷ/, /ㄱ/ 이외의 어간말 자음소가 그 자체로 끝날 때와 자음소로 시작하는 어미와 결합할 때에 제 각각의 특성을 잃고 평파열음소 /ㅂ/, /ㄷ/, /ㄱ/ 중 어느 하나로 되는 것이다. 이 음운과정은 모든 방언에 동일하다. 다만 /ㅎ/는 /ㄴ/와 /ㅅ/로 시작하는 어미와 결합할 때에, /ㆆ/는 /ㄴ/로 시작하는 어미와 결합할 때에 평파열음소 /ㄷ/로 된다. 그에 대한 예는 (10)에서 볼 수 있다.

(9)

	ㅅ ㅈ ㅎ		
	ㅆ ㆆ	ㄲ	
ㅍ	ㅌ ㅊ	ㅋ	⟧(C)
↓	↓	↓	
/ㅂ/	/ㄷ/	/ㄱ/	

(10) a. /앞⟧(도)/ → /압(또)/(前) [참] /아페/(/-에/).

b. /끝⟧(도)/ → /끋(또)/(末) [참] /끄테/(/-에/)

c. /낫⟧(도)/ → /낟(또)/(鎌) [참] /나슬/(/-을/)

d. /있⟧지/ → /읻찌/(有) [참] /이쓰면/(/-으면/)

e. /낮⟧(도)/ → /낟(또)/(晝) [참] /나제/(/-에/)

f. /낯⟧(도)/ → /낟또/(顔) [참] /나츨/(/-을/)

g. /놓⟧니/ → /녿니/ (→ /논니/)(放)[05] [참] 노코(/-고/)

h. /놓⟧소/ → /녿소/ (→ /녿쏘/)(放)

i. /짛⟧는데/ → /짇는데/ (→ /진는데/)(/짓-/, 作)

j. /짛⟧니/ → /짇니/ (→ /진니/) [참] /지꼬/(/-고/), /지으니/(/-으니/)

k. /밖⟧(도)/ → /박(또)/(外) [참] /바께/(/-에/)

l. /부엌⟧(도)/ → /부억(또)/(竈) [참] /부어케/(/-에/)

[2] 자음소동화

자음소동화는 평파열음소화가 일어난 다음에 거치는 음운과정이다. 평파열음소화가 일어난 다음에 어간말의 /ㅂ/, /ㄷ/, /ㄱ/는 어미초 자음소가 어떤 것이냐에 따라 아무 변동을 보이지 않거나 어미초 자음소와 같아지거나

05 (→ /논니/): ( ) 속의 것은 해당 음운과정(여기서는 '평파열음소화')이 일어난 뒤에 계속되는 음운과정을 나타낸다. 이하 동일.

어미초 자음소와 같은 성질의 것으로 된다.

그중에서 어간말의 /ㅂ/, /ㄷ/, /ㄱ/가 아무 변동을 보이지 않는 경우는 어미초 자음소가 /ㄷ/나 /ㅈ/ 등 치조음소나 경구개음소일 때이다. 그것은 다음 (11)과 같으며 그에 대한 예는 (12)에서 볼 수 있다.

(11) /ㅂ/ /ㄷ/ /ㄱ/ ‖/ㄷ,ㅈ/
↓ ↓ ↓
/ㅂ/ /ㄷ/ /ㄱ/

(12) a. /잡‖더라/ → /잡떠라/, /잡‖지/ → /잡찌/(執)
b. /닫‖더라/ → /닫떠라/, /닫‖지/ → /닫찌/(閉)
c. /막‖더라/ → /막떠라/, /막‖지/ → /막찌/(防)
d. /집‖도/ → /집또/, /집‖조차/ → /집쪼차/(家)
e. /박‖도/ → /박또/, /박‖조차/ → /박쪼차/(瓢)

[2.1] 비(鼻)음소화

비음소화는 어미초의 /ㅁ/나 /ㄴ/ 앞에서 평파열음소화가 일어난 뒤에 어간말의 /ㅂ/, /ㄷ/, /ㄱ/가 각각 그 위치에서 발음되는 비음소로 되는 음운과정이다. (9)를 참조하면, 평파열음소화에 의한 어간말의 /ㅂ/가 될 수 있는 것은 실제로 어간말 /ㅂ/ 외에 어간말 /ㅍ/도 있으며, 평파열음소화에 어간 어간말의 /ㄷ/가 될 수 있는 것은 실제로 어간말 /ㄷ/ 외에 어간말 /ㅌ/, /ㅅ/, /ㅆ/, /ㅈ/, /ㅊ/, /ㅎ/, /ㆆ/도 있다. 그리고 평파열음소화에 의한 어간말의 /ㄱ/가 될 수 있는 것은 실제로 어간말 /ㄱ/ 외에 어간말 /ㄲ/와 /ㅋ/도 있다. 이때의 음운과정은 다음 (13)과 같으며 (14)에서 그에 대한 예를 볼 수 있다.

(13) /ㅂ/ /ㄷ/ /ㄱ/ ‖/ㅁ,ㄴ/
↓ ↓ ↓
/ㅁ/ /ㄴ/ /ㅇ/

(14) a. ① /잡‖니/ → /잠니/(執), /집‖만/ → /짐만/(家)

② /덮‖니/ → /덥니/ → /덤니/(蓋), /짚‖만/ → /집만/ → /짐만/(藁)

b. ① /닫‖니/ → /단니/(閉), /끝‖만/ → /끋만/ → /끈만/(→ /끔만/)(末)

② /웃‖니/ → /욷니/→ /운니/(笑), /낯‖만/ → /낟만/ → /난만/ (→ / 남만/)(顔)

c. ① /막‖니/ → /망니/(防), /박‖만/ → /방만/(瓢)

② /꺾‖니/ → /꺽니/ → /껑니/(折), /밖‖만/ → /박만/ → /방만/(外)

[2.2] 연구개음소화

연구개음소화는 어미초의 /ㄱ/나 /ㄲ/ 앞에서 평파열음소화가 일어난 뒤에 어간말의 /ㅂ/나 /ㄷ/는 /ㄱ/로 그리고 어간말의 /ㅁ/나 /ㄴ/는 /ㅇ/로 되는 음운과정이다. 그러나 이런 음운과정은 (15)와 (16)과 같은데 그러한 음운과정은 방언에 따라 다르다. (17)에서 그러한 음운과정의 예를 볼 수 있다.

(15) /ㅂ/ /ㄷ/ ‖/ㄱ,ㄲ/
↓ ↓
/ㄱ/ /ㄱ/

(16) /ㅁ/ /ㄴ/ ‖/ㄱ,ㄲ/
↓ ↓
/ㅇ/ /ㅇ/

(17) a. ① /잡‖고/ → /작꼬/(執), /집‖까지/ → /직까지/(家),

② /덮‖고/ → /덥꼬 /→ /덕꼬/(蓋),

/짚‖까지/ → /집까지/ → /직까지/(藁)

b. ① /닫‖고/ → /닥꼬/(閉), /끝‖까지/ → /끋까지/ → /끅까지/(末),

② /웃⟧고/ → /욷꼬/ → /욱꼬/(笑),

/옷⟧까지/ → /옫까지/ → /옥까지/(衣),

③ /쫓⟧고/ → /쫃꼬/ → /쪽꼬/(追),

/낯⟧까지/ → /낟까지/ → /낙까지/(顔) 등

c. /넘⟧고/ → /넝꼬/(越), /잠⟧까지/ → /장까지/(睡)

d. /신⟧고/ → /싱꼬/(履), /안⟧까지/ → /앙까지/(內)

[2.3] 양순음소화

양순음소화는 평파열음소화가 일어난 뒤에 ⓐ 어미초의 /ㅁ/ 앞에서 어간말의 /ㄷ/와 /ㄴ/가 /ㅁ/로 실현되고 ⓑ 어미초의 /ㅂ/ 앞에서 어간말의 /ㄷ/는 /ㅂ/로, 어간말의 /ㄴ/는 /ㅁ/로 되는 음운과정이다. 특히 평파열음소화가 일어난 뒤에 어간말의 /ㄷ/는 어미초의 /ㅁ/ 앞에서 바로 /ㅁ/로 되는 것이 아니다. 그 경우에 어간말 /ㄷ/는 어미초의 /ㅁ/ 앞에서 비음소화에 의해 /ㄴ/로 되고[(13) 참조] 그 다음에 /ㄴ/는 양순음소화에 의해 /ㅁ/로 되는 것이다. 그러나 이런 음운과정은 방언에 따라 다르다. 다음의 (18)과 (19)는 양순음소화에 의한 음운과정이며 그에 대한 예는 (20)에서 볼 수 있다.

(18) /ㄷ/ /ㄴ/ ⟧/ㅁ/
↓ ↓
/ㅁ/ /ㅁ/

(19) /ㄷ/ /ㄴ/ ⟧/ㅂ/
↓ ↓
/ㅂ/ /ㅁ/

(20) a. ① /끝⟧만/ → /끋만/ → /끈만/ → /끔만/(末),

② /옷⟧만/ → /옫만/ → /온만/ → /옴만/(衣),

③ /낯⟧만/ → /낟만/ → /난만/→ /남만(顔) 등

b. /산⟧만/ → /삼만/(山)

c. ① /끝‖보다/ → /끋뽀다/ → /끕뽀다/(末),

/옷‖보다/ → /옫뽀다/ → /옵뽀다/(衣)

② /낯‖보다/ → /낟뽀다/ → /납뽀다/(顔) 등

d. /산‖보다/ → /삼보다/(山)

위의 (18)과 (19)의 음운과정과 그에 대한 (20)의 예에서 보듯이, /ㅁ/나 /ㅂ/로 시작하는 활용어미는 없으므로 양순음소화는 곡용에 한정된다.

이상의 자음소동화를 보면 비음소화는 모든 방언에 다 일어나지만, 연구개음소화와 양순음소화는 방언에 따라 다르다. 이 두 동화에 의한 방언 차이를 보이면 (21)과 같다.

(21)

동화	내용	동남	동북	서남		서북		중부		제주
				전남	전북	빠른 말	느린 말	충남	경기, 충북	
연구개 음소화	ㄷ→ㄱ ㄴ→ㅇ	○	○	○	△	○	×	△	○	×
	ㅂ→ㄱ ㅁ→ㅇ	○	×	△	×	○	×	△	○	×
양순 음소화	ㄷ→ㅂ	○	○	×		○	×	×		×
	ㄴ→ㅁ	○	○	×		○	×	×		×

(21)에서 해당 자음소동화가 ○인 것은 적극적으로 일어난다는 말이고 ×인 것은 거의 일어나지 않는다는 말이며 △인 것은 해당 방언에서 적극적으로 일어나는 지역어와 거의 일어나지 않는 지역어가 반 정도 된다는 말이다.[06]

06 (21)은 국립국어원에서 2004년에서 2009년까지 시행한 국내외 지역어조사 결과보고서에 의한 것이다.

이상에서 논의된 자음소동화를 정리하면 다음과 같다.

① 어미초가 /ㄷ/, /ㅈ/ 등 치조음소나 경구개음소일 때에는 어간말의 /ㅂ, ㄷ, ㄱ/나 /ㅁ, ㄴ, ㅇ/은 아무런 변동을 보이지 않는다. 이것은 치조음소나 경구개음소가 입안의 중간에 위치하기 때문이다.
② 평파열음소화가 일어난 뒤에 어미초가 비음소이면 어간말의 /ㅂ, ㄷ, ㄱ/는 각각 동일 위치의 비음소로 된다(비음소화).
③ 평파열음소화가 일어난 뒤에 어미초가 /ㄱ/나 /ㄲ/이면 어간말의 /ㅂ/는 /ㄱ/로 되며 어간말의 /ㅁ/는 /ㅇ/으로 된다(연구개음소화). 이 음운과정은 방언에 따라 차이가 있다.
④ 평파열음소화가 일어난 뒤에 어미초가 /ㅁ/이면 어간말의 /ㄷ/와 /ㄴ/는 /ㅁ/로 되고 어미초가 /ㅂ/이면 평파열음소화에 어간 어간말의 /ㄷ/는 /ㅂ/로 되고 어간말의 /ㄴ/는 /ㅁ/로 된다(양순음소화). 이 음운과정은 방언에 따라 차이가 있다.

②-④는 모두 어간말 자음소가 어미초 자음소와 동일한 음소로 되거나 동일한 조음방식을 가지는 음소로 됨으로써 발음을 쉽게 하기 위한 것이다. 이와 같이 한국어의 자음소동화는 모두 앞의 자음소가 뒤의 자음소에 동화되는 역행동화뿐이다.

[3] 유음소화

유음소화란 /ㄻ/ 이외에 /ㄹ/로 시작하는 자음소군 /ㄺ, ㄼ, ㄾ, ㅀ, ㄽ/ 등으로 끝나는 어간과 /-는다, -니, -는데/ 등 /ㄴ/로 시작하는 어미가 결합할 때, 자음소군 단순화로 /ㄹ/ 이외의 자음소가 탈락된 다음에, 남아 있는 어간말의 /ㄹ/ 뒤에서 어미초의 /ㄴ/가 /ㄹ/로 되는 음운과정을 말한다. (22)에서 그러한 사실을 알 수 있다.

(22) a. (손바닥을) /핥〗는다/ → /할는다/ → /할른다/(舐)

b. (배가 아파서 끙끙) /앓〗는데/ → /알는데/ → /알른데/(痛)

c. (도박장에서는 돈을) /잃〗니/ → /일니/ → /일리/(失)

종래에 이 현상은 자음소동화로 알려져 왔다. 그러나 이것이 자음소동화로 볼 수 없는 이유는 먼저 '[2] 자음소동화'에서 알 수 있었던 바와 같이, 이 현상을 제외한 한국어의 모든 자음소동화는 폐쇄음소들 상호 간에 한정되어 일어나는 역행동화라는 것이다. 자음소로 끝나는 어간과 자음소로 시작하는 어미 간에 역행동화 — 어간말의 자음소가 어미초의 자음소에 동화되는 것 — 만 가능한 것은 형태소의 기능부담이 어간이나 어미의 첫음소에 있기 때문이다. 만약에 '/잡〗는/ → /잠는/(執)'과 같은 역행동화와 달리, '/남〗더라/ → /남너라/(餘)'와 같은 순행동화가 일어나서 어미초의 /ㄷ/가 /ㄴ/로 된다면, 어미 /-너라/에서 '해라체 회상 서술법'이라는 /-더라/가 가진 형태소 기능을 알지 못하게 된다. 다시 말하면, 그렇게 될 경우에 /-더라/의 형태소 기능이 상실되기 때문이다.

그런데 자음소군 단순화 결과로 남게 된 어간말 /ㄹ/ 뒤에서 어미초 /ㄴ/가 /ㄹ/로 되는 것은 폐쇄음소들 상호간에 일어나는 현상이 아니라 유음소 /ㄹ/와 폐쇄음소 /ㄴ/ 사이에서 일어나는 현상이며, 형식상으로는 동화라고 할 수 있으나, /ㄴ/를 /ㄹ/로 교체시킬 수 있는 음운론적인 요인이 /ㄹ/에는 없다. 그러므로 (22)에 제시된 음운현상은 자음소동화가 될 수 없다. 따라서 그 현상은 '유음소화'라는 독자적인 음운현상으로 보아야 한다.

유음소화는 모든 방언에 다 존재하지만, 어간말 자음소군 /ㄺ/와 /ㄼ/가 어미초의 자음소 앞에서 자음소군 단순화가 일어날 때에 /ㄹ/가 탈락하는 방언과 /ㄱ/와 /ㅂ/가 탈락하는 방언에 따라,[07] 그리고 어간말 자음소군 /ㅭ/가 있는 방언과 없는 방언에 따라 어간말 자음소군의 수에 차이를 보인다.

[4] /X이 ‖ Vst 어Y/의 음운과정

이 음운과정은 /이/로 끝나는 어간과 /어/로 시작하는 어미가 결합할 때에 우리가 예상하는 것은 어간말의 /이/와 어미초의 /어/가 합쳐져서 /여/로 되는 것이다. 동사 어간 /시-/(酸)나 /이기-/(勝)가 어미 /-어도/와 결합하면 각각 (식초가) [셔:도]나 (싸움에) [이겨도]가 된다는 것이 그러한 사실을 알려준다. 우리가 그렇게 예상할 수 있는 것은 초등학교와 중·고등학교에서 국어 교육을 통하여 표준어로는 그렇게 말해야 하는 것으로 배워왔기 때문이다.

그러나 자연어로서의 방언에서는 그 경우에 나타나는 결과는 매우 다양하다. 그 경우의 음운과정은 다음과 같은 조건에 따라서 차이를 보인다.

① 어간말 모음소 '이' 앞에 자음소가 있는가 없는가?
② 자음소가 있을 때에는 그 자음소가 경구개음소인가 아닌가?
③ 어간의 음절이 몇 개인가?
④ 그 어간이 파생된 것인가 아닌가?

이러한 조건을 고려하여 동사 /이-(載)/, /비-/(空), /지-/(負), /치-/(打), /다치-/(傷), /비비-/(摩)가 어미 /-어도/와 결합할 때에 대방언과 중방언에

07 이에 대해서는 (27)을 참조하기 바람.

서 일어나는 음운과정은 (23)과 같다.

(23) a. /이 ‖ 어{도, 두}/ → ①/여{도, 두}/(戴), ②/예(:)두/, ③/예에'두/,
④/이어도/
b. /비 ‖ 어{도, 두}/ → ①/비어{도, 두}/, ②/벼:두/, ③/비에'두/,
④/베:두/, ⑤/비'이도/
c. /지 ‖ 어{도, 두}/ → ①/저{도, 두}/, ②/제에'두/, ③/제(:)두/
d. ① /치 ‖ 어{도, 두}/ → /처{도, 두}/
② /티 ‖ 어두/ → /테두/
e. ① /다치 ‖ 어도/ → /다치도/
② /다치 ‖ 어{도, 두}/ → /다처{도, 두}/
③ /다티 ‖ 어두/ → /다테두/
f. /비비 ‖ 어{도, 두}/ → ①/비벼{도, 두}/, ②/비베{도, 두}/, ③/비비도/

(23)에서 먼저, 일음절 어간으로서 어간말의 /이/ 앞에 자음소가 없는 경우를 보기로 한다. 이러한 조건에 해당하는 어간으로 동사 /이-/(載)를 예로 든다. (23a)에서 보듯이, 어간 /이-/와 어미 /-어{도, 두}/가 결합하는 경우에 가장 일반적인 음운과정은, ①과 같이, 어간말 /이/가 활음소 j로 교체되어 /여{도, 두}/로 되는 것이다. 이러한 음운과정은 동남방언과 중부방언과 제주방언에서 확인된다. 이와는 달리, 서북방언과 동북방언에서는, ②, ③과 같이, /예(:)두/(서북), /예에'두/(동북)가 된다. /이 ‖ 어두/가 /예두/로 되는 사실은 쉽게 설명하기 어렵다. 이 경우에 동북방언 중 소위 육진지역어에서는 /이-/에 대하여 /니-/를 사용하는데, 그 경우에는 어미 /-어두/와 결합하여 /네에'두/가 된다. 그러나 서남방언에서는, ④와 같이, 그 경우에 음운

과정이 없이 /이어도/로 된다.

다음으로, 일음절 어간으로서 어간말의 /이/ 앞에 자음소가 있는 경우를 보기로 한다. 이 조건에 해당하는 어간의 예로서 /비-/(空)와 /지-/(負)와 /치-/(打)를 들기로 한다. 그중에서 /비-/가 어미 /-어{도, 두}/와 결합하는 경우에, 일어나는 음운과정은 어간 /이-/가 어미 /-어도/와 결합할 때의 음운과정과는 양상이 다르다. 이 경우의 음운과정은 (23b)에서 보듯이, 서남방언과 제주방언 그리고 중부방언 중 충청방언에서는, ①과 같이, 아무 음운과정이 없는 /비어{도, 두}/로 되고 중부방언 중 경기방언과 황해방언에서는, ②와 같이, 어간말의 /이/가 j화하여 /벼:두/가 된다. 그리고 동북방언과 서북방언에서는, ③, ④와 같이, 어간말의 /이/가 j화하여 /벼:두/가 된 다음 다시 자음소 뒤에서 /여/가 /에/로 축약되어 /베에'두/(동북), /베:두/(서북)가 되며 동남방언에서는, ⑤와 같이, 어미초의 /어/가 어간말의 /이/에 완전순행동화하여 /비'이도/가 된다.

이와는 달리, (23c)에서 보듯이, 어간 /지-/(負)가 어미 /-어{도, 두}/와 결합하면, ①과 같이, 중부방언에서는 /저두/가, 동남방언, 서남방언, 제주방언에서는 /저도/가 된다. 이것은 어간말의 /이/가 어미초의 /어/ 앞에서 j화하여 /져/로 된 다음에 j가 그것과 같은 [+고설성]을 가진 경구개음소 /ㅈ/ 뒤에서 탈락하여 /저/가 된 것이다. 그러나 동북방언과 서북방언에서는, ②, ③과 같이, 어간말의 /이/가 어미초의 /어/ 앞에서 j화하여 /져(:)/가 된 다음에 /ㅈ/ 뒤에서 /여/가 /에/로 축약되어 /제에'두/(동북)나 /제(:)두/(서북)가 된다.[08] 이 경우에 /ㅈ/ 뒤에서 j가 탈락하지 않는 것은 두 방언의 /ㅈ/는 경

08 동남방언, 서남방언, 중부방언, 제주방언에서느 /져/가 /져:/로 되지 않은 것은 어간말의 /이/가 j화하여 /져/로 되면서 동시에 j가 탈락하기 때문이다.

구개음소가 아니라 치조음소이기 때문이다.[09]

그리고 /치-/(打)는 원래 /티-/였는데 어두에서 /ㄷ, ㄸ, ㅌ/의 구개음소화가 일어나면서 /치-/로 된 것이다. (23d)에서 보듯이, 이 어간이 어미 /-어{도, 두}/와 결합하면, ①과 같이, 동남방언, 서남방언, 중부방언, 제주방언에서는 /처{도, 두}/가 된다. 이 음운과정은 어간 /지-/(負)가 어미 /-어{도, 두}/와 결합하여 /저{도, 두}/가 되는 것과 동일하다. 이와는 달리, /ㄷ/-구개음소화가 일어나지 않은 서북방언에서는, ②와 같이, /테두/가 되는데, 이때의 음운과정은 /비ㅣ어두/(空)가 서북방언에서 /베:두/로 되는 음운과정과 동일하다. 다른 점이 있다면, /테두/는 /테:두/가 안 된다는 점이다. 이것은 구개음소화된 /치-/가 어미초의 /어/와 결합할 때에 /처두/가 되는데, 이때에 /처/의 /어/가 단(短)모음소로 되는 것에 유추된 것으로 이해한다.

끝으로 /이/로 끝나는 이음절 어간의 예로서 /다치-/(傷)와 /비비-/(摩)를 들기로 한다. 그중에서 /다치-/는 15세기 문헌에는 /다티-/였다가 /ㄷ/ 구개음소화에 의해서 변한 것이다. (23e)에서 보듯이, 이 동사가 어미 /-어{도, 두}/와 결합할 때, ①과 같이, 동남방언에서는 /다치도/가 되는데, 이것은 '이'로 끝나는 2음절 이상의 어간으로서 어간말의 '이' 앞에 경구개음소가 있을 경우, 어미초의 '어'가 어간말의 모음소 '이'에 완전순행동화하기 때문이다. 그러나 ②와 같이, 중부방언에서는 /다처두/로, 서남방언과 제주방언에서는 /다처도/가 된다. 이 경우에 어간말의 /치/와 어미초의 /어/가 결합하여 /처/로 되는 음운과정은 /지-/(負)와 어미초의 /어/가 결합하여 /저/로 되는 것과 동일하다. 이와는 달리, 동북방언과 서북방언에서는, ③과 같이, /다테두/가 되는데 이때에 어간말의 /티/와 어미초의 /어/가 결합하여

09 경구개음소와 치조음소가 발음되는 위치에 대해서는 (6b)를 참조하기 바람.

/테/로 되는 음운과정은 /치-/(打)에 대한 서북방언의 어간 /티/가 어미초의 /어/와 결합하여 /테/로 되는 것과 동일하다.

어간말의 /이/ 앞에 경구개음소가 있는 /다치-/(傷)와는 달리, (23f)에서 보듯이, /비비-/(摩)가 어미 /-어{도, 두}/와 결합할 때, ①과 같이, 중부방언과 제주방언에서는 각각 /비벼두/와 /비벼도/가 되는데 이 경우에 어간말의 /비/와 어미초의 /어/가 결합하여 /벼/로 되는 것은 /비-/(空)가 중부방언 중 경기방언에서 어미초의 /어/와 결합하여 /벼/로 되는 것과 동일하다. 다만 두 번째 음절 이하에서는 어간말의 '이'와 어미초의 '어'가 결합하여 '여'로 되어도 보상적 장음(두 음절이 한 음절로 되었음을 나타내기 위해 생기는 '장음')이 발생하지 않는다는 것이 다르다.

이와는 달리, ②와 같이, 동북방언에서는 /비베두'/로, 서북방언에서는 /비베두/로, 서남방언 중 전남방언에서는 /비베도/로 된다. 이 경우에 어간말의 /비/가 어미초의 /어/와 결합하여 /베/로 되는 음운과정은 /비-/(空)가 동북방언이나 서북방언에서 어미초의 /어/와 결합하여 /베/로 되는 것과 동일하다. 이때에도 두 번째 음절 이하에서는 보상적 장음이 발생하지 않는다. 그리고 ③과 같이, 동남방언에서는 /비'비도/(경남)나 /비비'도/(경북)로, 서남방언 중 전북방언에서는 /비비도/가 된다.

지금까지의 논의를 정리하여 방언 간의 공통점과 차이점을 보이면 (24)와 같다.

지도 2 '비비-어'(摩)

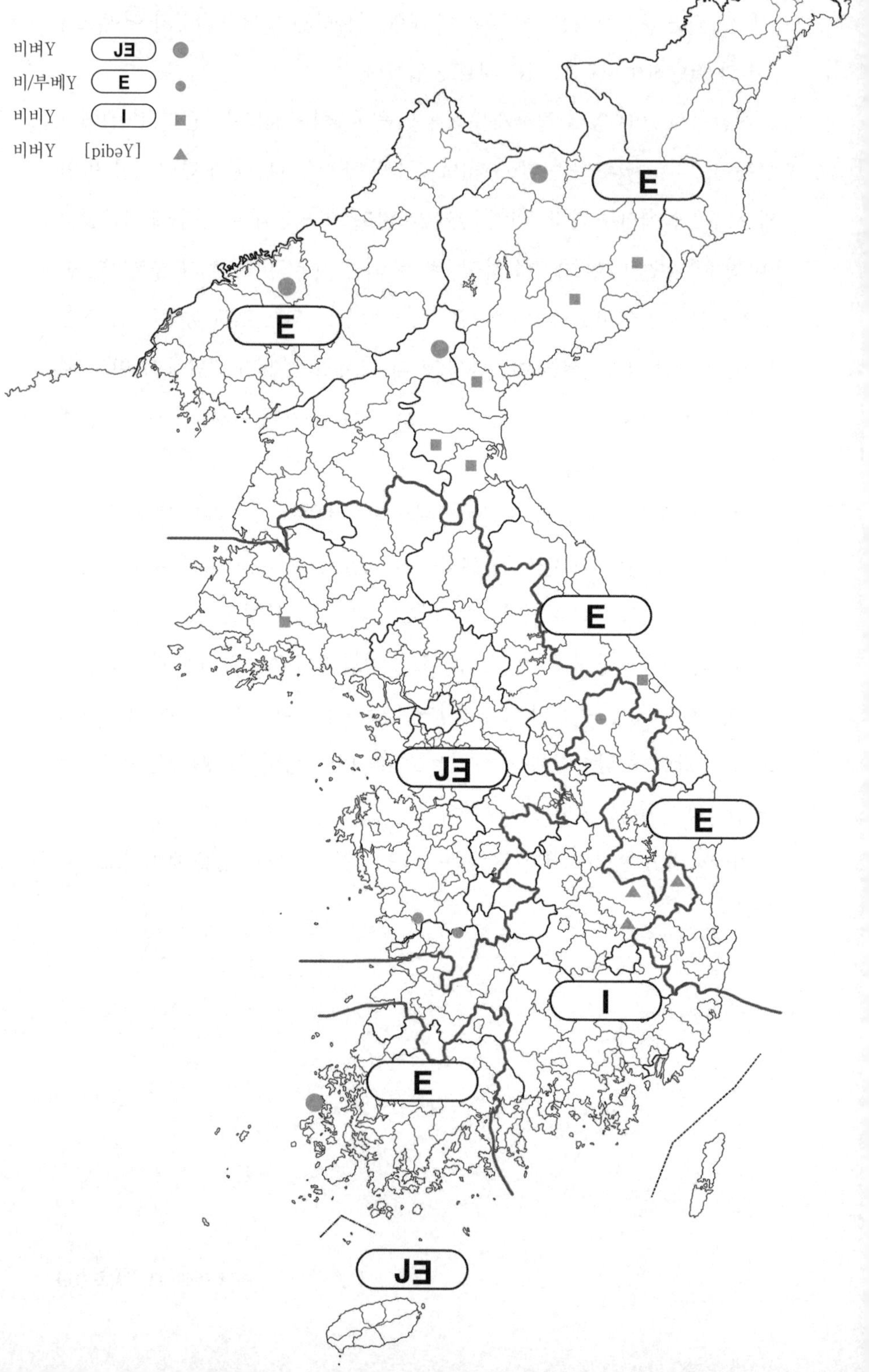

(24)

<table>
<tr><th>대방언
표준어</th><th>동남</th><th>동북</th><th>서남</th><th>서북</th><th>중부</th><th>제주</th></tr>
<tr><td>/이] 어도/</td><td>여'도'</td><td>{예, 네}에'두</td><td>이어도</td><td>예(:)두</td><td>여두</td><td>여도</td></tr>
<tr><td rowspan="2">/비] 어도/</td><td rowspan="2">비'이도</td><td rowspan="2">베에'두</td><td rowspan="2">비어도</td><td rowspan="2">베:두</td><td>경기, 황해:
벼:두</td><td rowspan="2">비어도</td></tr>
<tr><td>충남북:
비어두</td></tr>
<tr><td>/지] 어도/</td><td>저'도'</td><td>제에'두</td><td>저도</td><td>제두</td><td>저두</td><td>저도</td></tr>
<tr><td>/치] 어도/</td><td>처'도'</td><td>{처', 텨'}두</td><td>처도</td><td>테두</td><td>처두</td><td>처도</td></tr>
<tr><td>/다치] 어도/</td><td>다'치'도</td><td>다테'두</td><td>다처도</td><td>다테두</td><td>다처두</td><td>다처도</td></tr>
<tr><td rowspan="2">/비비] 어도/</td><td rowspan="2">비'비도[09]</td><td rowspan="2">{부, 비}베두'</td><td>전남:
비베도</td><td rowspan="2">비베두</td><td rowspan="2">비벼두[10]</td><td rowspan="2">비벼도</td></tr>
<tr><td>전북:
비비도</td></tr>
</table>

3.2.2. 탈 락

한국어에서 음소의 탈락은 일반적으로 대방언간에 큰 차이를 보이지 않는다. 여기서는 자음소군 단순화와 어미초의 /으/탈락과 어간말의 '/ㅎ/ 탈락과 /ㄹ/ 탈락, /어/ 탈락, /아/탈락, /으/탈락'에 대하여 간단히 논의하기로 한다.

[1] 자음소군 단순화

한국어에서 두 모음 사이에서 발음될 수 있는 자음소는 최대로 두 개이며 음절말에서 발음될 수 있는 자음소는 한 개뿐이다. 그러므로 두 개의 자음소

10 경북의 동북부지역어에서는 /비베두/가 된다.

11 강원도의 영동지역어에서는 /비베두/가 된다.

로 끝나는 어간과 자음소로 시작하는 어미가 결합하면 두 모음 사이에 세 개의 자음소가 있게 된다. 두 모음소 사이에서는 2개의 자음소만이 발음되므로 이 경우에는 하나의 자음소가 없어져야 한다. 그리고 /알-/(知)이나 /불-/(吹)과 같이 /ㄹ/로 끝나는 어간과 관형사 형성어미 /-은/이나 /-읈/이 결합하면 어간말의 /ㄹ/ 뒤에서 어미초의 /으/가 탈락하면 그 결과는 /알ㄴ, 불ㄴ/이나 /알ㅭ, 불ㅭ/이 된다. 그런데 음절말에서는 한 개의 자음소만 발음되므로 /ㄹ/와 /ㄴ/ 중에서 어느 하나가 탈락하고 /ㄹ/와 /ㄹ/와 /ㆆ/ 중에서 어느 둘이 탈락하여야 한다. 이러한 음운과정을 자음소군 단순화라고 한다.

한국어의 표준어가 가진 어간말 자음소군은 동사와 명사에 모두 존재하는 것으로 되어 있지만 자연어로서의 방언에는 명사에 자음소군이 거의 존재하지 않는다. 표준어에는 명사의 어간말 자음소군으로 /ㅄ, ㄳ, ㄺ, ㄼ, ㄽ/ 등이 있다. /값(價), 넋(魂), 흙(土), 여덟(八), 돌(〈돐)(周年)/ 등이 그 예가 된다.

그러나 /값/(價)은 서남방언, 중부방언 중 충청방언, 동남방언 중 경북방언 등에서는 /갑/으로, 제주방언에서는 /깝/으로, 동북방언과 중부방언 중 강원방언, 경기방언, 절반의 충북방언, 서북방언 중 일부 평북방언에서는 /값/으로 변했다. 그리고 /흙/(土)은 중부방언, 서남방언, 서북방언, 제주방언에서는 /흑/으로, 동남방언 중 경남방언에서는 /흙/으로 변했으며 /열덟/(八)은 중부방언과 동남방언과 서남방언 중 대부분의 전북방언에서는 /여덜/로, 서남방언 중 전남방언과 일부 전북방언에서는 /야달/로, 제주방언에서는 /요돕/요답/요덥/여덥/으로 변했다. 그리고 /돌(〈돐)/(週歲)은 대부분의 중부방언, 동남방언, 서남방언, 제주방언에서는 /돌/로, 동북방언에서는 /돌씨/로 변했고 /넋/(魂)은 동남방언, 서남방언, 서북방언, 제주방언과 중부방언 중 충청방언에서는 /넉/으로, 동북방언과 중부방언 중 강원방언과 경기방언에서는 /넋/으로 변했다.

그러므로 자음소군 단순화에 대한 논의는 활용으로 그 범위를 한정하게 된다. 표준어에서 인정되고 있는 동사의 어간말 자음소군으로는 /ㅄ, ㄵ, ㄶ, ㄺ, ㄻ, ㄼ, ㄾ, ㄿ, ㅀ/ 등이 있다. /없-(無), 앉-(坐), 않-(不爲), 맑-(淸), 삶-(烹), 밟-(踏), 핥-(舐), 읊-(吟), 앓-(痛)/ 등이 그 예가 된다. 이 중에서 /없-/은 동북방언, 중부방언, 서남방언에서는 /읎-/으로 변했고 '읊-'은 자연어에서는 거의 사용되지 않는다.

방언에 따라서는 표준어에 존재하지 않는 동사의 어간말 자음소군들이 있다. 동남방언을 예로 들면, 표준어 동사 /꺾-/(折)에 대하여, /껑는다, 껑꼬, 껑떠라, 껑꺼도, 껑꺼모/의 활용을 보이는 하위방언이 있다. 어간과 결합한 어미가 /-는다, -고, -더라, -어도, -으모/라 하면, 그들 활용형은 각각 '껑-는다, 껑-꼬, 껑-떠라, 꺾-어도, 꺾-으모'로 분석된다. 그 결과 어간 /꺾-/이 추출된다. 또 표준어 동사 /찧-/(搗)에 대하여, /찡는다, 찡코, 찡터라, 찡어도, 찡으모/의 활용을 보이는 하위방언이 있다. 그들 활용형은 각각 '찡-는다, 찡-고, 찡-더라, 찡-어도, 찡-으모'로 분석되며 그 결과 어간 /찡-/이 추출된다. 또 표준어 동사 /담-/(盛)에 대하여, /담는다, 당꼬, 담떠라, 담마도, 담무모/의 활용을 보이는 하위방언이 있다. 그들 활용형은 각각 '담-는다, 당-꼬, 담-떠라, 닮-아도, 닮-우모'로 분석되며 그 결과 어간 /닮-/이 추출된다. 이러한 예에서 표준어에는 존재하지 않는 동사의 어간말 자음소군 /ㆁㄲ, ㆁㅎ, ㅁㅁ/이 있다는 것을 알게 된다.

표준어에 존재하는 동사의 어간말 자음소군은 모든 방언에도 존재하며 방언에 따라서는 또 다른 동사의 어간말 자음소군이 있을 수 있다. 그러한 모든 자음소군이 자음소로 시작하는 어미와 결합할 때에 단순화되는 규칙은, 어간말 자음소군 /ㄺ, ㄼ/을 제외하면, 방언 차이를 보이지 않는다. 즉 (25)에서 보듯이, 어간말 자음소군 중 /ㅄ/ㅂㅆ, ㄵ, ㄾ, ㆁㄲ, ㆁㅎ, ㅁㅁ/는 자음소로 시작하는

지도 3 '밝-고'

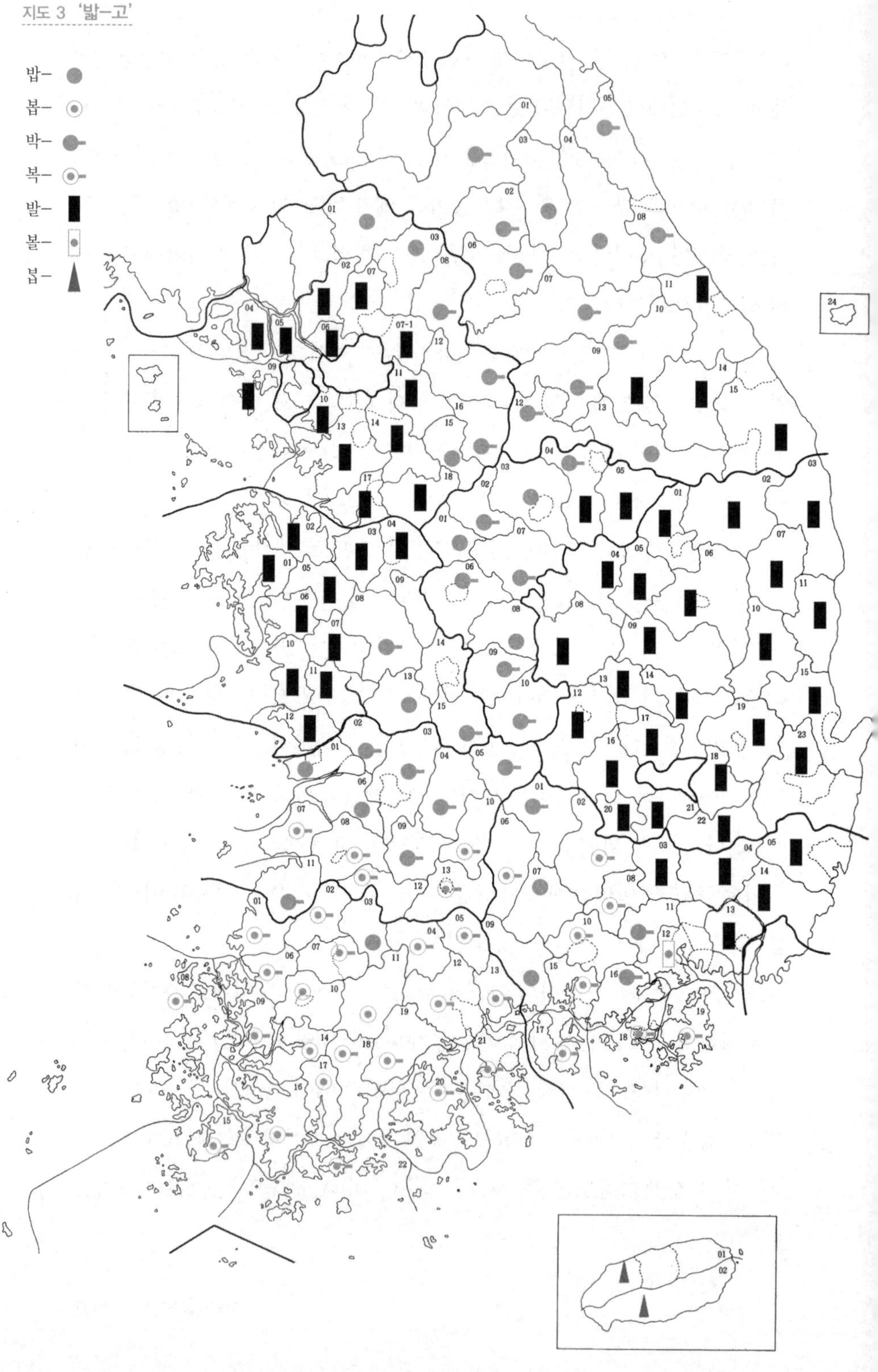

어미와 결합하면, 그리고 어간말 자음소군 /ㄶ, ㅀ/는 /ㄴ/로 시작하는 어미와 결합하면 자음소군 중 두 번째 자음소가 탈락된다. (25 a-e)에서 그러한 사실을 알 수 있다. 그리고 (25f)에서 보듯이, 어간말 자음소군 /ㄻ/는 자음소로 시작하는 어미와 결합하면, 자음소군 중 첫 번째 자음소가 탈락한다.

(25) a. /업따, 업꼬, 업떠라 (업서도, 업스면)/(/없-/)[12]
b. /안는다, {안, 앙}꼬, 안떠라 (안자도, 안즈{면, 머, 마, 모})/(/앉-/)
c. /훌른다, 훌꼬, 훌떠라 (훌터도, 훌트{면, 머, 마, 모})/(/훑-/)
d. /안는다 (안코, 안터라, 아나도, 아느{면, 머, 마, 모})/(/않-/)
e. /일른다 (일코, 일터라, 이러도, 이르{면, 머, 마, 모})/(/잃-/)
f. /삼는다, {삼, 상}꼬, 삼떠라 (살{마, 머}도, 살{므, 무}{면, 머, 마, 모})/(/삶-/)

이와는 달리, 방언차이를 보이는 자음소군 단순화는 어간말 자음소군 /ㄺ, ㄼ/가 자음소로 시작하는 어미와 결합할 때이다. 이때의 방언 차이는 다음 셋으로 구분된다. 첫째는 어간말 자음소군 중 /ㄱ/와 /ㅂ/가 탈락되는 것이고 둘째는 어간말 자음소군 중 /ㄹ/가 탈락되는 것이다. 그리고 셋째는 어미 초의 자음소가 연구개음소(/ㄱ/)일 때는 어간말 자음소군 중 /ㄱ/와 /ㅂ/가 탈락되고 치조음소(/ㄷ, ㅅ, ㄴ/)나 경구개음소(/ㅈ/)로 시작하는 어미와 결합하면 어간말 자음소군 중 /ㄹ/가 탈락하는 것이다. 이러한 사실을 예로 보이면 (26)과 같다.

12 표준어의 어미 /-으면/은 방언에 따라 /-으믄, -으{마, 만}, -으{모, 몬}/ 등으로 사용되고 있으나 서술의 편의를 위해서 '-으면'을 사용한다.

(26) a. /늙‖고/ → /늘꼬/(老), /얇(:)‖고/ → /얄(:)꼬/(薄)

b. /늙‖고/ → /늑꼬/(老), /얇(:)‖고/ → /얍(:)꼬/(薄)

c. ① /늙‖고/ → /늘꼬/(老), /얇(:)‖고/ → /얄(:)꼬/(薄)

② /늙‖지/ → /늑찌/(老), /얇(:)‖지/ → /얍(:)찌/(薄)

이 음운과정에 의한 방언차이를 보이면 (27)과 같다.

(27)

<table>
<tr><th>어간과 어미의 결합</th><th>실현
자음소</th><th>해당 방언</th></tr>
<tr><td>/ㄺ/ ‖자음소
/ㄼ/ ‖자음소</td><td>/ㄱ/
/ㅂ/</td><td>서남, 동북, 제주, 서남경남
(〈창녕, 밀양, 울주, 의창, 김해, 양산〉 제외)</td></tr>
<tr><td>/ㄺ/ ‖자음소
/ㄼ/ ‖자음소</td><td>/ㄹ/</td><td>동남(서남경남 제외), 서북</td></tr>
<tr><td>/ㄺ/ ‖/ㄱ/
/ㄼ/ ‖/ㄱ/</td><td>/ㄹ/</td><td rowspan="2">중부(경기, 충남)
충북(노년층): /ㄱ/, /ㅂ/
충북(청년층): /ㄹ/</td></tr>
<tr><td>/ㄺ/ ‖/ㄷ,ㅅ,ㄴ,ㅈ/
/ㄼ/ ‖/ㄷ,ㅅ,ㄴ,ㅈ/</td><td>/ㄱ/
/ㅂ/</td></tr>
</table>

[2] 어미초의 /으/ 탈락

어미초의 /으/ 탈락은 모음소나 /ㄹ/로 끝나는 어간 뒤에서 어미초의 /으/가 탈락하는 음운과정을 말한다. 이 음운과정은 활용과 곡용에 차이가 있다. 다시 말하면, 어미초의 /으/는 /-으면/이나 /-으로/와 같이, 독립된 음절을 이룰 때에는 활용에서나 곡용에서도 어간말의 모음소나 /ㄹ/ 뒤에서 탈락하지만, /-은/과 같이 독립된 음절을 이루지 못할 때(이것을 폐음절의 /으/

라고도 함)에는, 동일한 어간말의 조건에서 활용에서는 탈락하지만 곡용에서는 탈락하지 않는다.[13] 다음 (28)에서 그러한 사실을 알 수 있다.

(28) a. ① /가 ‖ 으면/ → /가면/(去) 참 /잡 ‖ 으면/ → /자브면/(執)

② /바다 ‖ 으로/ → /바다로/(海) 참 /집 ‖ 으로/ → /지브로/(家)

b. ① /길 ‖ 으면/ → /길면/(長)

② /들 ‖ 으로/ → /들로/(野)

c. ① /오 ‖ 은/ (사람) → /온/(來) 참 /먹 ‖ 은/ (사람)→ /머근/(食)

② /불 ‖ 은/ (뜨겁다) → /부른/(火)[14] 참 /산 ‖ 은/ (높다) → /사는/(山)

그런데 중부방언 중에서 특히 충남방언과 충남에 접한 전북의 〈완주, 무주, 군산〉 등의 지역어에서는, 활용의 경우, '/알 ‖ 으니까/ → /아르니까/(知), /빨 ‖ 으면/ → /빠르면/(洗)'에서[15] 보듯이, 어간말의 /ㄹ/ 뒤에서 어미초의 /으/가 탈락하지 않는다.

[3] 어간말의 /ㅎ/ 탈락

어간말의 /ㅎ/ 탈락은 /ㅎ/로 끝나는 어간과 모음소로 시작하는 어미가 결합할 때에 어간말의 /ㅎ/가 탈락하는 음운과정을 말한다. 명사에는 /ㅎ/로 끝나는 것이 없으므로 이 음운과정은 활용에만 존재하며 방언 간에 차이가 없다. (29)에서 그러한 사실을 알 수 있다.

13 곡용에서는 명사가 모음소로 끝나면 주제표시 어미는 /–는/이 결합하고 대격 어미는 /–를/이 결합하므로, 이 경우에 명사의 어간말은 /ㄹ/로 끝나는 것에 한정된다.

14 이 경우에 어간말의 /ㄹ/ 뒤에서 어미초의 /으/가 탈락하면 그 결과는 /분/(뜨겁다)이 되는데, 그렇게 되면 명사 /불/(火)의 의미를 알 수 없게 된다. 이런 이유로 명사의 경우는 어간말 /ㄹ/ 뒤에서 폐음절의 /으/는 탈락되지 않는다.

15 어미 /–으면/에 대한 충남방언과 그에 인접한 전북의 세 지역어의 어형은 /–으믄/이다.

(29) a. /넣] 어도/ → /너어도/(入)
b. /많] 으면/ → /마느면/(多)
c. /잃] 어도/ → /이러도/(失)
d. /앓] 으니/ → /아르니/(痛)

[4] 어간말의 /ㄹ/ 탈락

어간말의 /ㄹ/ 탈락은 자음군 단순화에 의하여 또는 어미초의 /ㄴ/나 /ㅅ/ 앞에서 어간말의 /ㄹ/가 탈락하는 음운과정을 말한다. 자음군 단순화에 의한 어간말의 /ㄹ/탈락은 '[1] 자음소군 단순화'에서 논의되었으므로 여기서는 어미초 /ㄴ/나 /ㅅ/ 앞에서 어간말 /ㄹ/가 탈락하는 경우에 한정한다. 이 음운과정은 어미초의 /으/가 탈락된 다음에 남는 어미초의 /ㄴ/나 /ㅅ/ 앞에서도 적용된다. (30)에서 그러한 사실을 알 수 있다.

(30) a. /알] 느냐/ → /아느냐/, /알] 으면/ → /알면/(知)
b. (바람이)/불] 으니까/ → /불니까/ →/부니까/(吹)
c. (칼을)/갈] 으시] 으니/ → /갈시니/ → /가시니/(磨)

이 음운과정 중에서 어미초의 /으/가 탈락된 다음에 적용되는 /ㄹ/탈락은 어간말의 /ㄹ/ 뒤에서 어미초의 /으/가 탈락되지 않는 방언이나 지역어에는 적용되지 않는다. 한편 곡용어미에는 /ㄴ/나 /ㅅ/로 시작하는 것이 없으므로, 이 음운과정은 활용에만 존재한다.

[5] 어간말 /어/ 또는 /아/ 탈락

어간말 /어/ 또는 /아/ 탈락은 어미초의 /어/ 앞에서 어간말의 /어/ 또는 /

아/가 탈락하는 음운과정을 말한다. 곡용의 경우에 이 음운과정은 존재하지 않는다. /인자 ‖ 아/ → /인자야/('인자'는 사람 이름, /-아/는 호격어미)에서 보듯이, 어미 /-아/ 앞에서 명사의 어간말 모음소 /아/가 탈락하는 것이 아니라 그 사이에 /j/가 삽입되기 때문이다. 따라서 이 음운과정은 활용에만 존재하며 대방언 간에 차이가 없다. (31)에서 그러한 사실을 알 수 있다.

(31) a. /서 ‖ 어도/ → /서도/, /서 ‖ 어서/ → /서서/(立)
b. /사 ‖ 어도/ → /사아도/ → /사도/, /사 ‖ 어서/ → /사아서/ → /사서/(買)

위에서 음운과정의 결과인 /서도/, /서서/나 /사도/, /사서/만 보면, 탈락한 것이 어간말의 /어/나 /아/인지 어미초의 /어/나 /아/인지 알 수 없다. 그러나 '/쓰 ‖ 어도/ → /써도/(用), /이 ‖ 어도/ → /여도/(戴), /주 ‖ 어도/ → /줘:도/(與), /오 ‖ 어도/ → /와도/(來)'를 보면, 음운과정을 거치는 것은 어간말의 /으, 이, 우, 오/로, 그것들은 탈락하거나 /j/나 /w/로 되지만 어미초의 /어/는 음운과정을 거치지 않는다. 이런 사실을 고려하여 어간말의 /어/ 또는 /아/가 탈락한다고 보는 것이다.

그러나 표준어 동사 /하-/(爲)와, 표준어 동사나 형용사 /일하-(事), 공부하-(工夫), 순하-(順), 따뜻하-(溫)/ 등 '하-'에 의해서 파생된 어간들도 /아/로 끝나는 것 같지만, 사실은 그렇지 않다. 이들 동사나 형용사가 어미 /-더라, -으면, -어도/와 결합한 활용형은 (32)와 같다.

(32) a. /하고, 하더라, 하면, 해도/ 또는 /하여도/(爲)
b. /일하고, 일하더라, 일하면, 일해도/ 또는 /일하여도/(事)
c. /순하고, 순하더라, 순하면, 순해도/ 또는 /순하여도/(順)

위의 활용형을 형태분석하면 (32)′와 같다.

(32)′ a. 하-고, 하-더라, 하-면, 'ㅎ-ㅐ-도' 또는 '하-j-어'(爲)
b. 일하-고, 일하-더라, 일하-면, '일ㅎ-ㅐ-도' 또는 '일하-j-어도'(事)
c. 순하-고, 순하-더라, 순하-면, '순ㅎ-ㅐ-도' 또는 '순하-j-어도'(順)

그중에서 '-ㅐ-'는 어간말의 /아/와 어미초의 /어/를 분석할 수 없다는 것을 나타낸다. 이해의 편의를 위해서 동사 /넘-/(越)과 /사-/(買)가 어미 /-더라, -으면, -어도/와 결합한 활용형을 보이면 (33)과 같다.

(33) a. /넘꼬, 넘떠라, 너므면, 너머도/(越)
b. /사고, 사더라, 사면, 사도/(買)

이들 활용형을 형태분석하면 (33)′과 같다.

(33)′ a. 넘-꼬, 넘-떠라, 넘-으면, 넘-어도(越)
b. 사-고, 사-더라, 사-면, ㅅ-아도(買)

(33)′a에서 어간과 결합하는 어미는 /-고, -더라, -으면, -어도/인 것을 알 수 있으며 (33)′b에서 어간이 모음소로 끝나면 그 뒤에서 어미 /-으면/의 /으/가 탈락하며 어미 /-아도/ 앞에서 어간말의 /아/가 탈락한다는 것을 알 수 있다. 그런데 동사 /하-/(爲)가 어미 /-어도/와 결합한 활용형의 분석 결과인 'ㅎ-ㅐ-도' 또는 '하-j-어도'를 동사 /사-/(買)가 어미 /-어도/와 결합한 활용형의 분석 결과인 'ㅅ-아도'와 대조하면, 동사 /하-/(爲)와 '하-'에 의해서 파

생된 동사나 형용사들은 어간말이 /아/로 끝나는 것이 아님을 알 수 있다.

동사 /하-/와 '하-'에 의해서 파생된 동사나 형용사들을 /(X)하-/로 나타낼 수 있는데, 동사 /(X)하-/가 /아/로 끝나는 것이 아님을 알려주는 것은 어미 /-어도/와 결합하는 활용형에서 분석된 '(X)ㅎ-ㅐ-도' 또는 '(X)하-j-어도'이다. 그중에서 '(X)해도'는 구어형(口語形)이고 '(X)하여도'는 문어형(文語形)이다. 언어학의 연구 대상이 구어라는 점을 고려하면, 여기서의 논의 대상은 '(X)해도'가 된다. 그런데 특히 경기방언에서는 동사 /하-/가 어미 /-어도/와 결합할 때의 '해도'는 물론 자음소로 시작하는 어미와 결합할 때도 '해고, 해지, 해더라'의 활용을 보인다. 이들 활용형은 '해-고, 해-지, 해-더라'로 분석되므로 그 결과 어간형 '해-'가 추출된다. 이 사실은 '(X)하-'는 두 개의 어간 /(X)하-/와 /(X)해-/가 있어서 /(X)하-/는 자음소나 /으/로 시작하는 어미와 결합하고 /(X)해-/는 /어/로 시작하는 어미와 결합하는 특수한 동사라는 것을 알 수 있다. 따라서 표준어 동사 또는 형용사 '(X)하-'에 해당하는 방언형은 '어간말의 /어/ 또는 /아/ 탈락'의 대상에서 제외된다.[16]

[6] 어간말의 /으/ 탈락

어간말의 /으/ 탈락은 어미초의 /어/ 앞에서 어간말의 /으/가 탈락하는 음운과정이다. 이 음운과정도 활용에만 존재하며 대방언간에 차이가 없다. (34)에서 그러한 사실을 알 수 있다.

(34) a. /쓰]어도/ → /써도/, /쓰]어서/ → /써서/(書, 用, 冠)

16 표준어 '(X)하-'의 형태소는 /(X)ㅎ{ㅏ-ㅐ}-/이다. 그중에서 어휘화한 이형태 /(X)하-/는 자음소나 /으/로 시작하는 어미와 결합하고 /(X)해-/는 /어/로 시작하는 어미와 결합한다. '어휘화한 이형태'에 대해서는 '4. 한국어 방언의 형태와 통사' 앞부분을 참조하기 바람.

b. /크‖어도/ → /커도/, /크‖어서/ → /커서/(大, 育)

c. /달르‖어도/ → /달르 아도/ → /달라도/,

/달르‖어서/ → /달르 아서/ → /달라서/(異)[17]

3.2.3. 축 약

'축약'이란 두 개의 음소가 결합하여 그 언어 또는 방언이나 지역어의 음소목록에 있는 어떤 음소와 동일하게 되는 음운과정이다. /아이/(兒)가 /애/로 되는 것이나 동사 /잡-/(執)에 피동접미사 /-히-/가 결합한 /잡‖히-/에서 피동사 /자피-/가 된 데서 보듯이, 어간말의 /ㅂ/와 피동접미사의 /ㅎ/가 결합하여 /ㅍ/로 되는 것은 역사적인 축약이다. 공시적인 축약은 어간말 형태음소와 어미초의 형태음소가 결합할 경우에 일어날 수 있다. 여기서는 /여/의 /에/화와 유기음소화가 논의 대상이 된다.

[1] /여/의 /에/화

/여/의 /에/화는 어미초의 /어/ 앞에서 어간말의 /이/가 /j/화에 의하여 /j/로 되고 이것이 어미초의 /어/와 결합하여 /여/로 되고 그 /여/가 자음소나 /ㄹ/ 뒤에서 /에/로 되는 음운과정을 말한다. (35)에서 그러한 사실을 알 수 있다.

17 이 동사의 어간은 방언 차이를 보인다. /달르고, 달르더라, 달르믄, 달라도/의 활용을 보이는 중부방언과 제주방언 그리고 서남방언의 하위방언인 전북방언에서의 어간은 /달르-/이고, /다르고, 다르더라, 다르믄, 달라도/의 활용을 보이는 동북방언, 서북방언 그리고 동남방언의 하위방언인 경북방언에서의 어간은 복합형태소 /다{∅-ㄹ}르-/이다. 또 /다리고, 다리더라, 다리모, 달라도/의 활용을 보이는 동남방언의 하위방언인 경남방언과 서남방언의 하위방언인 전남방언에서의 어간은 복합형태소 /달{이-르}-/이다. 복합형태소 중에서 /달르-/는 /어/로 시작하는 어미와 결합하는 것이다. '복합형태소'에 대해서는 '4. 한국어 방언의 형태와 통사' 앞부분 및 '형태소와 그 종류'를 참조하기 바람.

(35) a. /비비 ‖ 어{도, 두}/ → /비벼{도, 두}/ → /비베{도, 두}/(摩)
b. /이기 ‖ 어{도, 두}/ → /이겨{도, 두}/ → /이게{도, 두}/(勝)
c. /살리 ‖ 어{도, 두}/ → /살려{도, 두}/ → /살레{도, 두}/(使生)

이 음운과정은 어간말의 /이/ 앞에 자음소가 있느냐 없느냐에 따라, 자음소가 있을 경우에는 그 자음소가 경구개음소(/ㅈ, ㅊ, ㅉ/)냐 아니냐에 따라, 어간이 일음절이냐 이음절 이상이냐에 따라 다르며 방언에 따라 다르다. 이 음운과정은 서북방언과 동북방언, 동남방언의 하위방언인 경북방언의 동해안 지역어, 강원도의 영동지역어, 서남방언의 하위방언인 전남방언에 존재하며 그 외의 방언에서는 존재하지 않는다. 3.2.1.의 '[3] /X이 ‖ Vst 어Y/의 음운과정' 중 〈지도 2〉와 (23)에서 구체적인 사실을 확인할 수 있다.

[2] 유기음소화

유기음소화는 어간말의 /ㅎ/와 어미초의 /ㅂ/, /ㄷ/, /ㄱ/가 결합하여 /ㅍ/, /ㅌ/, /ㅋ/로 되거나 평파열음소화가 일어난 뒤에 어간말의 /ㅂ/, /ㄷ/, /ㄱ/와 어미초의 /ㅎ/가 결합하여 /ㅍ/, /ㅌ/, /ㅋ/로 되는 음운과정을 말한다. 먼저 어간말의 /ㅎ/와 어미초의 /ㅂ/, /ㄷ/, /ㄱ/와 결합할 때 일어나는 유기음소화에 대한 것이다. (36)에서 그 사실을 확인할 수 있다. 이 경우의 유기음소화는 활용에 한정되는데 그 이유는 /ㅎ/로 끝나는 명사가 없기 때문이다. 활용에서의 유기음소화는 방언 차이를 보이지 않는다.

(36) a. /놓 ‖ 고/ → /노코/, /놓 ‖ 더라/ → /노터라/, /놓 ‖ 겠 ‖ 지/ → /노켄찌/(放)
b. /넣 ‖ 고/ → /너코/, /넣 ‖ 더라/ → /너터라/, /넣 ‖ 겠 ‖ 지/ → /너켄찌/(入)
c. /낳 ‖ 고/ → /나코/, /낳 ‖ 더라/ → /나터라/, /낳 ‖ 겠 ‖ 지/ → /나켄찌/(産)

다음으로 평파열음소화가 일어난 뒤에 어간말의 /ㅂ/, /ㄷ/, /ㄱ/와 어미초의 /ㅎ/가 결합할 때에 일어나는 유기음소화에 대한 것이다. 이 경우의 유기음소화는 곡용에 한정되는데, 그 이유는 /ㅎ/로 시작하는 활용어미가 없기 때문이다. 곡용에서의 유기음소화는 방언 차이를 보인다. (37)에서 그 사실을 확인할 수 있다.

(37) a. ① /밥 ‖ 하고/ → /바파고/(飯) [/-하고/ = '-와/과'와 동일]

② /밭 ‖ 하고/ → /바타고/田)

③ /떡 ‖ 하고/ → /떠카고/(餠)

b. ① /밥 ‖ 하고/ → /바바고/ 또는 /밥하고/

② /밭 ‖ 하고/ → /바다고/ 또는 /받하고/

③ /떡 ‖ 하고/ → /떠가고/ 또는 /떡하고/

위에서 (37a)와 같이, 어간말의 /ㅂ/와 어미초의 /ㅎ/가 결합하여 유기음소화를 보이는 방언은 대체로 중부방언(충남방언 제외), 동북방언과 서남방언 중에서 전북방언 등이고 (37b)와 같이, 그 경우에 유기음소화를 보이지 않는 방언은 대체로 동남방언, 서북방언, 제주방언, 서남방언 중에서 전남방언, 중부방언 중에서 충남방언 등이다.[18]

18 이러한 방언 차이는 서술어 어간 내부에서도 발견된다. 예를 들면, '답답하-(鬱), 따듯하-(溫), 생각하-(思)' 등 /ㅂ/, /ㄷ/, /ㄱ/(평파열음소화에 의한 것 포함)로 끝나는 어근 또는 어간에 접미사 '-ᄒᆞ-'가 결합하여 파생된 서술어가 그에 해당하는데, 그 경우에도 어근이나 어간말의 /ㅂ/, /ㄷ/, /ㄱ/와 접미사 초의 /ㅎ/가 결합하여 유기음소화할 환경이 되는데, (37a)와 같이, 유기음소화를 보이는 방언에서는, 위에 제시된 서술어가 유기음소화된 /답따파-, 따드타-, 생가카-/로 사용된다. 그러나 (37b)와 같이, 유기음소화를 보이지 않는 방언에서는, 그들 서술어가 유기음소화가 되지 않은 /답따바-, 따뜨다-, 생가가-/나 /답땁하-, 따뜯하-, 생각하-/로 사용된다.

지도 4 '밥-하고'

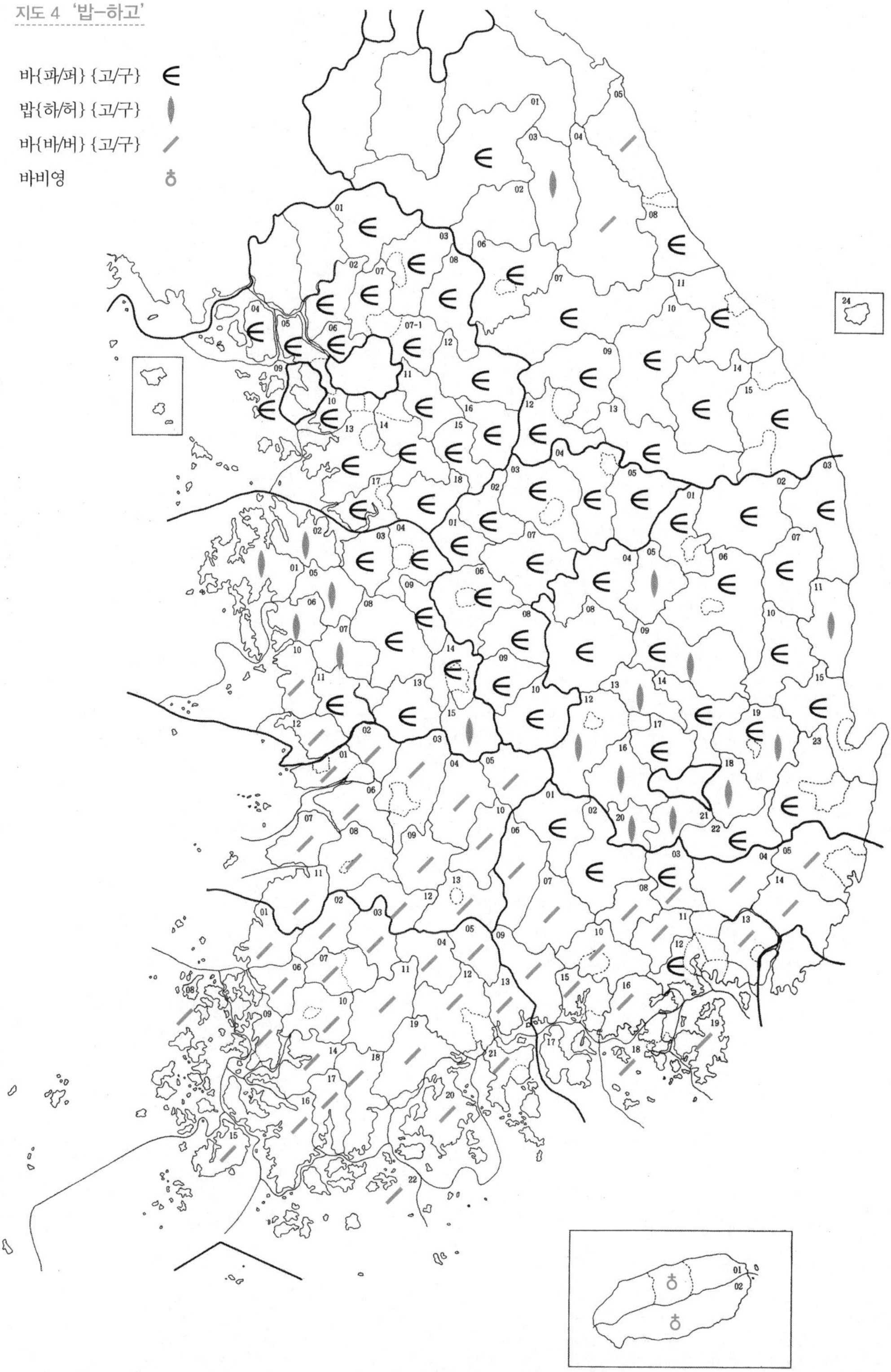

제 **4** 장

한국어 방언의 형태와 통사

이 장의 목적은 한국어 방언의 '형태와 통사'에 대해 논의하는 것이다. '형태'는 어휘적 의미를 가지거나 문법적 의미를 가지는 언어 단위를 말한다. '어휘적 의미를 가진다'는 것은 '해(日), 달(月), 별(星), 하늘(天), 바람(風), 행복(幸福)'이나 '가-(去), 오-(來), 사랑하-(愛), 길-(長), 짧-(短), 노랗-(黃), 파랗-(靑)' 등 '단어의 의미를 가진다'는 것이다. 그리고 '문법적 의미를 가진다'는 것은 '가고(去), 잡지(執), 오더라(來), 믿으면(信), 먹어도(食)' 등에서 보게 되는 '-고, -지, -더라, -으면, -어도'나 '봄이(春), 새가(鳥), 별을(星), 바다를(海), 산에(山), 집으로(家)' 등에서 보게 되는 '-이/가, -을/를, -에, -으로' 등과 같이, 그 자체가 어휘적 의미를 가지지는 않지만 '어휘적 의미를 가지는 동사나 형용사의 어간이나 명사와 결합하여 문장 속에서 그 앞의 동사나 형용사의 어간이나 명사가 가지는 문법적 기능을 나타내는 의미를 가진다'는 것이다.

이들 어미 중에는 '잡으면'(執)이나 '가면'(去) 또는 '불면'(吹)에서 분석되는 '-으면, -면'과 '꽃을(花), 벌을(蜂)'이나 '바다를'(海)에서 분석되는 '-을, -를'과 같이, 문법적인 기능과 의미와 분포('-으면, -면'과 '-을, -를'의 경우, '동사어간 뒤'나 '명사 뒤' 등 그것들이 나타나는 위치)가 동일하면서 형태가 다른 것을 어떤 형태소의 '이형태'(異形態)라고 한다. 예를 들어, 이형태 '-으면'과 '-면'은 다 같이 '조건'이나 '가정'을 표시하며 동사나 형용사나 계사의 어간 뒤에 나타난다는 점에서 동일하며 '-을'과 '-를'은 다 같이 그 앞의 명사가 문장 서술어의 '목적어'임을 표시하며 명사 뒤에 나타난다는 점에서 동일하다. 그러므로 그것들은 한 형태소의 이형태가 된다. 일반적으로 형태소는 이형태 중에서 어느 하나가 되며 나머지 이형태는 형태소에서 실현되는 것으로 설명할 수 있다. 그러나 이형태 중에서 어느 하나를 형태소라고 할 때에 그 형태소에서 다른 이형태의 실현을 합당하게 설명할 수 없는 경우가 있다. 그럴 경우에는 그들 이형태가 형태소를 구성하는 것으로 보아야 한다.

이형태 '-으면'과 '-면'의 경우에, 이형태 '-으면'을 형태소라고 한다면, 이형태 '-면'은 모음소나 /ㄹ/로 끝나는 어간 뒤에서 형태소 /-으면/의 '으'가 탈락한 것으로 설명할 수 있다. 모음소로 끝나는 어간 /오-(來), 서-(立), 다치-(傷), 아프-/(痛)와 형태소 /-으면/이 결합하면 각각 /오면, 서면, 다치면, 아프면/으로 실현되고 /ㄹ/로 끝나는 어간 /쓸-(掃), 울-(泣), 길-(長), 기울-(傾)/과 형태소 /-으면/이 결합하면 각각 /쓸면, 울면, 길면, 기울면/으로 실현된다는 점에서 그러한 설명이 타당하다는 것을 알 수 있다.[01] 이처럼 이형태 중의 어느 하나가 다른 이형태나 이형태들이 실현되는 것을 설명할 수 있을 때, 그 하나의 이형태를 '형태소'라고 한다.

이와는 달리, 이형태 '-을'과 '-를'의 경우에, 이형태 '-을'을 형태소라고 한다면, 형태소 /-을/에서 이형태 '-를'의 실현을 설명할 수 없다. 이형태 '-를'은 모음소로 끝나는 명사 뒤에서 형태소 /-을/ 앞에 /ㄹ/가 삽입된 뒤에 실현된다고 해야 한다. 그런데 문제는 그 경우에 어떤 이유로 /ㄹ/가 삽입되는가를 합당하게 설명할 수 없다. 반대로 이형태 '-를'을 형태소라고 할 경우에도 결과는 동일하다. '-를'을 형태소라고 하면 이형태 '-을'은 자음소나 /ㄹ/로 끝나는 명사 뒤에서 형태소 /-를/의 첫음소 /ㄹ/가 탈락된 뒤에 실현된다고 해야 한다. 그런데 그 경우에 어떤 이유로 /ㄹ/가 탈락되는가를

01 이와는 달리, 이형태 '-면'을 형태소라고 한다면 이형태 '-으면'은 형태소 /-면/ 앞에 매개모음(=삽입모음) /으/가 삽입된 것으로 설명하기도 한다. 그 경우의 매개모음은 어간이 자음소로 끝나고 어미가 자음소로 시작할 때에 자음소와 자음소가 충돌하여 발음하기 어렵기 때문에 그 어려움을 피하기 위해 삽입된다는 것이다. 그러나 /잡고, 잡지, 잡더라/(執)는 어간이 자음소 /ㅂ/로 끝나고 어미가 자음소 /ㄱ/나 /ㅈ/나 /ㄷ/로 시작하지만, 그 사이에 /으/가 삽입되지 않는다. 그러므로 /으/를 매개모음으로 보고 삽입된다는 설명은 합당하지 않다.

합당하게 설명할 수 없다. 그러므로 이 경우의 이형태 '-을'과 '-를'은 '어휘화한 이형태'(=독립된 형태소와 같은 이형태. 이런 이형태들은 모두 사전(辭典)에 등재되어야 함)라고 하며 형태소는 그들 어휘화한 이형태로 구성된 /-{∅-ㄹ}을/로 나타낼 수 있다. 이렇게 어휘화한 이형태로 구성된 형태소를 '복합형태소'라고 한다. 복합형태소에 대해서는 형태소를 구성하는 어휘화한 이형태가 선택되는 조건을 분명히 밝혀야 한다. 예를 들어, 복합형태소 /-{∅-ㄹ}을/인 경우에, 어휘화한 이형태 '-을'은 자음소나 /ㄹ/로 끝나는 명사와 결합하고 어휘화한 이형태 '-를'은 모음소로 끝나는 명사와 결합한다는 조건이 그것이다.

복합형태소는 문법형태소에만 있는 것이 아니다. 어휘형태소에도 복합형태소가 있다. 예를 들어, 중부방언의 하위방언인 충남방언에서는, 명사 /밭/(田)과 어미 /-이, -을, -에/와 결합하면 /바시, 바슬, 바테/라고 한다. 이들 곡용형은 '밧-이, 밧-을, 밭-에'로 분석된다. 그 결과 어간으로 두 개의 이형태 '밧'과 '밭'이 있다는 것을 알 수 있다. 이들 이형태 중에서 '밧'을 형태소라고 하면 이형태 '밭'은 형태소 /밧/의 /ㅅ/가 어미 /-에/ 앞에서 /ㅌ/로 된 뒤에 실현된 것이라고 해야 한다. 그런데 /ㅅ/가 어떤 이유로 어미 /-에/ 앞에서 /ㅌ/로 되는가를 합당하게 설명할 수 없다. 반대로 이형태 '밭'을 형태소라고 하면 이형태 '밧'은 형태소 /밭/의 /ㅌ/가 어미 /-이/와 /-을/ 앞에서 /ㅅ/로 된 뒤에 실현된 것이라고 해야 한다. 이 경우에도 /ㅌ/가 어떤 이유로 어미 /-이/와 /-을/ 앞에서 /ㅅ/로 되는가를 합당하게 설명할 수 없다. 그러므로 이형태 '밧'과 '밭'은 어휘화한 이형태로 인정해야 한다. 그러므로 표준어 '밭'(田)에 해당하는 충남방언의 형태소는 /바{ㅅ-ㅌ}/이라고 해야 한다. 따라서 /바{ㅅ-ㅌ}/은 복합형태소가 된다.

형태소와 그 종류

1. 형태소: 의미를 가지는 최소 단위이다. 하나의 단어는 하나 또는 그 이상의 형태소로 구성된다.
2. 형태소의 종류: 한국어의 경우, 단어를 구성하는 형태소는 접사와 어간과 어미로 구분된다. 접사는 단어 안에서 차지하고 있는 위치에 따라서 접두사와 접미사로 구분된다. 어간과 어미는 그 기능에 따라서 어휘형태소와 문법형태소로 구분되며 자립성 여부에 따라서 자립형태소와 의존형태소로 구분된다. 이것은 다음과 같이 정리된다.

● 접두사: 단어(또는 어간)의 앞에 붙어서 단어의 뜻을 제한하는 형태소: '덧버선, 개나리, 치솟다' 등에서 '덧-, 개-, 치-'가 그에 해당한다.

● 접미사: 단어(또는 어간)의 뒤에 붙어서 그 뜻을 돕거나 품사를 바꾸는 형태소, 파생접사라고도 함: '선생님, 먹이, 사람답다' 등에서 '-님, -이, -답-'이 그에 해당한다.

▲ 어휘형태소: 뜻을 지닌 형태소. 이 기준에 따르면 '어간'은 어휘형태소이다.: '간다, 학생을' 등에서 '가-, 학생'이 그에 해당한다.

▲ 문법형태소: 문법적 기능만을 담당하는 형태소. 이 기준에 따르면 '어미'는 문법형태소이다.: '간다, 학생을' 등에서 '-ㄴ다(←/-은다/), -을'이 그에 해당한다.

■ 자립형태소: 그 자체로 완전한 단어가 될 수 있는 형태소: '나무, 새, 아주' 등이

그에 해당한다.

■ 의존형태소: 그 자체로 완전한 단어가 될 수 없고 하나 또는 둘 이상의 다른 형태소가 결합되어야 완전한 단어가 될 수 있는 형태소: 동사의 어간 '잡-(執), 웃-(笑)' 등이나 어미 '-는다, -지, -더라' 등이 그에 해당한다. 그 둘이 결합한 '잡는다, 잡지, 잡더라, 웃는다, 웃지, 웃더라'는 단어이다.

※ 그 자체로 완전한 단어가 될 수 없는 의존형태소(접두사, 접미사, 동사·형용사·계사의 어간, 활용어미, 곡용어미, 어말어미)는 그 앞이나 뒤에 또는 앞과 뒤에 '-'을 붙여 그것이 의존형태소라는 것을 표시한다.

▸ 단일형태소: 어휘화한 이형태를 가지지 않는 형태소. (예) 활용형 '잠는다, 잡찌, 자바도'(執)는 '망는다, 막찌, 마가도'(防)와의 관계에서 '잠-는다, 잡-찌, 잡-아도'로 분석된다. 그 결과 어간의 이형태 '잠-'과 '잡-'이 추출된다. 그중에서 이형태 '잠-'은 형태소 /잡-/에서 어간말의 /ㅂ/가 어미초의 비음소(鼻音素) /ㄴ/ 앞에서 /ㄴ/가 가진 '비음성'(鼻音性)에 동화되어 /ㅁ/가 되는 것으로 설명할 수 있다. 이 경우에 형태소 /잡-/은 어휘화한 이형태를 가지지 않으므로 단일형태소가 된다. 어미의 단일형태소에 대한 예는 이형태 '-으면'과 '-면'에 대한 앞의 설명을 참조하기 바람.

▸ 복합형태소: 어휘화한 이형태를 포괄하고 있는 형태소. 교착어(문법적인 관계나 단어구조가 어휘형태소와 문법형태소의 결합에 의해 표시되는 언어)인 한국어에는 모든 이형태의 도출을 단일형태소로써 설명할 수 없는 경우가 있다. (예) 활용형 '가깝꼬, 가깝찌, 가까우면, 가까워도'(近)는 '다듬꼬, 다듬찌, 다드므면, 다드머도'(琢)와의 관계에서 '가깝-꼬, 가깝-찌, 가까우-면, 가까우-어도'로 분석되며

그 결과 어간의 이형태 '가깝-'과 '가까우-'가 추출된다. 그런데 둘 중 어느 하나를 형태소로 하여서는 다른 하나의 이형태의 도출을 합당하게 설명할 수 없다. '가깝-'을 형태소라고 할 경우에 이형태 '가까우-'는 형태소의 어간말 /ㅂ/가 어미초의 모음소 앞에서 /우/로 되어야 하는데, '잡꼬, 잡찌, 자브면, 자바도'(執)에서 보듯이, '잡-'의 어간말 /ㅂ/는 어미초의 모음소 앞에서 /우/로 되지 않는다. 이와는 달리, '가까우-'를 형태소라고 할 경우에 이형태 '가깝-'은 형태소의 어간말 /우/가 어미초의 자음소 앞에서 /ㅂ/로 되어야 하는데, '배우고, 배우지, 배우면, 배워도'(學)에서 보듯이 어간말의 /우/는 어미초의 자음소 앞에서 /ㅂ/로 되지 않는다. 이 경우에 이형태 '가깝-'과 '가까우-'는 어휘화한 이형태로 인정되어야 하며 형태소는 그들 어휘화한 이형태를 포괄하여 /가까{ㅂ-우}-/로 표시되어야 한다. 이 경우의 형태소는 어휘화한 이형태를 포괄하고 있으므로 복합형태소가 된다. 어미의 복합형태소에 대한 예는 이형태 '-을'과 '-를'에 대한 앞의 설명을 참조하기 바람.

이 장에서 말하는 '형태'는 정확하게 말하면, 어휘형태소와 문법형태소에 대하여 논의하는 '형태론'을 말한다. 어휘형태소는 '어휘론'의 대상이 되므로 5장에서 논의하기로 하고 여기서는 문법형태소에 한정하여 논의하기로 한다.

'통사'는 문장을 구성하는 성분들의 상호관계와 기본문장들의 결합 원리와 문장의 의미에 대해서 논하는 것을 목적으로 하는 '통사론'(統辭論)을 말한다.[02] 문장을 구성하는 가장 큰 단위를 '성분'(成分)이라고 하는데, 한국어 문장을 구성하는 '성분'으로는 '주어, 목적어, 서술어, 한정어, 부사어, 독립어'가 있으며, 성분과 성분은 띄어쓴다. 성분들의 상호관계는 문장 서술어의 기능과 문법형태소들의 기능에 의하여 결정된다. 예를 들면, 서술어의 경우, 동사 /보내-/(送)는, "① 인자는 ② 인애에게 ③ 책을 보냈다."에서 보듯이 '주어(①)'와 '간접목적어'에 해당하는 부사어(②)와 '목적어(③)'(영어의 '직접목적어'에 해당함)를 필요로 하는 동사이다. 이 동사가 서술어인 경우에는 그러한 성분을 갖추어야 문법적인 문장이 된다. 그것만이 아니다. 주어는 서술어 /보내-/의 행위를 할 수 있는 것이어야 한다. 그러므로 "산이 우리에게 물을 준다."는 문장은 문학의 세계에서는 문법적인 문장이라 하겠으나 현실세계에서는 비문법적인 문장이다. '산'은 '물을 주는 행위'를 할 수 있는 주체가 될 수 없기 때문이다. 그리고 간접목적어에 해당하는 부사어는 목적어의 내용을 받아들일 수 있는 것이어야 한다. "인자가 개구리에게 책을 보냈다."는 문장은, '개구리'가 '책'을 받을 수 없기 때문에, 비문법적인 문장이다.

그리고 문법형태소의 경우, "영수야, 이 일을 네가 할래?"에서 의문법어미 '-을래'는 서술어 '하-'의 주어가 반드시 2인칭 대명사가 되어야 할 것을 요

02 '통사론'을 '구문론'(構文論) 또는 '통어론'(統語論)이라고도 한다.

구한다. 그러므로 "이 일을 내가 할래?"나 "이 일을 철수(3인칭)가 할래?"는 비문법적인 문장이 된다.[03]

위에서 본 바와 같이, 문장의 서술어가 가지는 통사적 기능은 문장의 구성 성분을 결정짓는 것이지만, 문법형태소가 가지는 통사적 기능은 문장의 의미를 결정짓는 것이라 할 수 있다. 그 점에서 문법형태소는 서술어보다 많은 통사적 기능을 가진다.

문법형태소는 활용어미와 곡용어미로 구분된다. 활용어미는 동사나 형용사나 계사의 어간과 결합하여 그 앞의 어간이 가진 문법적 기능을 나타내는 어미이고 곡용어미는 주로 명사와 결합하여 명사의 문법적 기능을 나타내는 어미이다. 여기서는 활용어미와 곡용어미의 순으로 논의를 진행하기로 한다.

그런데 활용어미는 해당 방언에 몇 개의 존대등분이 있느냐에 따라서 그 수가 달라질 뿐 아니라 형태소도 달라진다. 그러므로 활용어미에 대하여 논하기 전에 각 방언의 존대등분에 대해 논할 필요가 있다.

4.1. 한국어 방언의 존대등분

한국어 방언의 존대등분은 대방언 간에만 차이가 있는 것이 아니다. 하나의 대방언 안에서도 하위방언이나 지역어에 따라 존대등분이 다를 수도 있다. 여기서는 〈지도 1〉에 제시된 6개의 대방언을 기준으로 개별 대방언이

03 그러나 여러 아이를 보면서, "이 일을 철수가 할래?"라고 한다면 이 문장은 문법적인 문장이 된다. 그 경우는 "이 일을 철수 네가 할래?"에 해당하므로, '철수'가 2인칭 대명사를 대신하고 있다고 할 수 있기 때문이다.

가진 존대등분에 대해서 서술하기로 하되 대방언 안에서도 중방언간에 방언차가 큰 경우에는 중방언이 가진 존대등분에 대해서도 서술하기로 한다.

하나의 방언에 존재하는 존대등분은 서법(敍法, mood)을 통해서 잘 알 수 있다. '서법'의 개념은 학자에 따라 차이가 있지만, 여기서는 '서법'을 문장 서술어의 활용에 의해서 전달되는 화자의 심리적 태도에 대한 통사론적·의미론적 대조의 집합이라고 규정한다.[04] 한국어의 경우에 '서법'은 문장 서술어(동사, 형용사, 계사)의 어간이나 선어말어미와 결합하는 종결어미로써 표시된다. 서법은 일반적으로 의문법, 서술법, 명령법, 청유법으로 구성되며 존대등분은 문장의 주어에 따라 이들 서법에 표시되는 종결어미가 몇 개의 의미론적 대조를 보이느냐에 의해서 결정된다.

청자(말을 듣는 사람=聽者)를 '영수(아이 이름), 형, 누나, 여보게(사위), 아저씨, 아주머니, 아버지, 어머니, 할아버지, 할머니' 등과 같이 나이나 성별이나 친족관계를 기준으로 설정하고 그들 청자에 대한 문장 서술어의 종결어미가 서법에 어떻게 반영되는가를 확인함으로써 해당 방언이나 지역어에 존재하는 존대등분을 밝힐 수 있다. 존대등분을 결정짓는 종결어미는 의문법, 서술법, 명령법, 청유법에 동일하게 반영되는 것이 일반적이다. 그러나 방언이나 지역어에 따라서는 그렇지 않은 경우가 있으므로 적어도 둘 이상의 서법에 대한 조사가 필요하다.

예를 들면, 어느 방언의 의문법에서 "{영수, 힝이, 누나}야, 머 잠노?", "여보게, 머 잠능가?", "{아재, 아주무이}요, 머 잡소?", "{아부지, 어무이, 할배, 할매}요, 머 잡심니꺼?"가 조사되었다고 하자. 그러면 문장 서술어가 보이는 의문법 종결어미 '-노, -능가, -소, -심니꺼'가 네 개의 의미론적 대조를 보

04 '서법'에 대한 학자들의 견해에 대해서는 최명옥(2010: 208)의 주 2)를 참조하기 바람.

인다. 그러므로 이 방언이 가진 존대등분은 넷이 된다. 이런 방법에 의해서 대방언이나 중방언에 존대등분이 몇 개가 있는가를 밝힐 수 있다.[05]

4.1.1 동남방언의 존대등분

동남방언은 지역이 넓기 때문에 어느 한 지역어의 존대등분만으로 전체를 대표한다고 할 수 없다. 그러므로 하위방언인 경남방언과 경북방언으로 구별하고 다시 경남방언에서는 동부경남에 위치한 〈김해〉지역어와 서부경남에 위치한 〈산청〉지역어에 존재하는 존대등분에 대해서 알아보기로 한다. 그리고 경북방언에서는 경북의 동해안 남쪽에 위치한 〈경주〉지역어와 경북의 북부지역의 서쪽에 위치한 〈상주〉지역어와 동쪽에 위치한 〈안동〉지역어에 존재하는 존대등분에 대해서 알아보기로 한다. 한 도에서 서로 다른 위치에 있는 둘 또는 세 지역어를 선정한 것은 그들 지역어 간에 얼마만한 존대등분의 차이가 있는가를 알아보기 위한 것이다.

[1] 경남방언: 〈김해〉지역어

다음 (1)과 (2)는 〈김해〉지역어의 명령법과 의문법이다.

(1) a. 영식아, 문 좀 닫아라.
b. 자네, 문 좀 닫게.
c. 아재요, 문 좀 닫으소.
d. 하라부지요, 문 좀 닫으이소.

05 여기에 제시하는 존대등분은 이기갑(2003: 207-325)과 2010년에 국립국어원에 보고한 각 도별 6개 지점의 종합 보고서 중 '4.3 종결어미'의 내용과 필자가 조사한 것을 종합한 것이다. 이기갑(2003)과 국립국어원에 제출한 보고서('4.3 종결어미')의 내용은 다소 복잡하게 되어 있으나 각 방언이나 지역어에 존재하는 존대등분은 여기 제시된 것과 동일하다고 필자는 생각한다.

(2) a. 영식아, 와 문을 닫노?

b. 자네, 와 문을 닫능가?

c. 아재요, 와 문을 닫소?

d. 하라부지요, 와 문을 닫심니꺼?

청자가 각각 '영식', '자네', '아재'〈아저씨〉, '하라부지'〈할아버지〉일 때에 (1)의 문장 서술어는 '닫-아라, 닫-게, 닫-으소, 닫-으이소'로 분석되며 (2)의 문장 서술어는 '닫-노?, 닫-능가?, 닫-소?, 닫-심니꺼?'로 분석된다. 그 결과 서술어 어간 '닫-'(閉)과 결합하는 명령법 종결어미는 '-아라', '-게', '-으소', '-으이소'이고 의문법 종결어미는 '-노?, -능가?, -소?, -심니꺼?'임을 알 수 있다. 이들 종결어미는 어간 '닫-'(閉)과 결합하여 각각 명령법과 의문법에서 청자에 대한 화자의 심리적 태도를 나타낸다. 그리고 각각 네 개의 종결어미가 의미론적 대조를 보이기 때문에 〈김해〉지역어에는 네 개의 존대등분이 있음을 알 수 있다.

[2] 경남방언: 〈산청〉지역어

다음 (3)과 (4)는 〈산청〉지역어의 명령법과 의문법이다.

(3) a. 영식아, 문 좀 닫아라.

b. 자네, 문 좀 닫게.

c. {아재, 하라버지}요, 문 좀 닫으이소.

(4) a. 영식아, 와 문을 닫노?

b. 자네, 와 문을 닫능가?

c. {아재, 하라버지}요, 와 문을 닫심니꺼?

위에서 보듯이, 〈김해〉지역어와는 달리, 〈산청〉지역어에서는 '아재'가 '할아버지'의 존대등분에 속한다. 그리하여 (3)의 문장 서술어는 '닫-아라, 닫-게, 닫-으이소'로 분석되며 (4)의 문장 서술어는 '닫-노?, 닫-능가?, 닫-심니꺼?'로 분석된다. 그 결과 서술어 어간 '닫-'과 결합하는 명령법 종결어미는 '-아라, -게, -으이소'이고 의문법 종결어미는 '-노?, -능가?, -심니꺼?' 임을 알 수 있다. 이처럼 〈산청〉지역어에서는 명령법과 의문법에서 각각 세 개의 종결어미가 의미론적 대조를 보인다. 그러므로 〈산청〉지역어에는 세 개의 존대등분이 있음을 알 수 있다.

[3] 경북방언: 〈경주〉지역어

다음 (5)와 (6)은 〈경주〉지역어의 명령법과 의문법이다.

(5) a. 영식아, 문 좀 닫아라.
b. 자네, 문 좀 닫게.
c. {아재, 하라버지}요, 문 좀 닫{으소, 으이소, 으시소}.

(6) a. 영식아, 와 문을 닫노?
b. 자네, 와 문을 닫능가?
c. {아재, 하라버지}요, 와 문을 닫능기요?

위에 제시된 예문 중 (5)의 문장 서술어는 '닫-아라, 닫-게, 닫-{으소, 으이소, 으시소}'로 분석되며, 그 결과 명령법 종결어미 '-아라, -게, -{으소,

으이소, 으시소}'가 추출된다. 그중에서 (5c)에는 세 개의 명령법 종결어미가 제시되었는데, 그것들은 모두 동일한 대상에 사용되며 '존경'의 정도에 차이가 있을 뿐이다. 존경의 정도는 '-으시소'가 제일 높고 '-으이소'가 그 다음이고 '-으소'가 '-으이소'보다 낮은데 일반적으로 사용되는 것은 '-으소'이다. 그러므로 그들 종결어미는 문체론적인 것이지 존대등분에 차이를 일으키는 것은 아니다. 그리고 (6)의 문장 서술어는 '닫-노?, 닫-능가?, 닫-능기요?'로 분석되며, 그 결과 의문법 종결어미 '-노?, -능가?, -능기요?'가 추출된다.

이상에서 보듯이, 〈경주〉지역어에서는 청자에 따라 명령법과 의문법에 각각 세 개의 종결어미가 사용되며 그것들은 의미론적 대조를 보인다. 따라서 〈경주〉지역어에는 세 개의 존대등분이 있음을 알 수 있다.

[4] 경북방언: 〈상주〉지역어

다음 (7)과 (8)은 〈상주〉지역어의 명령법과 의문법이다.

(7) a. 영식아, 문 좀 닫아라.
b. 자네, 문 좀 닫게.
c. 아저씨요, 문 좀 닫으소.
d. 할배요, 문 좀 닫아요.

(8) a. 영식아, 와 문을 닫노?
b. 자네, 와 문을 닫능가?
c. 아저씨요, 와 문을 닫소?
d. 할배요, 와 문을 닫아요?

위에 제시된 예문 중 (7)의 문장 서술어는 '닫-아라, 닫-게, 닫-으소, 닫-아요'로 분석된다. 그 결과 명령법 종결어미 '-아라, -게, -으소, -아요'가 추출된다. 그리고 (8)의 문장 서술어는 '닫-노?, 닫-능가?, 닫-소?, 닫-아요?'로 분석된다. 그 결과 의문법 종결어미 '-노?, -능가?, -소?, -아요?'가 추출된다.

이상에서 보듯이, 〈상주〉지역어에서는 청자에 따라 명령법과 의문법에 각각 네 개의 종결어미가 사용되며 그것들은 의미론적 대조를 보인다. 따라서 〈상주〉지역어에는 네 개의 존대등분이 있음을 알 수 있다.

[5] 경북방언: 〈영해〉지역어

다음 (9)와 (10)은 〈영해〉지역어의 명령법과 의문법이다. 〈영해〉는 경북의 동북부에 있는 소위 '반촌'(班村)지역에 속한다. 이들 지역어는 인접한 소위 '민촌'(民村) 지역어와 차이를 보여 사회방언을 형성한다.[06] 그런데 경북의 동북부 지역은 '반촌' 지역어가 큰 세력을 형성하고 있으므로 반촌 지역어의 대표로 〈영해〉지역어를 선정하였다.

(9) a. 영식아, 문 좀 닫아라.
b. 자네, 문 좀 닫게.
c. {아재, 할배}, 문 좀 닫으소.

(10) a. 영식아, 와 문을 닫노?
b. 자네, 와 문을 닫능가?

06 참고로 〈영해〉지역의 '민촌'지역에서는 (10c)에 대하여 "{아지미, 할배}, 와 문을 닫능교?"라고 한다.

c. {아재, 할배}, 와 문을 닫니(이)껴?

위에 제시된 예문 중 (9)의 문장 서술어는 '닫-아라, 닫-게, 닫-으소'로 분석되며 (10)의 문장 서술어는 '닫-노?, 닫-능가?, 닫-니(이)껴?'로 분석된다. 그 결과 명령법 종결어미 '-아라, -게, -으소'와 의문법 종격어미 '-노?, -능가?, -니(이)껴?'가 추출된다. 이처럼 명령법과 의문법에는 청자에 따라서 각각 세 개의 종결어미가 사용되며 그것들은 의미론적 대조를 보인다. 따라서 〈영해〉지역어에는 세 개의 존대등분이 있음을 알 수 있다.

4.1.2. 동북방언의 존대등분

동북방언에 대한 문법적인 정보는 자세히 알려져 있지 않다. 여기서는 함경북도 북부지역인 〈회령〉, 〈종성〉, 〈온성〉, 〈경흥〉 지역어의 존대등분에 대해서 논의하기로 한다. 다음 (11)과 (12)는 이들 지역어에 사용되는 명령법과 의문법이다.

(11) a. 영식아, 문 좀 닫아라.
b. 아즈바{니, 이}, 문 좀 닫소.
c. 아바{니, 이}, 문 좀 닫읍소.

(12) a. 영식아, 와 문을 닫니?
b. 아즈바{니, 이}, 와 문을 닫소?
c. 아바{니, 이}, 와 문을 닫습두?

먼저 (11)의 문장 서술어는 '닫-아라, 닫-소, 닫-읍소'로 분석되며 그 결과 명령법 종결어미 '-아라, -소, -읍소'가 추출된다. 다음으로 (12)의 문장 서술어는 '닫-니?, 닫-소?, 닫-슴두?'로 분석되며 그 결과 의문법 종결어미 '-니?, -소?, -슴두?'가 추출된다. 이들 명령법과 의문법에 사용되는 각각 세 개의 종결어미는 의미론적 대조를 보이므로 네 지역어에는 세 개의 존대등분이 있음을 알 수 있다.

이들 지역에서 (11a)와 (12a)는 청자가 〈'애들'과 '여보게, 자네'라고 칭할 수 있는 사람〉일 때에 사용되고 (11b)와 (12b)는 청자가 〈'중년 이상의 친구 간'이나 '아저씨, 아주머니'라고 칭할 수 있는 사람 그리고 손윗사람이 나이 든 손아랫사람〉일 때에 사용되며 (11c)와 (12c)는 청자가 〈손윗사람〉일 때에 사용된다.

4.1.3. 서남방언의 존대등분

한반도의 서쪽은, 동쪽과는 달리, 평야지대가 많아 하위방언 간의 차이가 동남방언이나 동북방언의 하위방언 간의 차이보다 크지 않다. 서남방언의 경우도 동일하다. 여기서는 전라남도 〈영광〉, 〈보성〉과 전라북도 〈임실〉, 〈완주〉를 대상으로 그들 지역어에 존재하는 명령법과 의문법을 알아보기로 한다. 다음 (13)와 (14)는 그들 지역어에서 사용되는 명령법과 의문법이다.

(13) a. 영식아, 문 좀 닫아라.

b. 자네, 문 좀 닫소.[07]

07 (13b)의 청자 '자네'와 호응하는 명령법 종결어미와 (14c)의 청자 '{아자씨, 하나부지}'와 호응하는 의문법 종결어미는 모두 '-소'로서 동일하지만, (13b)의 '-소'는 결합하는 어간이 '가-'(去)나 '불-'(吹)과 같이 모음소나 'ㄹ'로 끝나면 '자네, 빨리 가소.'나 '자네, 좀 세게 부소.'에서 보듯이 언제나 '-소'로 실현되다. 그러나 (14c)의 '-소'는 '{아자씨, 하나부지}, 왜 가요?'나 '{아자씨, 하나부지}, 왜 세게 부요?'에서 보듯이 어간이 모음소나 /ㄹ/로 끝나면 '-요'로 실현된다. 그러므로 '자네체' 명령법 종결어미의 형태소는 /-소/이다. 이와는 달리, '할아버지체' 의문법 종결어미는 두 개의 이형태 '-소'와 '-요'를 가지는데, 그중의 어느 하나를 형태

c. {아자씨, 하나부지}, 문 좀 닫으씨요.

(14) a. 영식아, 왜 문을 닫냐?

b. 자네, 왜 문을 닫능가?

c. {아자씨, 하나부지}, 왜 문을 닫소?

(13c)와 (14c)에서 보듯이, 이들 지역어에서 '아저씨'는 '할아버지'의 존대등분에 포함된다. 먼저 (14)의 문장 서술어는 '닫-아라, 닫-소, 닫-으씨요'로 분석되며 그 결과 명령법 종결어미 '-아라, -소, -으씨요'가 추출된다. 다음으로 (14)의 문장 서술어는 '닫-냐?, 닫-능가?, 닫-소?'로 분석되며 그 결과 의문법 종결어미 '-냐?, -능가?, -소?'가 추출된다.

이들 지역어에서는 청자에 따라 각각의 서법에 세 개의 종결어미가 사용되며 그것들이 의미론적 대조를 보인다. 따라서 전라남도 〈영광〉, 〈보성〉지역어와 전라북도 〈임실〉, 〈완주〉지역어에는 세 개의 존재등분이 있음을 알 수 있다. 그리고 그 세 개의 존재등분은 서남방언에 존재하는 존대등분으로 볼 수 있다.

4.1.4. 서북방언의 존대등분: 평북 〈운전〉지역어

서북방언에 대한 서법 연구자들은[08] 대개 서북방언에 세 개의 존대등분이 있다고 한다. 지역어 간에 차이가 있다면 그것은 각 존대등분의 서법에 사

소라고 할 때에 그것으로부터 다른 하나의 이형태가 실현되는 것을 합당하게 설명할 수 없다. 그러므로 그 두 이형태는 어휘화한 이형태로 인정해야 한다. 따라서 '할아버지체' 의문법 종결어미의 형태소는 /-{ㅅ-j}오/로 표시된다.

08 John Ross(1887: 4), 소창진평(小倉進平, 1929), 김영배(1979: 272), 김이협(1981) 등은 서북방언에 세 개의 존대등분이 있다고 본다.

용되는 종결어미이다. 여기서는 평안북도 〈운전〉지역어를 대상으로 이 지역어에 존재하는 존대등분에 대해서 알아보기로 한다. 다음 (15)과 (16)은 〈운전〉지역어의 명령법과 의문법이다.

(15) a. 영식아, 문 좀 닫아라.
b. 아즈바{니, 이}, 문 좀 닫으시.
c. 아바{니, 이}, 문 좀 닫아요.

(16) a. 영식아, 와 문을 닫네?
b. 아즈바{니, 이}, 와 문을 닫슴마?
c. 아바{니, 이}, 와 문을 닫소?

먼저 (15)의 문장 서술어는 '닫-아라, 닫-으시, 닫-아요'로 분석되며 그 결과 명령법 종결어미 '-아라, -으시, -아요'가 추출된다. 다음으로 (16)의 문장 서술어는 '닫-네?, 닫-슴마?, 닫-소?'로 분석되며 그 결과 의문법 종결어미 '-네?, -슴마?, -소?'가 추출된다. 명령법과 의문법에서 추출된 각각 세 개의 종결어미는 의미론적 대조를 보인다. 그러므로 〈운전〉지역어에는 세 개의 존대등분이 있음을 알 수 있다.

4.1.5 중부방언의 존대등분

중부방언은 경기도, 충청도, 강원도, 황해도를 포괄하는 넓은 지역에서 사용하되는 방언이다. 그러므로 여기서는 경기도 〈양평〉, 충청남도 〈예산〉, 충청북도 〈청원〉, 강원도 〈홍천〉, 황해도 지역어에 존재하는 존대등분에 대해서 논의하기로 한다.

[1] 경기도: 〈양평〉지역어

다음 (17)과 (18)은 경기도 〈양평〉지역어의 명령법과 의문법이다.

(17) a. 영식아, 문 좀 닫아라.
b. 자네, 문 좀 닫게.
c. {아저씨, 하라부지}, 문 좀 닫으세요.

(18) a. 영식아, 왜 문을 닫니?
b. 자네, 왜 문을 닫나?
c. {아저씨, 하라부지}, 왜 문을 닫습니까?

위에서 보듯이, 이 지역어에서 '아저씨'는 '할아버지'의 존대등분에 포함된다. 먼저 (17)의 문장 서술어는 '닫-아라, 닫-게, 닫-으세요'로 분석되며 그 결과 명령법 종결어미 '-아라, -게, -으세요'가 추출된다. 다음으로 (18)의 문장 서술어는 '닫-니?, 닫-나?, 닫-습니까?'로 분석되며 그 결과 의문법 종결어미 '-니?, -나?, -습니까?'가 추출된다. 그들 명령법과 의문법에 사용되는 각각 세 개의 종결어미는 의미론적 대조를 이룬다. 따라서 〈양평〉지역어에는 세 개의 존대등분이 있음을 알 수 있다.[09]

09 경기지역어의 연구자들은 해당 지역어의 서법에 '{허, 하}우체'를 인정하는데, 이 서법이 사용될 수 있는 청자가 어떤 사람인가에 대해서는 분명하게 언급하고 있지 않다. 필자의 조사 경험에 의하면, '{허, 하}우체'는 청년층 이상의 세대에서 화자인 자기보다 조금 연상의 친한 형뻘되는 청자에게 사용하는 것으로 보인다. 경기방언의 '{허, 하}우체'는 동남방언의 '하소체'에 해당하는데, 동남방언의 경우는 '아저씨'나 '아주머니'가 청자가 된다. 이 점에서 경기방언의 '{허, 하}우체'는 청자의 연령층이 매우 낮다. 그러므로 세대 교체가 이루어지면서, 이 '{허, 하}우체'는 경기방언에서 소멸될 것으로 생각된다.

[2] 충청남도: 〈예산〉지역어

다음 (19)와 (20)은 〈예산〉지역어에 사용되는 명령법과 의문법이다.

(19) a. 영식아, 문 좀 닫어라.
b. 자네, 문 좀 닫게.
c. {아저씨, 하라버지}, 문 좀 닫으시오.

(20) a. 영식아, 왜 문을 닫네?
b. 자네, 왜 문을 닫나?
c. {아저씨, 하라버지}, 왜 문을 닫어유?

먼저 (19)의 문장 서술어는 '닫-어라, 닫-게, 닫-으시오'로 분석되며 그 결과 명령법 종결어미 '-어라, -게, -으시오'가 추출된다. 다음으로 (20)의 문장 서술어는 '닫-네?, 닫-나?, 닫-어유?'로 분석되며 그 결과 의문법 종결어미 '-네?, -나?, -어유?'가 추출된다. 명령법과 의문법에 사용되는 각각 세 개의 종결어미는 의미론적 대조를 이루므로 〈예산〉지역어에는 세 개의 존대등분이 있음을 알 수 있다.

[3] 충청북도: 〈청원〉지역어

다음 (21)과 (22)는 〈청원〉지역어에 사용되는 명령법과 의문법이다.

(21) a. 영식아, 문 좀 닫어라.
b. 자네, 문 좀 닫게.
c. {아저씨, 하라부지}, 문 좀 닫으세유.

(22) a. 영식아, 왜 문을 닫니?

b. 자네, 왜 문을 닫어?.

c. {아저씨, 하라부지}, 왜 문을 닫어유?

먼저 (21)의 문장 서술어는 '닫-어라, 닫-게, 닫-으세유'로 분석되며 그 결과 명령법 종결어미 '-어라, -게,[10] -으세유'가 추출된다. 다음으로 (22)의 문장 서술어는 '닫-니?, 닫-어?, 닫-어유?'로 분석되며 그 결과 의문법 종결어미 '-니?, -어?, -어유?'가[11] 추출된다. 명령법과 의문법에 사용되는 각각 세 개의 종결어미는 의미론적 대조를 이룬다. 그러므로 〈청원〉지역어에는 세 개의 존대등분이 있음을 알 수 있다.

[4] 강원도: 〈홍천〉지역어

다음 (23)과 (24)는 〈홍천〉지역어에 사용되는 명령법과 의문법이다.

(23) a. 영식아, 문 좀 닫어라.

b. 자네, 문 좀 닫게.

c. 아저씨, 문 좀 닫으소.

d. 하라버지, 문 좀 닫으세요.

(24) a. 영식아, 왜 문을 닫니?

b. 자네, 왜 문을 닫어?.

c. 아저씨, 왜 문을 닫소?

10 '-게' 대신 '-어'가 사용되기도 한다.

11 '-어유?' 대신 '-으세유?'가 사용되기도 한다.

d. 하라버지, 왜 문을 닫슴니까?

먼저 (23)의 문장 서술어는 '닫-어라, 닫-게, 닫-으소, 닫-으세요'로 분석된다. 여기서 명령법 종결어미 '-어라, -게, -으소, -으세요'가 추출된다. 다음으로 (24)의 문장 서술어는 '닫-니?, 닫-어?, 닫-소?, 닫-슴니까?'로 분석된다. 여기서 의문법 종결어미 '-니?, -어?, -소?, -슴니까?'가 추출된다. 〈홍천〉지역어에는 명령법과 의문법에 각각 네 개의 종결어미가 사용되어 의미론적 대조를 이룬다. 그러므로 〈홍천〉지역어에는 네 개의 존대등분이 있음을 알 수 있다.

[5] 황해도

황대화(2007: 209-273)에 의하면, 황해도 전 지역어에 사용되는 명령법과 의문법은 다음 (25)와 (26)으로 정리된다.

(25) a. 영식아, 문 좀 닫아라.
b. 아자씨, 문 좀 닫서.
c. 하라바이, 문 좀 닫으세요.

(26) a. 영식아, 왜 문을 닫어?
b. 아자씨, 왜 문을 닫수?
c. 하라바이, 왜 문을 닫시꺄?

먼저 (25)의 문장 서술어는 '닫-아라, 닫-서, 닫-으세요'로 분석된다. 여기서 명령법 종결어미 '-아라, -서, -으세요'가 추출된다. 다음으로 (26)의 문장 서술어는 '닫-어?, 닫-수?, 닫-시꺄?'로 분석된다. 여기서 의문법 종결어미 '-어?, -수?, -시꺄?'가 추출된다. 명령법과 의문법에서 추출된 각각 세 개의 종결어미는 이 방언에서 의미론적 대조를 이룬다. 그러므로 황해방언에는 세 개의 존대등분이 있음을 은 알 수 있다.

4.1.6. 제주방언의 존대등분

제주방언 연구에 의하면 제주방언 전체에 존재하는 존대등분은 세 개이다. 여기서는 북제주 〈한경〉지역어를 대상으로 명령법과 의문법에 대해 알아보기로 한다. 다음 (27)과 (28)은 〈한경〉지역어의 명령법과 의문법이다.

(27) a. 영식아, 문 좀 더꺼라. 〈영식아, 문 좀 닫아라.〉

b. 자네, 문 좀 더끄게. 〈자네, 문 좀 닫게.〉

c. {아지바님, 하르버지}, 문 좀 더끕서.

〈{아저씨, 할아버지}, 문 좀 닫으세요.〉

(28) a. 영식아, 무사 문을 더끔시냐? 〈영식아 왜 문을 닫니?〉

b. 자네, 무사 문을 더끔서? 〈자네, 왜 문을 닫는가?〉

c. {아지바님, 하르버지}, 무사 문을 더껌수꽈?

〈{아저씨, 할아버지}, 왜 문을 닫으세요?〉

먼저 (27)의 문장 서술어는 '더ㄲ-어라, 더끄-게, 더끄-읍서'로 분석되며 그 결과 명령법 종결어미 '-어라, -게, -읍서'가 추출된다. 다음으로 (28)의 문장 서술어는 '더끄-음시냐?, 더끄-음서?, 더끄-엄수꽈?'으로 분석되며 그 결과 의문법 종결어미 '-음시냐?, -음서?, -음수꽈?'이 추출된다. 분석된 명령법과 의문법 종결어미는 각각 세 개이며 그것들은 의미론적 대조를 보인다. 그러므로 〈한경〉지역어에는 세 개의 존대등분이 있음을 알 수 있다.

지금까지의 논의를 통하여 한국어의 방언이 가진 존대등분은 대방언 또는 중방언에 따라 세 개인 곳도 있고 네 개인 곳도 있음을 알 수 있었다. 존대등분이 네 개인 방언의 경우에는 각 존대등분에서 청자는 ① '애들'과 ② '자네'라고 칭할 수 있는 사람과 ③ '아저씨, 아주머니' 등 '장년층에 속하는 사람' 그리고 ④ '아버지, 할아버지' 등 '노년층에 속하는 사람'이 되며 존대등분이 세 개인 방언인 경우에는 '자네'가 '애들'과 동일한 청자에 속하거나 '아저씨, 아주머니'가 '아버지, 할아버지'와 동일한 청자에 속한다는 것을 알 수 있었다. 예를 들면, 동남방언의 경우, 경남방언에는 일반적으로 존대등분이 네 개가 있지만, 경북방언에는 세 개가 있다. 존대등분이 세 개인 경북방언에서는 '아저씨, 아주머니'가 '아버지, 할아버지'와 동일한 청자에 속하게 된다. 그러나 동일하게 세 개의 존대등분을 가진 방언이라 하더라도 동북방언에서는 '자네'가 '애들'과 동일한 청자에 속하게 된다.[12]

이러한 사실을 정리하면 (29)와 같다.

12 경북 〈고령〉지역어의 경우에는 ②의 청자에 속하는 '자네'에 대하여 결혼 초기에는 독립된 존대등분을 사용하지만 다소 친밀해지면 '자네'는 ①의 청자에 속하게 된다고 한다. 그렇게 되면 존대등분은 두 개가 된다. 현재와 같이, 저출산으로 자녀의 수가 줄어드는 경우에는 ②의 청자는 자기 자식과 동일하게 인식하여 ①의 청자에 속할 가능성이 있다. 그렇게 되면, '①, ②, (③, ④)'와 같이, 존대등분을 세 개 가지고 있는 방언은 '(①, ②), (③, ④)'와 같이 두 개의 존대등분을 가질 가능성을 배제할 수 없다.

(29)

기준 / 방언		존대등분 수	각 존대등분에 속하는 청자
동남방언	경남방언	4/3	①, ②, (③), ④
	경북방언	3/4	①, ②, (③, ④)
동북방언		3	(①, ②), ③, ④
서남방언		3	①, ②, (③, ④)
서북방언		3	(①, ②), ③, ④
중부방언	경기방언 / 충청방언	3	①, ②, (③, ④)
	강원방언	4	①, ②, ③, ④
	황해방언	?[13]	?
제주방언		3	①, ②, (③, ④)

[각 존대등분에 속하는 청자]
① 애들 ② '자네' 부류 ③ '아저씨' 부류 ④ '아버지' 이상의 부류

4.2. 활용어미

활용어미란 동사나 형용사나 계사 어간과 결합하는 문법형태소이다. 동사 어간 '잡-'(執)의 활용형 '잡는다, 잡고, 잡지만, 잡더라, 잡아도, 잡으면, 잡으니, 잡으시고, 잡겠다'는[14] '잡-는다, 잡-고, 잡-지만, 잡-더라, 잡-아도, 잡-으면, 잡-으니, 잡-으시-고, 잡-겠-다'로 분석되며 어미 '-는다, -고, -지만, -더라, -아도, -으면, -으니, -으시-고, -겠-다'가 추출된다.

13 지금까지 황해방언에 대해서는 몇 편의 연구가 있으나 존대법을 비롯한 통사론적 연구는 충분하지 못하다.
14 설명의 편의를 위하여 형태소를 제시함.

이들 어미를 포함하여 모든 서술어[15] 어간과 결합하는 어미들을 활용어미라 고 한다. 이들 활용어미는 그것들이 가진 문법적 기능에 따라, 종결어미와 연결(=접속)어미와 선어말어미로 구분된다. 종결어미는 문장 전체를 종결시키는 어미로 문장 서술어에서 제일 뒤에 있는 어미이다. 그리고 연결어미는 주로 문장과 문장을 연결하는 어미이며 선어말어미는 서술어 어간과 종결어미 사이나 서술어 어간과 연결어미 사이에 있는 어미이다.

예를 들어, "할아버지는 나를 업으시고 찬바람이 들어오는 문구멍을 손바닥으로 막으셨다"에서 밑줄 친 서술어 '막으셨다'는 '막-으시-었-다'로 분석되는데, 제일 마지막의 '-다'가 종결어미이고 동사 어간 '막-'과 종결어미 '-다' 사이에 있는 '-으시-'와 '-었-'이 선어말어미이다. 그리고 밑줄 친 '업으시고'는 '업-으시-고'로 분석되는데, 제일 마지막의 '-고'는 "할아버지는 나를 업으셨다"는 문장과 "할아버지는 찬바람이 들어오는 문구멍을 손바닥으로 막으셨다"는 문장을 연결하는 기능을 가지고 있으므로 연결어미가 된다. 그리고 동사 어간 '업-'와 연결어미 '-고' 사이에 있는 '-으시-'는 선어말어미가 된다.

이러한 이해를 바탕으로 하면, 위에 제시된 어미 '-는다, -고, -지만, -더라, -아도, -으면, -으니, -으시-고, -겠-다'에서 '-는다, -더라, -다'는 문장 서술어에서 제일 뒤에 있는 어미이므로 종결어미가 된다. 그리고 '-고, -지만, -아도, -으면, -으니'는, "너도 가고 나도 가야지.", "이 색은 좋지만 저 색은 싫다.", "네가 아무리 찾아도 그것은 없을 것이다.", "너만 좋으면 누구라고 괜찮다.", "이 책은 내용이 좋으니 한번 읽어 보아라."에서 보듯이, 두 개의 문장을 연결하고 있다. 그러므로 그

15 서술어에는 '동사, 형용사, 계사'가 포함된다.

들 어미는 연결어미가 된다. 그리고 '-으시-'와 '-겠-'은 각각 어간 '잡-'과 연결어미 '-고'와 종결어미 '-다' 사이에 있으므로 선어말어미가 된다. 여기서는 각 방언에서 사용되는 종결어미와 연결어미와 선어말어미에 대하여 논하기로 한다.

4.2.1. 종결어미: 의문법 종결어미

종결어미는 그 수가 매우 많다. 그것은 우리가 의사소통을 할 때 의도하는 바가 많기 때문이다. 예를 들면, 종결어미에는 자기 생각을 서술하기 위한 서술법 종결어미, 자기가 모르는 것을 확인하기 위한 의문법 종결어미, 상대방에게 무엇을 하게 하기 위한 명령법 종결어미, 상대방이 자기와 함께 하도록 하기 위한 청유법 종결어미 등이 있는데 한 방언에서 사용되는 전체 종결어미의 수는 한 존대등분에서 사용되는 수에 해당 방언에 존재하는 존대등분 수를 곱한 것과 같다.[16] 그러므로 그 모두를 여기서 다룰 수는 없다. 여기서는 그중에서도 주목할 만하면서 방언 차이를 보이는 약간의 의문법 종결어미를 논의의 대상으로 삼고자 한다.

여기서 논의 대상이 되는 의문법 종결어미는 (30)에 제시된 것들이 된다.

16 예를 들면, 어떤 방언에 존대등분이, '좋은 말로 해라, 좋은 말로 하게, 좋은 말로 하소.'에서 보듯이, 세 개이고 하나의 존대등분에 사용되는 서술법 종결어미가 10개가 있다면, 그 방언에 사용되는 전체 서술법 종결어미는 30개(10개×3)가 있다는 것이다.

(30)

종결 어미 \ 방언	동남	동북	서남	서북	중부	제주
의문법 종결 어미	㉠ -{가, 고}?, -{나, 노}?. -{라, 로}?, -더{나,노}?, -{다, 도}?	㉠ -나?, -더나?	㉠ -냐?, -드냐?	㉠ -가?, -네?, -{나, 노}?, -던?	㉠ -{니/냐}?, -{더냐/데}?	㉠ -{가, 고}?, -{니, 냐}?, -{디, 디아}?, -어{냐/야}?
	㉡ -{능, 응}{가,고}?, -덩{가, 고}?	㉡ -{소, 오}?, -{습, 읍}데?	㉡ -{능,응}가?, -등가?	㉡ -{슴,음}마?, -{소와, 와}?, -{습,읍}데?	㉡ -{능, 응}가?, -나?, -덩가?	㉡ -응{가, 고}?, -덩{가, 고}?, -엉{가, 고}?
	㉢ -{소, 요}?, -{읍, 십}디까?	㉢ -{슴, 음}니까?, -{습, 읍}데까?, -{슴,음}두?, -{습, 읍}던두?	㉢ -{심, 음}니껴?, -{습, 읍}디여?	㉢ -{소, 오}?, -{슴, 음}네까?, -{습, 읍}데까?	㉢ -으세요?, -{슴, 음}니까?, -{습, 읍}디까?	㉢ -음네까?, -{수, 우}까?, -읍데까?
	㉣ -{심, 음}니껴?, -{십,읍}디껴?, -(니)이껴?. -디이껴?, -{능,응}교?, -덩교?					

[1] 영수체[17]

'영수체'의 청자에는 동북방언과 서북방언의 '자네'도 포함된다. 이것은 동북방언과 서북방언에서는 '자네'나 장성한 아들의 친구에 대해서 '영수체'가 사용된다는 것을 의미한다. 여기서는 '영수체'에 사용되는 각 방언의 의문법 종결어미에 대해서 알아보기로 한다.

[1.1] 동남방언

동남방언의 '영수체' 의문법 종결어미 중에서 논의의 대상이 되는 것은 '-{가, 고}?, -{나, 노}?, -{라, 로}?, -더{나, 노}?, -{다, 도}?'이다.

[가] '**-{가, 고}?**'와 '**-{나, 노}?**'

다음 (31)에서 (31a-d)는 의문법 종결어미 '-{가, 고}?'가 실현되는 예들이고 (31e-h)는 '-{나, 노}?'가 실현되는 예들이다.

(31) a. 저 사람이 제일 건강한 사람이가?
b. 누가 제일 건강한 사람이고?
c. 아푼데 없고 힘세다고 제일 건강한 사람이가?

17 한국어학에서 경어법 등분을 지칭하는 데에 '해라체, 하게체, 하이소체' 등의 술어를 사용하고 있다. 그것은 동사 중에서 '하-'가 가장 일반적으로 사용되므로 모든 방언이나 지역어의 경어법 등분은 동사 '하-'의 명령형에 의해 존대등분을 표시할 수 있기 때문이다. 그런데 방언이나 지역어의 경어법 등분은 (29)에서 보듯이, 각 등분에 소속되는 청자의 부류가 다르고 경어법 등분에 차이가 있고 그에 따라 명령법 종결어미가 다르기 때문에 대방언을 모두 논의의 대상으로 할 경우에 동사 '하-'(爲)의 명령형을 사용하여 '하라체', '하게체', '하소체' 등으로 일관되게 나타낼 수 없다. 청자가 '아버지, 할아버지' 부류일 때에 동사 '하-'의 명령법 종결어미는, '하소, 하이소(이상 동남방언), 하압소, 하우다(이상 동북방언), 하씨요(서남방언), 하세요, 하세유, 하시유(이상 중부방언), 하시라(우)요(서북방언), 합서(제주방언)'에서 보듯이, 방언에 따라 다르기 때문이다. 그러므로 여기서는 각 경어법 등분에 속하는 청자의 부류 중 하나를 택하여 '영수체, 자네체, 아저씨체, 할아버지체'라는 용어를 사용하기로 한다. 예를 들어, 동북방언의 경우는 '영수체, 아저씨체, 할아버지체'라 하고 서남방언의 경우는 '영수체, 자네체, 할아버지체'라고 하는 것이다.

d. 어째서 저 사람이 제일 건강한 사람이고?

e. 니 지금 집에 가나?

f. 야아야〈얘야〉 니 어데 가노?

g. 니 손도 저리 곱나? 〈네 손도 저렇게 고우냐?〉

h. 저 사람은 왜 저리 손이 곱노?

(31)의 문장 서술어에서 실현되는 의문법 종결어미에 대해서는 다음의 의문이 제기된다. 첫째는 종결어미 '-{가, 고}?'와 '-{나, 노}?'가 실현되는 조건이 무엇인가 하는 것이고 둘째는 '-{가, 고}?' 중에서 '-가?'와 '-고?'가 실현되는 조건은 무엇인가 하는 것이며 셋째는 '-{나, 노}?' 중에서 '-나?'와 '-노?'가 실현되는 조건은 무엇인가 하는 것이다. 각 문장들을 면밀하게 서로 대조해 보면 그 조건들을 발견할 수 있다.

먼저 종결어미 '-{가, 고}?'와 '-{나, 노}?' 중에서 종결어미 '-{가, 고}?'의 실현조건은 문장 서술어가 계사 '이-'일 때라는 것이고 종결어미 '-{나, 노}?'의 실현조건은 문장 서술어가 동사나 형용사일 때라는 것이다. 다음으로 종결어미 '-{가, 고}?' 중에서 종결어미 '-가?'의 실현조건은 문장 서술어가 계사 '이-'이면서 문장 속에 의문사가 없을 때라는 것이고 종결어미 '-고?'의 실현조건은 문장 속에 '누(구)'(誰)와 '어째서'(如何)와 같은 의문사가 있을 때라는 것이다. 끝으로 종결어미 '-{나, 노}?' 중에서 종결어미 '-나?'와 '-노?'의 실현조건은 문장 서술어가 동사나 형용사여야 한다는 조건은 동일하지만, '-나?'의 실현조건은 문장 속에 의문사가 없을 때이고 '-노?'의 실현조건은 문장 속에 '어데'(何處)나 '왜'(何)와 같은 의문사가 있을 때이다.

이상의 내용을 요약하면, 종결어미 '-{가, 고}?'의 실현조건은 문장 서술어가 계사 '이-'일 때이며 종결어미 '-{나, 노}?'의 실현조건은 문장 서술어가 동사나 형용사일 때이다. 그리고 종결어미 '-가?'와 '-나?'의 실현조건은 문장 속에 의문사가 없을 때이고 종결어미 '-고?'와 '-노?'의 실현조건은 문장 속에 의문사가 있을 때이다.

청자가 '영수'와 같은 '애들' 부류일 때의 의문법 종결어미 '-{가, 고}?'와 '-{나, 노}?'의 그러한 실현조건은 합당하지만, 종결어미 '-{가, 고}?'가 실현되는 데에는 제약조건이 있다. (32)의 예를 통하여 그 제약조건이 무엇인가를 알 수 있다.

(32) a. 저 사람이 제일 건강한 사람이엇나?

b. 그 당시에 누가 제일 건강한 사람이엇노?

c. 저 사람이 농부(이){것, 겟}나?[18]

d. 저 세 사람 중에 농부는 누구(이){것, 겟}노?〈누구이겠니〉?

e. 가아가 집에 {갓, 가{것, 겟}}나?〈그 애가 집에 {갔, 가겠}니〉?

f. 가아〈그 애〉가 {왜 집에 갓노?, 언제 집에 가{것, 겟}노?}

g. 재〈저 애〉는 {원래 키가 작앗나〈작았니〉?,
자라면 키가 크{것, 겟}나〈크겠니〉?}

h. 재〈저 애〉는 {언제부터 키가 작앗노〈작았니〉?,
언제 키가 크{것, 겟}노〈크겠니〉?}

(31)과는 달리, (32)의 모든 문장들은 문장 서술어의 어간이 계사이거나 동사이거나 형용사이거나 간에 문장 종결어미가 모두 '-나?'나 '-노?'로 실현되고 있다. 그 경우에 (31)과 (32)의 문장 서술어를 대조하

18 모음소로 끝나는 명사 뒤에서는 계시 어간 '이'가 탈락하는 것이 일반적임.

면, (32)의 모든 문장 서술어의 어간에는 과거표시 선어말어미 '-앗-'이나 추측표시 선어말 어미 '-{것, 겟}-'이 결합되어 있음을 알 수 있다({것, 겟}에 대해서는 '4.2.3. 선어말어미' 참조). 문장 서술어가 동사나 형용사인 경우에는 그때도 문장 속에 의문사가 있고 없음에 따라 종결어미 '-나?'와 '-노?'가 실현되고 있으므로 종결어미의 실현에는 변화가 없다. 그러나 선어말어미가 계사 어간에 결합되면 종결어미 '-가?'와 '-고?'는 각각 '-나?'와 '-노?'로 바뀐다. 따라서 종결어미 '-{나, 노}?'는 계사 어간 뒤에서만 실현되며 문장 서술어가 계사라도 어간에 선어말어미가 결합되면, 그 뒤에 결합되는 종결어미는 문장 속에 의문사가 없으면 '-나?'로, 있으면 '-노?'가 된다.

[나] **-{라, 로}?**

이 종결어미는 대개 경상북도 북동부의 반촌인 〈예천, 영주, 봉화, 안동, 영양, 청송, 의성, 영해〉 지역어에서 사용된다. 이 종결어미는 대부분의 동남방언에서 사용되는 의문법 종결어미 '-{가, 노}?'와 동일한 문법적 기능을 가진다. (33)에서 그러한 사실을 알 수 있다.

(33) a. 저 사람이 제일 건강한 사람이<u>라</u>?
b. <u>누</u>가 제일 건강한 사람이<u>로</u>?
c. 아픈데 없고 힘세다고 제일 건강한 사람이<u>라</u>?
d. <u>어째서</u> 저 사람이 제일 건강한 사람이<u>로</u>?
e. 저 사람이 제일 건강한 사람이랬<u>나</u>?
f. 그 당시에 <u>누</u>가 제일 건강한 사람이랬<u>노</u>?
g. 저 사람이 농부(이)겠<u>나</u>?

h. 저 세 사람 중에 농부는 누구(이)겟노〈누구이겠니〉?

(33a, c)에서는 종결어미 '-라?'가 실현되고 (33b, d)에서는 종결어미 '-로?'가 실현되는데 이들 종결어미가 실현되는 조건은 (31)에서 논의된 종결어미 '-가?'와 '-고?'의 실현조건과 완전히 일치한다. 그리고 (33e-f)에서 보듯이, 선어말어미 '-앗-'이나 '-겟-' 뒤에서는 종결어미 '-가?' 대신 '-나?'가, '-고?' 대신 '-노?'가 실현되는 것도 (32a-d)에서와 동일하다. 차이가 있다면 선어말어미 '-앗-'이 (32a, b)에서는 계사 어간과 결합하는 데 반하여 (33e, f)에서는, '(사람)이랫나?'나 '(사람)이랫노?'에서 보듯이, 계사 어간에 직접 결합하지 않는다는 것이다.

선어말어미 '-앗-'이 결합된 '랫'은 설명법 종결어미 '-래'이다. "이게 새로 나온 책이래."에서 보는 '-래'가 그것이다. 그러니까 '랫'은 경상북도 동북부 지역어에서 사용되는 설명법 '-래'와 과거표시 선어말어미 '-앗-'이 결합한 다음 선어말어미의 '-앗-'의 '아'가 '-래'의 '애'에 완전순행동화한 것이다. 즉 '/-래〛앗-/ → /-래앳-/ → /-랫-/'의 음운과정을 거친 것이다. 이러한 음운과정에 대한 이해가 어려울지도 모른다.

그러나 다음 두 가지 예를 통하여 그런 음운과정을 쉽게 이해할 수 있다. 하나는 동사의 어간말 모음소가 '에'나 '애'인 경우에 어미초의 '아'가 거치는 완전순행동화이다. '/쓰〛아도/ → /쓰어도/ → /써도/(書), /가〛아도/ → /가도/(去), /서〛아도/ → /서어도/ → /서도/(立), /보〛아도/ → /봐:도/(視), /주〛아도/ → /주어도/ → /줘:도/(與), /기〛아도/ → /기어도/ → /겨:도/(匍)'에서 보듯이, 동사의 어간말 모음소가 '에'나 '애'가 아닌 단(單)모음소인 경우에는 어간말 모음소가 어미초의 '아' 앞에서 탈락하거나 활음소화하거나 하지만, 동사의 어간말 모음소가 '에'나 '애'인 경우에는 이들 모음소가 어미초의 '아' 앞에서 그러한 음운과정을 거칠 수 없다. 그런 경우에 한하여 어미초의 '아'는 어간말 모음소 '에'나 '애'에 완전순행동화한다. '/깨 ‖ 아도/ → /깨어도/ → /깨애도/(破), /세 ‖ 아도/ → /세어도/ → /세에도/(算)'에서 그러한 음운과정을 확인할 수 있다. 이러한 음운과정을 거친 것이 '/-래 ‖ 앗-/ → /-래앳-/ → /-랫-/'이다.

다른 하나는 '-앗-'이 계사 어간과 결합하지 않고 종결어미 '-래'와 결합하는 것이다. 이러한 현상은 한국어에서 발견하기 어려운 것이다. 그러나 이러한 현상도 어미초의 '아'가 계사와 결합하는 경우에 발견할 수 있다. 한국어에서 '아'로 시작하는 어미가 동사나 형용사와 직접 결합할 때에는 동사나 형용사의 어간과 결합한다. '잡아도, 잡아서, 잡았다'(執)나 '길어도, 길어서, 길었다'(長)에서 그러한 사실을 확인할 수 있다. 그런데 계사와 결합할 때에는 다음 두 가지 경우가 있음을 알게 된다. 하나는 '집이어도, 집이어서, 집이었다'(家)와 같은 활용형이고 다른 하나는 '집이라도, 집이라서'와 같은 활용이다. 이 경우에 과거형으로 사용되는 '집이랐다'는 찾아보기 어렵다.

두 가지 경우에 전통적으로 이어온 것은 뒤의 활용이지만 'X이라도, X이라서'가 'X이어도, X이어서'와 같이 앞의 활용으로 바뀐 것은 학교문법 교육의 결과에 의한 것이다. 예를 들어, 동사 어간 '이-'(戴)가 어미 '-아도'와 결합할 때의 음운과정은 '/이 ‖ 아도/ → /이어도/ → /여도/'(戴)가 된다. 이처럼 어간 '이-'(戴)가 어미초의 '어/아'와 결합할 때는 반드시 '여도, 여서, 였다'(戴)로 실현되지 '이어도, 이어서, 어었다'로 실현되지는 않는다. 계사 어간 '이-'가 어미초의 '어/아'가 결합하는 경우에, 어간 '이-'(戴)가 어미초의 '어/아'와 결합하는 것과 동일한 음운과정을 거친다면, '/(집)이 ‖ 아도/ → /(집)이어도/ → /(집)여도/'가 된다. 그렇게 되면 그것은 문장 서술어의 어간이 '(집)이-'라고 이해하기가 어렵게 된다. 이러한 어려움을 극복하기 위한 것이, 계사의 어간과 결합하는 설명법 종결어미 '-라'와[19] 어미초의 '아'를 결합시키는 것이다. '/(집)이 ‖ 라 ‖ 아도/ -(동일 모음소탈락)→ /(집)이라도/'가 그 예인데, 이렇게 생성된 '-라도'는 '-라서' 등과 함께 문법형태소화한 것이다. 그리하여 '-아도, -아서' 등은 동사나 형용사 어간 그리고 다른 선어말 어미와 결합하고 '-라도, -라서'는 계사 어간과 결합하는 것이다.

[다] **-더{나, 노}?**

이 종결어미는 청자가 화자로 하여금 과거에 있었던 일을 기억하여 말하게 하는 회상 의문법 종결어미이다. (34)에서 그 예를 볼 수 있다.

(34) a. 가아〈그 아이〉 지금 밖에 나갈라고〈나가려고〉 옷 입더나?
b. 가아 지금 밖에 나갈라고 무신〈무슨〉 옷 입더노?
c. 운문사 단풍이 그렇기〈그렇게〉 좋더나?
d. 어떤 점에서 운문사 단풍이 그렇기 좋더노?
e. 그 친구 말이 참말이더나?
f. 어째서 그 친구 말이 참말이더노?
g. 그 사람 왓더나?
h. 그 사람 언제 왓더노?.
i. 일이 제대로 대{것, 겟}더나〈되겟더냐〉?
j. 장차 그 일이 어찌 대{것, 겟}더노?

19 계사와 결합하는 어미 '-라'는 15세기 문헌에서도 발견할 수 있으며 현재 동남방언에서도 발견할 수 있다. 그러한 예는 다음과 같다. "御製ᄂᆞᆫ 님금 지ᅀᅳ샨 그리라.〈어제는 임금 지으신 글이다.〉, 訓民正音은 百姓 ᄀᆞᄅᆞ치시논 正ᄒᆞᆫ 소리라.〈훈민정음은 백성 가르치시는 정한 소리다.〉(이상 훈언), 비니리 조~오~라 카능기라.〈비닐 종이라 하는 것이다.〉 그 어르는 소시글 모르고 인능기라.〈그 어른은 소식을 모르고 있는 것이라.〉(이상 경남 창원), 멩: 거어서 나오는 무리라.〈역시 거기서 나오는 물이라.〉(경북 청송).

(34)에서 보듯이, 이들 종결어미는 동사, 형용사, 계사와 직접 결합할 수 있을 뿐 아니라 선어말어미와도 결합한다. 그리고 이들 종결어미도 앞에서 논의한 다른 의문법 종결어미와 마찬가지로 문장 속에 의문사가 없으면 '-더나?'가 사용되고 의문사가 있으면 '-더노?'가 사용된다.

이 밖에 이들 종결어미는 동남방언에서 다음과 같은 특이한 기능도 가진다. 그것은 조금 전에 있었던 사실을 물을 때에도 사용된다는 것이다. 예를 들면, 같이 있던 사람이 갑자기 보이지 않다가 나타났을 경우, "니 어데 갔더노?"나 "니 집에 갔더나?"와 같이 묻는 것이다. 이 경우에 중부방언 화자라면. "너 어데 갔었니?"나 "너 집에 갔었니?" 하고 물을 것이다.

[라] **-{다'아, 도'오}?**

이 종결어미는, '-{라, 로}?'와 함께 경상북도 동북부지역어에서 사용되는 것으로 그들 종결어미의 기능과 실현조건은 '-더{나, 노}?'와 동일하다. 즉, 문장 속에 의문사가 있으면 '-도오?'가, 없으면 '-다아?'가 사용된다. (35)에서 그러한 사실을 확인할 수 있다.

(35) a. 가아 지금 밖에 나갈라고〈나가려고〉 옷 입<u>다아</u>?
b. 가아 지금 밖에 나갈라고 <u>무신</u>〈무슨〉 옷 입<u>도오</u>?
c. 운문사 단풍이 그렇기〈그렇게〉 좋<u>다아</u>?
d. <u>어떤</u> 점에서 운문사 단풍이 그렇기 좋<u>도오</u>?
e. 그 사람 왔다아?
f. 그 사람 <u>언제</u> 왔<u>도오</u>?
g. 일이 제대로 대겟다아〈되겟더냐〉?
h. 장차 그 일이 <u>어찌</u> 대겟<u>도오</u>?

[1.2] 동북방언

동북방언의 '영수체'의 청자에는 '자네'도 포함된다. 여기서 논의될 의문법 종결어미는 '-나?'와 '-더나?'이다.

[가] **-나?**

동북방언에서 의문법 종결어미 '-나?'는 '-니?'와 '-냐?'와 함께 사용되는데 문법적 기능이나 의미에는 차이가 없다. 종결어미 '-나?'는 모든 서술어 어간이나 선어말어미와 결합하며 문장 속에 의문사가 있고 없음에 따른 구별도 없다. (36)에서 그러한 사실을 확인할 수 있다.

(36) a. 영수야, 지금 고기 잡{나, 니, 냐}?
b. 영수야, 무슨 고기 잡{나, 니, 냐}?
c. 영수야, 이게 곱{나, 니, 냐}?
d. 영수야, 이게 니 신발이{나, 니, 냐}?
e. 그 사람 고기 엄매 잡{았, 겠}{나, 니, 냐}?
〈그 사람 고기 얼마나 잡{았, 겠}니?〉

[나] **-더나?**

이 의문법 종결어미도 '-더니?'와 '-더냐?'와 함께 사용되며 그들 종결어미 사이에 문법적 기능이나 의미에는 차이가 없다. 동남방언에서 사용되는 의문법 종결어미 '-더{나, 노}?'와 동일한 기능을 가진다. 다른 점이 있다면, 문장 속에 의문사가 있거나 없거나 이 종결어미 하나가 사용된다는 것이다. (37)에서 그러한 사실을 확인할 수 있다.

(37) a. 영수야, 철수 집으 가더{나, 니, 냐}?〈철수가 집에 가더냐?〉

b. 영수야, 철수 누기〈누구〉 집으 가더{나, 니, 냐}?

c. 터밭에서 딴 고치가 맵더{나, 니, 냐}?〈텃밭에서 딴 고추가 맵더냐?〉

d. 터밭에서 딴 고치가 엄매〈얼마나〉 맵더{나, 니, 냐}?

e. 그 속에 있는 게 책이더{나, 니, 냐}?

f. 그 속에 있는 게 무슨 책이더{나, 니, 냐}?

[1.3] 서남방언

여기서 논의될 서남방언의 '영수체' 의문법 종결어미는 '-냐?'와 '-드냐〈-더냐〉?'이다.

[가] -냐?

이 의문법 종결어미의 문법적 기능과 의미는 동북방언의 '-나?'와 동일하다. (38)에서 그러한 사실을 확인할 수 있다.

(38) a. 영수야, 머 잡냐?

b. 영수야, 그것이 그르케〈그렇게〉 좋냐?

c. 이게 누 돈이냐?

d. 그 안에 멋:이 들었냐?

e. 나가 그 옷을 어떻게 입겄냐?

[나] -드냐?

이 의문법 종결어미의 문법적 기능과 의미는 동북방언의 '-더나?'와 동일하다. 이 방언에는 '-드냐?'와 동일하게 '-디냐?, -디야?, -든?'도 사용된다.

이들 종결어미의 기능과 의미에는 차이가 없다. (39)에서 그러한 사실을 확인할 수 있다.

(39) a. 영수가 보벵, 보벵이라드냐?〈영수가 뭐 보병 보병이라더냐?〉
b. 그게 뭐:더냐?〈그것이 무엇이더냐?〉
c. 누가 그 음석을 했디냐?〈누가 그 음식을 했더냐?〉
d. 소 압이 시레야 씐다가디야 어짜디야?
〈소 앞이 실해야 된다더냐 어떻더냐?〉
e. 소가 죽을 잘 먹디야?〈소가 죽을 잘 먹더냐?〉
f. 소가 죽을 잘 먹든〈먹던〉?〈소가 죽을 잘 먹더냐?〉

[1.4] 서북방언

서북방언의 '영수체'의 청자에는 '자네'도 포함된다. 여기서 논의될 의문법 종결어미는 '-가?, -네?, -{나, 노}?, -던?'이다.

[가] -가?

종결어미 '-가?'는 계사와 결합한다. (40)에서 그러한 사실을 확인할 수 있다.

(40) a. 어느 집이 너네 집이가?〈어느 집이 너희 집이니?〉
b. 근데 너 이거 뭐이가?〈그런데 너 이것이 무엇이니?〉
c. 올경조 올베 또 기템에 머슨 베가?
〈올경조 올벼 또 그 다음에 무슨 벼니?〉
d. 그렇게 흉년일 때가 그제가 멫 넨도가?

〈그렇게 흉년일 때가 그 때가 몇 년도이니?〉

e. 이십년 넘엇디, 고롬 낡은 집 아니가?

〈이십년 넘었지, 그러면 낡은 집 아니니?〉

종결어미 '-가?'가 계사와 결합한다고 하면, (40e)는 예외라고 할 수 있다. 그러나 '집 아니가?'는 '집이가?'의 부정이므로 '아니가?'는 '안-이가?' 또는 '아니-(이)가?'로 분석된다. 따라서 '아니-'는 계사 '이-'의 부정형이 되며 그 점에서 (40e)의 의문법 종결어미 '-가?'도 계사와 결합한 것이다. 그리고 (40c, d)의 '-가?'는 명사 '베'와 '년도'에 직접 결합한 것으로 생각할 수 있다. '책이다(冊), 떡이다(餠), 사탕이다(砂糖), 그림이다(畵), 말이다(馬), 사랑이다(愛)'에서 보듯이, 자음소나 'ㄹ'로 끝나는 명사 뒤에서는 계사 '이-'가 탈락되지 않지만, '배다(梨), 새다(鳥), 바다다(海), 우주다(宇宙)'에서 보듯이, 모음소로 끝나는 명사 뒤에서는 '배이다(梨), 바다이다(海)' 보다 훨씬 자연스럽다. 그러므로 모음소로 끝나는 명사 뒤에서는 '-가?'가 직접 결합한다고 하는 것보다는 모음소로 끝나는 명사 뒤에서 계사 '이-'가 탈락한 것으로 보는 것이 합당하다. 그리고 종결어미 '-가?'는 계사와 결합한다는 점에서는 [1.1]의 [가]에서 논의한 동남방언의 종결어미 '-{가, 고}?'와 동일하다. 그러나 문장 속에 의문사가 있고 없음에 상관없이 언제나 '-가?'로 실현된다는 점에서 동남방언의 종결어미 '-{가, 고}?'와 차이를 보인다.

[나] **-네?**

종결어미 '-가?'가 문장 서술어인 계사와 결합하는 것이라면 종결어미 '-네?'는 문장 서술어인 동사나 형용사 및 선어말어미와 결합하는 것이다. (41)에서 그러한 사실을 확인할 수 있다.

(41) a. 할매 거기서 멀 잡네?〈할매 거기서 무얼 잡니?〉

b. 너 어디메 떠나가네?〈너 어디로 떠나가니?〉

c. 난데없이 까무구레 와 이래 우네?〈갑자기 까마귀가 왜 이렇게 우니?〉

d. 공작 찾아서 얼마나 둏네?〈일거리를 찾아서 얼마나 좋니?〉

e. 삼을 언제 당대 삼아 밧네?〈삼(麻)을 언제 당대에 삼아보았니?〉

f. 까마구레 머 제 소래 안 허갓네?

〈까마귀가 머 자기 소리 안 하겠니?〉[20]

[다] -{나, 노}?

종결어미 '-나?'와 '-노?'의 분포와 문법적 기능과 의미는 종결어미 '-네?'와 동일하다. (42)에서 그러한 사실을 확인할 수 있다.

(42) a. 야들시까지 눗나?〈여덟 시까지 눕니?〉

b. 야, 사진에 나오는 것과 다 같갓나?

〈야, 사진에 나오는 것과 다 같겠나?〉

c. 나 이버네 죽갓나?〈나 이번에 죽겠나?〉

d. 우리 눅사년도에 이새 왓나?〈우리 육십사년도에 이사 왔나?〉

e. 뭐하노?, 멀 잡구 잇노?〈무엇하니?, 무엇을 자고 있니?〉

f. 그럼 낼 몇시 떠나노?〈그러면 내일 몇 시에 떠나니?〉

g. 영수는 메사구 잡나?〈영수는 메기 잡니?〉

이들 종결어미가 종결어미 '-네?'와 다른 점은 종결어미 '-네?'가 문장 속

20 까마귀는 까마귀 소리를 하고 참새는 참새 소리를 한다는 뜻. 본심(本心)을 버릴 수 없다는 뜻임.

에 의문사가 있고 없음에 상관없이 언제나 동일하게 실현되는 데 반하여 종결어미 '-나?'는 문장 속에 의문사가 없을 때에 실현되고 종결어미 '-노?'는 문장 속에 의문사가 있을 때에 실현된다는 것이다. 이 사실은 [1.1]의 [가]에서 논의한 동남방언의 의문법 종결어미 '-{나, 노}?'와 완전히 동일하다.

[라] **-던?**

종결어미 '-던?'은 청자로 하여금 과거를 회상하여 답하게 할 때에 사용된다. '-던?' 이외에 '-더냐?'와 '-더니'도 사용되지만 일반적인 것은 아니다. "① 너두 학교 간?〈너도 학교 가니?〉, ② 갸아들이 어디 가서 이 다리 가주구서 벌이 먹간?〈그 애들이 어디로 가서 이 다리(脚)를 가지고 벌어먹겠니?〉, ③ 너네 파리 멫 마리나 잡안?〈너희들 파리 몇 마리나 잡았니?〉"의 문장 서술어 중 ①의 '간?'과 ②의 '(먹)간?'과 ③의 '(잡)안?'은 각각 표준어의 '가니?'와 '(먹)겠니?'와 '(잡)았니?'에 대응된다. 또 표준어의 선어말어미 '-겠-', '-았-'과 의문법 종결어미 '-니?'가 각각 서북방언의 '-갓-', '-앗-'과 '-네?'에 대응되는 사실을 고려하면 ①의 '간?'과 ②의 '(먹)간?'과 ③의 '(잡)안?'의 전 시기 어형은 각각 '가네?', '(먹)갓네?', '(잡)앗네?'로 재구(再構)된다.

이 중에서 '(먹)갓네?'와 '(잡)앗네?'는 자음소 동화 중 비음소동화에 의하여 각각 '(먹)간네?'와 '(잡)안네?'가 된다. 여기서 ①의 '간?'은 '가네?'의 어간 '가-'의 다음 음절초의 자음소를 제외한 나머지 부분을 절단(切斷, truncation)함으로써 형성된 것이 되며[21] ②의 '(먹)간?'은 '(먹)갓네?'에서 선어말어미 '갓'의 'ㅅ'가 비음소동화한 '(먹)간네?'의 '간' 이하를 절단함으로써 형성된 것

21 ①의 '간?'이 공시적으로 어간과 어미의 결합에 의한 것이라면, 그것은 '가-ㄴ'로 분석된다. 이때의 어미 '-ㄴ'의 형태소는 '-은?'이 된다. 자음소만으로 된 '-ㄴ'은 한국어의 형태소가 될 수 없기 때문이다. 그러므로 종결어미 '-은?'은 주로 모음소나 'ㄹ'로 끝나는 어간과 결합하는 것으로 '-네'와는 복수 의문법 종결어미가 된다고 할 수 있다. 그러나 이 문제에 대해서는 앞으로의 연구가 기대된다.

이 된다. 그리고 ③의 '(잡)안?'은 '(잡)안네?'에서 선어말어미 '안' 이하를 절단함으로써 형성된 것이 된다. 선어말어미 '앗'의 'ㅅ'가 'ㄴ'로 된 것은 종결어미 '-네'가 절단되기 전에 평파열음소화(ㅅ→ㄷ)와 비음소화(ㄷ→ㄴ)를 거친 것이다. 그 점에서 종결어미 ②의 '(먹)간?'과 ③의 '(잡)안?'은 통시적으로 형성된 것으로 공시적으로는 더 이상 분석할 수 없는 독립된 형태소로 인정해야 한다.

이상의 논의에 의하면, 회상 의문법 종결어미 '-던?'도 '-더네?'에서[22] '네'의 모음소를 절단함으로써 형성된 것으로 공시적인 분석의 대상이 될 수 없는 독립된 형태소가 된다. 회상 의문법 종결어미 '-던?'이 사용된 예는 (43)과 같다.

(43) a. 큰아바지 뭘 잡던?〈할아버지 무엇을 잡더냐?〉
b. 영수 어데 가던?〈영수 어데 가더냐?〉
c. 그 사람 쭝국 사람이던?〈그 사람 중국 사람이더냐?〉
d. 얼라 놓구 몸조리 햇던?〈어린애 낳고 몸조리 했더냐?〉
e. 내기에 져서 속상해 죽갓던?〈내기에 저서 속상해 죽겠더냐?〉

[1.5] 중부방언

여기서 논의 대상이 될 '영수체' 의문법 종결어미는 '-니?, -냐?, -더냐?, -데?'이다.

22 의문법 종결어미 '-은?, -안?, -간?'과 회상 의문법 종결어미 '-던?'을 구성하는 'ㄴ'가 의문법 종결어미 '-네?, -냐?, -니?' 중 어느 것의 첫 음소 'ㄴ'인가 하는 것은 앞으로 밝혀져야 할 것이다. 여기서는 서북방언에서 일반적으로 사용되는 '-네?'가 결합된 것으로 본 것이다.

[가] **-니?, -냐?**

이 방언에서 가장 일반적으로 사용되는 의문법 종결어미로는 '-니?'와 '-냐?'가 있다. 이 두 종결어미는 문법적 기능과 의미에 차이를 보이지 않는다. 그러나 연령층이 낮아질수록 '-니?'의 사용빈도가 더 많은 것 같다. 그들 종결어미의 형태소는 '-니?'와 '-냐?'이지만, (44b)와 (44f)에서 보듯이, 서술어가 '좋-'(好)일 경우에는 어간과 결합하는 어미가 '-으니?'와 '-으냐?'가 된다. (44)에서 두 종결어미의 사용 예를 볼 수 있다.[23]

(44) a. 어째서 그런 걸 묻니?〈어째서 그런 것을 다 묻니?〉
b. 뭐가 그렇게 좋으니?
c. 어느 게 너어 집이니?〈어느 것이 너의 집이니?〉
d. 여기 있던 책이 어디로 갔니?
e. 그래, 뭐 어텋기 지내냐?〈그래, 뭐 어떻게 지내냐?〉
f. 이 방이 좋으냐?
g. 그게 다 무슨 소리냐?

[나] **-더냐?, -데?**

이 방언에서 사용되는 회상 의문법 종결어미로는 '-더냐?'와 '-데?'가 있다. '-더냐?'는 주로 경기와 황해 등 북부 중부방언에서 사용되는 데 대하여 '-데?'는 충청방언에서 더 많이 사용되는 것으로 보인다. 이렇게 두 종결어미의 분포 지역에는 차이가 나도 문장 속에서 두 종결어미의 분포와 문법적

23 충청방언에서는 "우리 조기 심은 것두 부추라구 해야 되나 모라구 해야 되나?〈우리 저기 심은 것도 부추라고 해야 되나 뭐라고 해야 되나?〉, 지끔 그걸 뭐라 그러나?〈지금 그걸 뭐라 그러나?〉, 끝났는데 왜 불르나?〈끝났는데 왜 부르나?〉"에서 보듯이, 종결어미 '-나?'가 사용되기도 한다. 그러나 경기방언에서 종결어미 '-나?'는 '영수체'보다는 '자네체'에 사용되는 것이 일반적이다.

기능과 의미는 동일하다. (45)에서 그러한 사실을 확인할 수 있다.

(45) a. 그 강사에 강의가 뭔가 실감이 나더냐?
〈그 강사의 강의가 무언가 실감이 나더냐?〉
b. 그래 얼마나 준다구 그러더냐?〈그래 얼마나 주다고 그러더냐?〉
c. 그걸 뭣이라구 하더냐?〈그것을 무엇이라고 하더냐?〉
d. 그때 입술도 발라 주데?〈그때 입술도 발라 주더냐?〉
e. 침을 콧잔배기에 놓데?〈침을 콧잔등이에 놓더냐?〉
f. 하루에 막걸리 한 통을 먹데?〈하루에 막걸리 한 통을 먹더냐?〉

[1.6] 제주방언

여기서 논의 대상이 되는 '영수체' 의문법 종결어미는 '-{가, 고}?, -{니, 냐}?, -{디, 디아}?, -어{냐/야}'이다.

[가] -{가, 고}?

의문법 종결어미 '-{가, 고}?'는 문장 서술어인 명사나 명사형에 직접 결합한다. 명사가 자음소로 끝날 때에는 계사와 결합하는 경우도 있지만, 이러한 경우는 이 방언에서 일반적인 것이 아니다.[24] (46)에서 그러한 사실을 확인할 수 있다.

(46) a. 이거 느네 물가?(이거 너희 말이니?)

24 이러한 사실은 홍종림(1975: 159)의 주 18)을 참조하기 바람. 1960년대까지는 동남방언에서도 이 종결어미는 명사에 직접 결합하는 것이 일반적이었다. 그러나 그 이후로 동남방언에서는 계사와 결합하는 것이 일반적인 것으로 되었다. 이러한 변화는 표준어의 간섭에 의한 것으로 본다.

b. 이건 느 옷 ᄀᆞ슴가?〈이것은 너희 옷감이니?〉

c. 나가 느네 장남가?〈내가 너희 머슴이니?〉

d. 이거 누게네 ᄆᆞᆯ고?〈이것 누구네 말이니?〉

e. 이건 무신 옷 ᄀᆞ슴고?〈이것은 무슨 옷감이니?〉

f. 무사 나가 느네 장남고?〈왜 내가 너희 머슴이니?〉

동남방언에서와 같이, 이 방언의 종결어미 '-{가, 고}?'는 문장 속에 의문사가 있고 없음에 따라 달리 실현된다. (46a-c)에서 보듯이, 종결어미 '-가?'는 문장 속에 의문사가 없을 때에 실현되며, (46d-f)에서 보듯이, 종결어미 '-고?'는 문장 속에 의문사가 있을 때에 실현된다.

[나] **-{니, 냐}?**

의문법 종결어미 '-{가, 고}?'가 서술어인 명사와 직접 결합하는 데 반하여 의문법 종결어미 '-{니, 냐}?'는 계사 어간이나 '-엄시-', '-어시-'와 결합한다. 그중에서 '-냐?'는 '-야?'로도 사용된다. 서술어가 명사라 하더라도, (47b)나 (48c)에서 보듯이, 계사가 있을 때에는 이 종결어미가 사용될 수 있다. 이들 종결어미도 문장 속에 의문사가 있고 없음에 따라 달리 사용된다. 다시 말하면, 종결어미 '-니?'는 문장 속에 의문사가 있을 때에 사용되고 종결어미 '-냐?'는 문장 속에 의문사가 없을 때에 사용된다. (47)과 (48)에서 그러한 사실을 확인할 수 있다.

(47) a. 는 누게니?〈너는 누구냐?〉

b. 는 멧 등이니?〈너는 몇 등이니?〉

c. 는 어디 살암시니?〈너는 어디 살고 있니?〉

d. 가인 무신 ᄒᆞᆨ게 나와시니?〈그 애는 무슨 학교 나왔니?〉

(48) a. 가이 공뷔헤염서냐?〈그 애 공부하고 있더냐?〉

b. 하르방 보리밧 갈암시냐?〈할아버지 보리밭 갈고 계시니?〉

c. 자이 ᄒᆞᆨ셍이냐?〈저 애 학생이니?〉

d. 는 첵 이디ᄁᆞ지 익어시냐?〈너는 책을 여기까지 읽었니?〉

[다] **-{디, 디아}?**

이 종결어미는 문장 서술어 어간과 직접 결합할 수 없으며 문장 서술어 어간과 결합한 '-암-, -람-, -안-' 등과 결합하여 그 동작의 계속이나 완료에 대하여 알기 위한 물음에 사용된다. 이 점에서 종결어미 '-{니, 냐}?'와는 구별되지만 종결어미 '-디?'는 반드시 문장 속에 의문사가 있을 때에 사용되고 '-디아?'는 문장 속에 의문사가 없을 때에 사용된다는 점에서는 종결어미 '-{니, 냐}?'와 동일하다. (49)와 (50)을 대조함으로써 그러한 사실을 확인할 수 있다.

(49) a. 아가, 어디레 감디?〈아가, 어디 가니?〉

b. 저 아이 누게 아덜인디?〈저 아이 누구 아들이냐?〉

c. 영수는 무시걸 먹을티?〈영수는 무엇을 먹겠니?〉

d. 무사 얼굴이 붉언디?〈왜 얼굴이 붉었니?〉

e. 는 그때 멧 설이란디?〈너는 그때 몇 살이었니?〉

f. 는 어디서 완디?〈넌 어디서 왔느냐?〉

(50) a. 아가, 집에 감디아?〈아가, 집에 가니?〉

b. 저 아이 영미 아덜인디아?〈저 아이 영미 아들이냐?〉

c. 영수는 빵 먹을티아?〈영수는 빵 먹겠니?〉

d. 술 때문에 얼굴이 붉언디아?〈술 때문에 얼굴이 붉었니?〉

e. 는 그때 스무 설이란디아?〈너는 그때 스무 살이었니?〉

f. 는 서울서 완디아?〈넌 서울에서 왔느냐?〉

[라] **'-어냐?'** 또는 **'-어야?'**

이 종결어미는 표준어 '-더냐?'에 해당하는 것으로 청자로 하여금 과거에 있었던 사실을 회상하여 말하게 할 때에 사용된다. '-어냐?'와 '-어야?'는 문장 속에서의 분포와 문법적 기능과 의미는 동일하지만, '-어냐?'가 더 많이 사용된다. (51)에서 그러한 사실을 확인할 수 있다.

(51) a. 그 사름 밥 먹어냐?〈그 사람 밥 먹더냐?〉

b. 그 사름 밥 먹어야?〈그 사람 밥 먹더냐?〉

c. 가이도 늘 뜨려냐?〈그 아이도 너를 때리더냐?〉

d. 가이도 늘 뜨려야?〈그 아이도 너를 때리더냐?〉

e. 가이도 우리영 가기로 퉤어서냐?〈그 애도 우리랑 가기로 되었더냐?〉

f. 가이도 우리영 가기로 퉤어서야?〈그 애도 우리랑 가기로 되었더냐?〉

g. 그 사름 공뷔혜염서냐?〈그 사람 공부하고 있더냐?〉

[2] 자네체

동북방언과 서북방언에서 '자네'는 '영수체'의 존대등급에 포함되기 때문에 여기서 논의될 방언은 동남방언, 서남방언, 중부방언과 제주방언이 된다.

[2.1] 동남방언

여기서 논의할 의문법 종결어미는 '-{능, 응}{가, 고}?'와 '-덩{가, 고}?'이다.[25] 이들 종결어미는 사위나 장성한 아들의 친구 정도인 청자에게 그들보다 연장자인 화자가 사용하는 것이다.

[가] -{능, 응}{가, 고}?

종결어미 '-{능, 응}{가, 고}?'는 종결어미 '-능가?', '-능고?', '-응가?', '-응고?'로 분석된다. 이 중에서 ① 종결어미 '-능가?'와 '-능고?'는 동사 어간과 선어말어미 '-앗-, -것/겟-'과 결합하고 ② 종결어미 '-응가?'와 '-응고?'는 형용사나 계사의 어간과 결합한다. 그리고 ③ 동사 어간과 결합한 선어말어미 '-으시-' 뒤에는 '-능가?'와 '-능고?'가 결합하고 형용사나 계사의 어간과 결합한 '-으시-' 뒤에는 '-응가?'와 '-응고?'가 결합한다. 또 ④ 종결어미 '-능가?'와 '-응가?'는 문장 속에 의문사가 없을 때에 사용되며 '-능고?'와 '-응고?'는 문장 속에 의문사가 있을 때에 사용된다. (52)와 (53)에서 그러한 사실을 알 수 있다.

(52) a. 자네 아직도 농사 짓능가?
b. 자네 지금 무신 농사 짓능고?
c. 이 사람아, 그 많은 새를 노인 혼자 다 잡{앗, 것/겟, 으시}능가?
d. 여보게, 그 애린〈어린〉 놈이 얼마나 고생이 많{앗, 것/겟}능고?
e. 여보게, 이장(里長)이 보낸 게 콩이{엇, 것/겟}능가?

25 종결어미 '-{능, 응}{가, 고}?'와 '-덩{가, 고}?'는 '영수체'에서도 사용된다. '영수체'에서 그들 종결어미는 자문(自問)하는 독백 형식으로 사용되는데, 그들 종결어미의 억양(抑揚, intonation)을 '저(L), 중(M), 고(H)'로 나눈다면, '자네체'에서는 '-중(M)#중(M)?'이라면 '영수체'에서는 '-고(H)#고(H)?'가 된다. 여기서 '#'는 그 음절이 그 다음 음절보다 약간 높다는 것을 표시한다. '영수체'에서 이들 종결어미는 '-것/겟-'과는 결합하지 않는다.

f. 여보게, 그게 무신 콩이{엇, 것/겟}능고?

(53) a. 여보게, 이게 좋응가 저게 좋응가?
〈자네, 이것이 좋은가 저것이 좋은가?〉
b. 여보게, 머가 그리 좋응고?〈이 사람아, 무엇이 그렇게 좋은가?〉
c. 자아가 용식이 아들잉가?〈저 애가 용식이 아들인가?〉
d. 여보게, 자아가 누 아들잉고?〈이 사람아, 저 애가 누구 아들인가?〉
e. 이 사람아, 자네 어른 건강이 좋으싱가?
f. 이 사람아, 자네 어른 얼마나 건강이 좋으싱고?
g. 자네, 저 분이 저 댁 어른이싱가?
h. 자네, 저 분이 어느 댁 어른이싱고?

[나] **-덩{가, 고}?**

종결어미 '-덩{가, 고}?'는 '-덩가?'와 '-덩고?'로 분석되며 청자로 하여금 과거에 경험한 사실을 회상하여 답하게 할 때에 사용된다. 그중에서 '-덩가?'는 문장 속에 의문사가 없을 때에 사용되고 '-덩고?'는 문장 속에 의문사가 있을 때에 사용된다. 다음 (54)와 (55)에서 그 사실을 확인할 수 있다.

(54) a. 여보게, 영수 그놈 아아가 콩을 비덩가?
〈자네, 영수 그 애가 콩을 베던가?〉
b. 자네, 새로 산 혈끈이 너무 질덩가?
〈자네, 새로 산 허리띠가 너무 길던가?〉
c. 이 사람, 저기가 논이덩가 밭이덩가?
〈자네, 저기가 논이던가 밭이던가?〉

d. 자네, 그날 점섬은 묵엇덩가?

〈자네, 그날 점심은 먹었던가?〉

e. 자네 생각에는 그 에진 곳에 여자가 혼자 살 수 잇겟덩가?

〈자네 생각에는 그 외진 곳에 여자가 혼자 살 수 있겠던가?〉

f. 여보게, 할배가 혼자 일을 하시덩가?

〈자네, 할아버지가 혼자 일을 하시던가?〉

(55) a. 여보게, 영수 그놈 아아가 머엇을 비덩고?

〈자네, 영수 그 애가 무엇을 베던가?〉

b. 자네, 새로 산 헐끈이 얼매나 질덩고?

〈자네, 새로 산 허리띠가 얼마나 길던가?〉

c. 이 사람, 저기가 누 집 논이덩고?

〈자네, 저기가 누구 집 논이던가?〉

d. 자네, 그날 점섬으로 머엇을 묵엇덩고?

〈자네, 그날 점심으로 무엇을 먹었던가?〉

e. 자네 생각에는 그 에진 곳에 여자가 혼자 어찌 살 수 잇겟덩고?

〈자네 생각에는 그 외진 곳에 여자가 혼자 어떻게 살 수 있겠던가?〉

f. 여보게, 할배가 무신 일을 하시덩고?

〈자네, 할아버지가 무슨 일을 하시던가?〉

[2.2] 서남방언

여기서 논의할 의문법 종결어미는 '-{능, 응}가?'와 '-등가〈-던가〉?'이다. 앞에서 논의한 동남방언의 '자네체'는 반드시 화자가 청자보다 연장자일 때나 장년층의 친구 사이에 사용된다. 그러나 서남방언에서의 '자네체'는 청자가 화자보다 연하일 때나 장년층의 친구 사이에서는 물론 화자보다 약간 연상일 때에도 사용된다는 점에서 다른 방언과 구별된다. “자네 어디 가능가?”(형뻘 되는 사람에게), “성, 나 갈라네〈형, 나 가오〉”, “자네가 좀 허소.”(선배에게)에서 그러한 사실을 알 수 있다.

서남방언에서 사용되는 ‘자네체’와 매우 유사한 서법은 16세기 한국어에서 일반적이었던 것으로 보인다. 16세기 후기의 한국어를 기록한 한글 언간인 《순천 김씨묘 출토 언간》에서 그러한 사실을 알 수 있다. 예문 ①-③은 ‘남편’이 ‘부인’에게 쓴 편지 내용이고 ④는 ‘남동생’이 ‘누님’에게 보낸 편지 내용이다.

① 나도 자내 부모 가실 제 ᄒᆞᆷᄭᅴ 가고져 ᄒᆞ건마ᄂᆞᆫ 완나니 한시글 디내고 엿ᄉᆡᆫ날 나가고져 ᄒᆞ뇌
〈나도 당신 부모 가실 때 함께 가고자 하건마는 왔으니까 한식(寒食)을 지내고 엿샛날 나가고자 하오.〉〈20〉

② 자내 부모ᄂᆞᆫ 일뎡 스므이튼날 나시ᄂᆞᆫ가?
〈당신 부모는 필경 스무이튿날 나가시오?〉〈20〉

③ 이제란 원간 겨집 죵으란 내ᄇᆞ려 두어든 자내 브리소.
〈이제는 워낙 계집 종은 내버려 두면 당신이 부리소.〉〈6〉

④ 문안ᄒᆞᄋᆞᆸ고. 요ᄉᆞ이ᄂᆞᆫ 엇더ᄒᆞ신고. 온 후의ᄂᆞᆫ 긔별 몰라 ᄒᆞᄋᆞᆸ뇌이다. 예ᄂᆞᆫ 다 됴히 겨시이다. 날도 치워 가고 몸 조심ᄒᆞ여 간ᄉᆞᄒᆞ쇼셔. 약갑ᄉᆞᆫ ᄉᆞᆯ와건마ᄂᆞᆫ 보내신디 몰라ᄒᆞᄋᆞᆸ뇌. 형님도 가 겨신가. 보기리 슈니 두 아긔 초여ᄂᆞᆫ 갓가스로 ᄉᆞᆯ와 지어 보내뇌이다. [후략] 〈191〉

– 홍덕골 채ᄉᆡᆼ원 ᄃᆡᆨ. 누의님 젼 샹사니

〈문안하옵고 요사이는 어떠하신가요? 온 후에는 기별 몰라 하옵니다. 여기

는 다 잘 계십니다. 날도 추워 가고 몸 조심하여 건사하십시오. 약 값은 사뢰었건마는 보내셨는지 모르겠습니다. 형님도 가셨는지요? 복길이와 순이 두 아기 초연은 가까스로 말하여 만들어 보냅니다. [후략][26]

–홍덕골 채생원 댁. 누님께 사뢰어 올립니다.〉

예문 ①-③에서는 남편이 자기 부인을 '자내'〈자네〉라 칭하고 있으며 그 중 예문①과 ②는 서남방언을 제외한 다른 방언에서와 같은 '자네체'를 사용하지만 예문 ③는 청자(독자)가 '자내'이지만 동남방언의 '아저씨체'를 사용하고 있다. 그리고 예문 ④는 청자(독자)가 '누님'인데 화자(필자)인 '남동생'이 누님에게 '자네체'와 '할아버지체'를 두루 사용하고 있다.

그리고 위의 편지와 거의 같은 시기에 기록된 경상북도 〈안동〉의 '이응태묘'에서 출토된 한글 편지에서는 자기 남편을 '자내'라 칭하고 현대 한국어 존대법 중 '자네체'와 '아저씨체'와 '할아버지체'를 다 사용하고 있다. 다음 예문은 그 편지의 일부이다.

① 자내 날 향ᄒᆡ ᄆᆞᄋᆞᄆᆞᆯ 엇디 가지며 나ᄂᆞᆫ 자내 향ᄒᆡ ᄆᆞᄋᆞ믈 엇디 가지던고?
〈당신은 나를 향하여 마음을 어찌 가지며 나는 당신을 향하여 마음을 어찌 가지던가요?〉

② 자내 여ᄒᆡ고 아ᄆᆞ려 내 살 셰 업ᄉᆞ니 수이 자내 ᄒᆞᆫᄃᆡ 가고져 ᄒᆞ니 날 ᄃᆞ려 가소.
〈당신과 이별하고 아무래도 내가 살아갈 힘이 없으니 곧 당신에게 가고져 하니 나를 데려 가세요.〉

26 현대역은 조항범(1998: 806)에서 인용함. 〈20〉, 〈6〉, 〈191〉는 조항범(1998)에 수록된 편지 번호임.

③ 나ᄂᆞᆫ ᄭᅮ믈 자내 보려 믿고 인뇌이다.

〈나는 꿈에서 당신 보리라 믿고 있습니다.〉

위의 두 편지로 미루어, 16세기 당시에, '자내'는 화자보다 연하자에게는 물론 다소 연상자에게도 사용되었음을 말해준다. 그 점에서 서남방언의 '자네체'는 16세기의 존대법을 유지하고 있는 셈이다.

여기서 논의할 의문법 종결어미는 '-{능, 응}가?'와 '-등가?'이다.

[가] -{능, 응}가?

종결어미 '-{능, 응}가?'는 '-능가?'와 '-응가?'로 분석된다. 대체로 '-능가?'는 어간 '있-(有), 없-(無)'과 선어말어미 '-었-, -겠-'과 결합하며 동사나 형용사나 계사의 어간과는 '-응가?'가 결합한다. (56)에서 그런 사실을 확인할 수 있다.

(56) a. 어야, 인자사 밥 묵응가?〈자네, 이제야 밥 먹나?〉
b. 어이, 뭣:이 그르케 좋응가?〈자네, 무엇이 그렇게 좋은가?〉
c. 어야, 어뜬 것이 자네 집잉가?〈자네, 어떤 것이 자네 집인가?〉
d. 어야, 고것이 먼 소리당가?〈자네, 그것이 무슨 소린가?〉
e. 형, 요세 집에만 있능가?〈형, 요세 집에만 있오?〉
f. 자네, 밥은 묵었능가?〈자네, 밥은 먹었나?〉
g. 어야, 내가 어쩌고 알겄능가?〈자네, 내가 어떻게 알겠나?〉

[나] -등가?

종결어미 '-등가?'는 청자인 '자네'가 과거에 경험한 사실을 회상하여 답하게 하는 것이다. (57)이 그러한 예가 된다.

(57) a. 어야, 영수 집이 가등가?〈자네, 영수 집에 가던가?〉

b. 이 사람아, 차독하고 차독하고 콱콱콱 부닥처보소. 불이 판닥판닥 안 허등가?

〈이 사람아, 차돌하고 차돌하고 콱콱콱 부딪혀 보게. 불이 번쩍번쩍 하잖던가?

c. 어야, 그중에 저 놈이 질 {좋등가?, 좋았등가?, 좋겄등가?}

〈자네, 그중에 저것이 제일 {좋던가?, 좋았던가?, 좋겠던가?}〉

d. 이 사람아, 저 집이 요고서 질 큰 집이등가?

〈자네, 저 집이 여기서 제일 큰 집이던가?〉

e. 자네가 그 꽁 {잡었등가?, 잡겄등가?}

〈자네가 그 꿩을 {잡았던가?, 잡겠던가?}〉

[2.3] 중부방언

여기서 논의 대상이 되는 종결어미는 '-{능, 응}가?, -나?, -덩가?'이다.

[가] **-{능, 응}가?**

종결어미 '-{능, 응}가?'는 '-능가?'와 '-응가?'로 분석된다. 그중에서 '-능가?'는 동사어간과 선어말어미 '-었-'과 '-겠-'과 결합하고 '-응가?'는 형용사와 계사 어간과 결합한다. 이들 종결어미는 주로 충청방언에서 사용된다. (58)에서 이들 종결어미의 사용 예를 볼 수 있다.

(58) a. 자네들, 지금 와서 눌 믿능가?〈자네들, 지금 와서 누굴 믿능가?〉

b. 아버지가 무엇 때문에 고인의 머리꼭때기에 서 있겠능가?
〈아버지가 무엇 때문에 고인의 머리꼭대기에 서 있겠는가?〉
c. 자네들 옛날 얘기 듣고 싶응가?〈자네들 옛날 얘기 듣고 싶은가?〉
d. 자네, 그게 머가 그리 좋응가?〈자네, 그것이 무엇이 그렇게 좋은가?〉
e. 자네, 그게 그리도 좋았능가?〈네, 그것이 그렇게도 좋았는가?〉
f. 오늘이 자네 생일잉가?〈오늘이 자네 생일인가?〉
g. 어제가 자네 생일이었능가?〈어제가 자네 생일이었는가?〉

[나] **-나?**

종결어미 '-나?'는 주로 경기방언과 그에 인접한 충청방언에서 사용되는 것으로 '-{능, 응}가?'와 동일한 문법적 기능과 의미를 가진다. 다만 문장 서술어가 계사인 경우에는 '-응가?'가 결합되는 것으로 보인다. (59)에서 그런 사실을 확인할 수 있다.

(59) a. 인제 아들 손자 둘인데 지금 사람들 뭐 둘벆에 더 낳나?
〈이제 아들 손자 둘인데 지금 사람들 뭐 둘밖에 더 낳는가?〉
b. 자네, 부동산이 있나?〈자네, 부동산이 있는가?〉
c. 자네 밧이 모두 몇 평잉가?〈자네 밭이 모두 몇 평인가?〉
d. 내가 명주라구 그랬나?〈내가 명주라고 그랬는가?〉
e. 아침은 드셌나?〈아침은 드셨는가?〉

[다] **-덩가?**

이 종결어미는 청자가 과거에 경험한 사실을 회상하여 답하게 하는 물음에 사용된다. (60)에서 그러한 사실을 확인할 수 있다.

(60) a. 지금 밖에 비 오덩가?〈지금 밖에 비가 오던가?〉

b. 그 사람이 그리도 싫덩가?〈그 사람이 그렇게도 싫던가?〉

c. 저것이 자네가 그토록 오래 찾던 책이덩가?

d. 자네가 갔을 때 벌써 그 일이 끝났덩가?

[2.4] 제주방언

여기서 논의 대상이 되는 종결어미는 '-응{가, 고}?, -덩{가, 고}?, -엉{가, 고}?'이다.

[가] -응{가, 고}?

종결어미 '-응{가, 고}?'는 '-응가?'와 '-응고?'로 분석된다. 종결어미 '-응가?'와 '-응고'는 ① 계사나 형용사 어간과 결합하여 그 사실이나 상태에 대하여 물을 때나 ② 서술어 어간과 결합한 '-암시-, -람시-' 등과 결합하여 서술어가 진행 중인가를 물을 때나 ③ 서술어 어간과 결합한 '-아시-, -라시-' 등과 결합하여 서술어가 완료되어 있는가를 물을 때에 사용된다. 그중에서 ④ '-응가?'는 문장 속에 의문사가 없을 때에 사용되며 ⑤ '-응고?'는 문장 속에 의문사가 있을 때에 사용된다. 그리고 이들 종결어미는 화자가 남자일 경우에 한하여 사용된다(홍종림, 1975: 204). 이러한 사실은 (61)에서 확인할 수 있다.

(61) a. 이거 자네 ᄆᆞᆯ 잉가?〈이것이 자네 말인가?〉 (①, ④)

b. 이거 누게네 ᄆᆞᆯ 잉고?〈이것이 누구네 말인가?〉 (①, ⑤)

c. 그 ᄆᆞᆯ이 빗갈이 검응가?〈그 말이 빛깔이 검은가?〉 (①, ④)

d. 그 ᄆᆞᆯ이 언메나 검응고?〈그 말이 얼마나 검은가?〉 (①, ⑤)

e. 자네 부산에서 살암싱가?〈자네 부산에서 살고 있는가?〉 (②, ④)

f. 자네 어긔서 살암싱고?〈자네 어디서 살고 있는가?〉 (②, ⑤)

g. 자네 집의 소님 와싱가?〈자네 집에 손님 오셨는가?〉 (③, ④)

h. 자넨 어느제 와싱고?〈자네는 언제 왔는가?〉 (③, ⑤)

[나] **-덩{가, 고}?**

종결어미 '-덩{가, 고}?'는 청자가 과거에 경험한 사실을 회상하여 답하게 할 때의 물음에 사용되며 그것은 '-덩가?'와 '-덩고?'로 분석된다. 그중에서 '-덩가?'는 문장 속에 의문사가 없을 때에 사용되고 '-덩고?'는 문장 속에 의문사가 있을 때에 사용된다. (62)에서 그러한 사실을 확인할 수 있다.

(62) a. 그 사름 지레 크덩가?〈그 사람 키 크던가?〉

b. 그 사름 지레 언메나 크덩고?〈그 사람 키 얼마나 크던가?〉

c. 게난 우리 중문리 그 조합이 오십구년도에 생겻덩가?
〈그러니까 우리 중문리 그 조합이 오십구년도에 생겼던가?〉

d. 게난 우리 중문리 그 조합 어느제 생겻덩고?
〈그러니까 우리 중문리 그 조합이 언제생겼던가?〉

[다] **-엉{가, 고}?**

이 종결어미는 '-엉가?'와 '-엉고?'로 분석된다. 이들 종결어미는 동사 어간과 결합하여 청자가 과거에 경험한 사실을 회상하여 답하게 할 때에 사용된다. 그중에서 '-엉가?'는 문장 속에 의문사가 없을 때에 사용되고 '-엉고?'는 문장 속에 의문사가 있을 때에 사용된다. 이 점에서 '-덩{가, 고}?'와 동일하다. 한편 '-엉{가, 고}?'에서 '엉'의 '어'는 어간 말음절의 모음소가 양성모음소(아, ᄋᆞ, 오)이면 '아'로 교체된다. 그런 사실은 (63)에서 확인할 수 있다.

(63) a. 가의 그 책 다 익엉가?〈그 아이 그 책 다 읽었{는, 던}가?〉
b. 가의 무신 책 다 익엉고?〈그 아이 무슨 책 다 읽었{는, 던}가?〉
c. 그 사름 약 다 먹엉가?〈그 사람 약 다 먹었{는, 던}가?〉
d. 그 사름 어느제 약 다 먹엉고?〈그 사람 언제 약 다 먹었{는, 던}가?〉
e. 자네 ᄆᆞᆯ ᄑᆞᆯ앙가?〈자네 말 팔았{는, 던}가?〉
f. 자네 ᄆᆞᆯ 멧 마리 ᄑᆞᆯ앙고?〈자네 말 몇 마리 팔았{는, 던}가?〉

[3] 아저씨체

앞의 (29)에서 보듯이 '아저씨체'가 독립된 존대등분으로 사용되는 방언은 동남방언 중에서 경남방언과 동북방언, 서북방언 그리고 중부방언 중에서 강원방언에 한정된다. 그런데 흥미로운 것은 방언에 따라 '아저씨체'의 존대등분이 동일하지 않다는 점이다. 다음 각 방언의 '아저씨체'에 대한 논의에서 알게 되겠지만, 동남방언 중에서 경남방언과 동북방언 그리고 중부방언 중에서 강원방언의 '아저씨체'에는 의문법 종결어미 '-{소, 오}?'가 사용된다. 그러나 서북방언과 중부방언 중에서 황해방언의 '아저씨체'에는 의문법 종결어미 '-{는, 은}가?'가 사용된다. 그러니까 서북방언과 중부방언 중에서 황해방언의 '아저씨체'는 다른 방언의 '자네체'와 동일한 것이다.

[3.1] 동남방언: 경남방언

동남방언 중에서도 경북방언에서는 '아저씨'는 '할아버지체'에 속한다. 그러나 경남방언에서는 '아저씨'는 독립된 존대등분을 가진다. 경남방언에서 '아저씨체'에 사용되는 의문법 종결어미로 여기서 논의 대상이 되는 것은

'-{소, 요}?'와 '-{읍, 십}디까?'이다.

[가] **-{소, 요}?**

종결어미 '-{소, 요}?'는 '-소?'와 '-요?'로 분석된다. 그중에서 '-소?'는 자음소로 끝나는 서술어 어간과 선어말어미 '-앗-, -것-'과 결합하며 '-요'는 모음소나 'ㄹ'로 끝나는 서술어 어간과 결합한다. 이러한 사실은 (64)에서 확인할 수 있다.

(64) a. 아저씨, 머한다고 다 깨진 그륵을 씪소?
〈아저씨, 무엇한다고 다 깨어진 그릇을 씻으오?〉
b. 밭에서 머 하요? 짐 매요?〈밭에서 무엇을 하오?, 김 매오?〉
c. 지금 가는 데가 어데요?〈지금 가는 데가 어디오?〉
d. 저 무겁은 돌로 들것소?〈저 무거운 돌을 들겠소?〉
e. 옛날에는 짚신을 자기가 맨들어가아 신엇소?
〈옛날에는 짚신을 자기가 만들어서 신었소?〉

[나] **-{십, 읍}디까?**

이 종결어미 '-{십, 읍}디까?'는 '-십디까?'와 '-읍디까?'로 분석되며 청자가 과거에 경험한 사실을 회상하여 답하게 할 때의 물음에 사용된다. 그중에서 '-십디까?'는 자음소로 끝나는 서술어 어간과 선어말어미 '-앗-, -것-'과 결합하며 '-읍디까?'는 모음소나 'ㄹ'로 끝나는 서술어 어간과 결합한다. (65)에서 그러한 사실은 확인할 수 있다.

(65) a. 소가 여물로 잘 묵십디까?〈소가 여물을 잘 먹던가요?〉

b. 새로 지은 집은 좋십디까?〈새로 지은 집은 좋던가요?〉

c. 하는 일은 잘 데에 갑디까?〈하는 일은 잘 되어 가던가요?〉

d. 요새는 우찌 삽디까?〈요사이는 어찌 살던가요?〉

e. 이거는 얼맙디까?〈이것은 얼마던가요?〉

f. 올 농사는 잘 데엇십디까?〈올해 종사는 잘 되었던가요?〉

g. 날이 가물아서 농사가 제대로 데겄십디까?

〈날씨가 가물어서 농사가 제대로 되겠던가요?〉

[3.2] 동북방언

여기서 논의 대상이 되는 의문법 종결어미는 '-{소, 오}?'와 '-{습, 읍}데?'다.

[가] **-{소, 오}?**

이 종결어미는 일반적인 사실의 확인이나 대답을 요구하는 물음에 사용되며 '-소?'와 '-오?'로 분석된다. 그중에서 '-소?'는 자음소로 끝나는 서술어 어간이나 선어말어미 '-았-, -겠-'과 결합하고 '-오?'는 모음소나 'ㄹ'로 끝나는 서술어 어간과 결합한다. (66)에서 그런 사실을 확인할 수 있다.

(66) a. 아즈바니, 무스게 잡소?〈아저씨, 무엇 잡으오?〉

b. 아즈바니, 오늘이 장날이 옳소?〈오늘이 장날이 맞으오?〉

c. 아즈바니, 이게 돟았소?〈아저씨, 이것이 좋았소?〉

d. 아즈바니느 무스게가 돟갰소?〈아저씨는 무엇이 좋겠소?〉

e. 아즈바니, 바그테 비 오오?〈아저씨, 밖에 비 오오?〉

f. 바지가 얼매나 기오?〈바지가 얼마나 기오?〉

g. 오늘이 댱날이오?〈오늘이 장날이오?〉

[나] **-{습, 읍}데?**

종결어미 '-{습, 읍}데?'는 청자가 과거에 경험한 사실을 회상하여 답하게 하는 물음에 사용되며 '-습데?'와 '-읍데?'로 분석된다. 그중에서 '-습데?'는 자음소로 끝나는 서술어 어간이나 선어말어미 '-았-, -갰-'과 결합하고 '-읍데?'는 모음소나 'ㄹ'로 끝나는 서술어 어간과 결합한다. (67)에서 그런 사실을 확인할 수 있다.

(67) a. 아즈바니, 용식이느 무스게 잡습데?
〈아저씨, 용식이는 무엇을 잡던가요?〉
b. 아즈바니, 어제 싼 집이 돟습데?〈아저씨, 어제 산 집이 좋던가요?〉
c. 용식이느 무스게 잡았습데?〈용식이는 무엇을 잡았던가요?〉
d. 아즈바니도 그 큰 돌으 들갰습데?〈아저씨도 그 큰 돌을 들겠던가요?〉
e. 아즈바니, 어디 가오?〈아저씨, 어디 가요?〉
f. 이게 아즈바니 신발이오?〈이것이 아저씨 신발이오?〉

[3.3] 서북방언

여기서 논의 대상이 되는 의문법 종결어미는 '-{슴, 음}마?', '-{소와, 와}?', '-{습, 읍}데?'이다. 이 종결어미는 장인이나 장모가 사위에게, 부모가 나이 든 아들 친구에게, 연장자가 자기보다 조금 연소자에게 그리고 친한 연장자들 상호 간에 사용된다.

[가] **-{슴, 음}마?**

종결어미 '-{슴, 음}마?'는 일반적인 사실의 확인이나 대답을 요구하는 물음에 사용되며 '-슴마?'와 '-음마?'로 분석된다. 그중에서 '-슴마?'는 자음소로 끝나는 동사 어간이나 선어말어미 '-앗-, -갓-'과 결합하고 '-음마?'는 모음소나 'ㄹ'로 끝나는 동사 어간과 결합한다. 그런 사실은 (68)에서 확인할 수 있다.

(68) a. 언나 밥은 잘 먹슴마?〈어린애 밥은 잘 먹는가?〉
b. 언나 함자 밥을 먹엇슴마?〈어린애 혼자 밥을 먹었는가?〉
c. 여보시, 그 일을 함자 하갓슴마?〈여보게, 그 일을 혼자 하겠는가?〉
d. 여보시, 비레 옴마?〈여보게, 비가 오는가?〉
e. 밖에 바람이 붊마?〈밖에 바람이 부는가?〉

[나] **-{소와, 와}?**

종결어미 '-{소와, 와}?'의 기능은 '-{슴, 음}마?'와 동일하지만 이 종결어미는 형용사 어간이나 계사 어간과 결합한다는 점에서 '-{슴, 음}마?'와 구별된다. 종결어미 '-{소와, 와}?'는 '-소와?'와 '-와?'로 분석되는데 '-소와?'는 자음소로 끝나는 형용사 어간과 결합하고 '-와?'는 모음소나 'ㄹ'로 끝나는 형용사 어간이나 계사 어간과 결합한다. (69)에서 그러한 사실을 알 수 있다.

(69) a. 여보시, 어느 집이 둏소와?〈여보게, 어느 집이 좋은가?〉
b. 집에 아무도 없소와?〈집에 아무도 없는가?〉
c. 여보시, 누가 힘이 쎄와?〈여보게, 누가 힘이 센가?〉
d. 여보시, 더그이 누구 집이와?〈여보게, 저것이 누구 집인가?〉

그런데 자음소로 끝나는 형용사의 경우에는 '-소와?'와 함께 '-슴마?'도 결합한다. 다시 말하면, (69a, b)는 각각 "여보시, 어느 집이 좋슴마?"와 "집에 아무도 없슴마?"로도 사용된다. 이것은 종결어미 '-{소와, 와}?'가 '-{슴, 음}마'로 대체되는 과정에 있음을 알려준다.

[다] **-{습, 읍}데?**

종결어미 '-{습, 읍}데?'는 '-습데'와 '-읍데'로 분석되는데 그 기능이나 어간 또는 선어말어미와의 결합조건은 '[3.2] 동북방언'의 '-{습, 읍}데?'와 동일하다. 여기서는 (70)에서 해당 예문만 보이기로 한다.

(70) a. 여보시, 갸들 밥 먹습데?〈여보게, 그 애들 밥 먹던가?〉
b. 거기 가니 모두 다 왔습데?〈거기 가니 모두 다 왔던가?〉
c. 맞으문 쎄게 아프갔습데?〈맞으면 매우 아프겠던가?〉
d. 그거이 무엇입데?〈그것이 무엇이던가?〉
e. 얼라래 할배한테 업힙데?〈어린애가 할아버지에게 업히던가?〉

[3.4] 중부방언: 강원방언

강원방언은 태백산맥을 기준으로 영동방언과 영서방언으로 나뉜다. 그동안에 발표된 이 방언에 대한 의문법 연구는 그 수가 많지 않으며 그것도 영동방언 중 〈강릉〉, 〈삼척〉 지역어에 거의 한정된다.[27]

여기서 논의 대상이 되는 의문법 종결어미는 '-{소, 우/오}?'이다. 이 종결어미는 '-소?'와 '-우/오?'로 분석되는데 '-소?'는 자음소로 끝나는 형용사 어간과 결합하며 '-우?' 또는 '-오?'는 동사 및 모음소나 'ㄹ'로 끝나는 형용사

27 여기서는 이익섭(1974: 63)과 김봉국(2010: 243-250)을 참고하였음.

어간과 결합한다. 그리고 선어말어미 '-았-, -겠-'에는 '-소?'가 결합한다. (71)에서 그런 사실을 확인할 수 있다.

(71) a. 채소가 몸에 좋소?

b. 옛날에 머 질을 딲을 수 있소?〈옛날에 머 길을 닦을 수 있소?〉

c. 내 말이 맞잖소?

d. 아주머니들, 안 그렇겠소?

e. 삽 못 봤소?

f. 저 삽 말이오? 가래삽 말이오?

g. 인제 여 방알 찧잖우?〈이제 여기 방아를 찧지않아요?〉

h. 채소도 여러 가지 아니우/오?〈채소도 여러 가지 아니오?〉

i. 옛날에는 쇠르가주구 밭으 갈고 이랬는데 지금도 쇠를가주구 밭으 가오?〈옛날에는 소를 가지고 밭을 갈고 이랬는데 지금도 소로써 밭을 가오?〉

[4] 할아버지체

'할아버지체'는 가장 높은 존대등분이다. 동남방언 중에서 경북방언과 서남방언, 중부방언 중에서 경기방언과 충청방언 그리고 제주방언에서는 '아저씨'가 이 존대등분의 청자에 포함된다.

[4.1] 동남방언

여기서 논의 대상이 되는 의문법 종결어미는 '-{심, 음}니꺼?, -{십, 읍}디꺼?'와 '-(니)이껴?, -디이껴?'와 '-{능, 웅}교?, -덩교?'이다.

지도 5 '-{심, 음}니꺼?, -(니)이껴?, -{능, 응}교?'

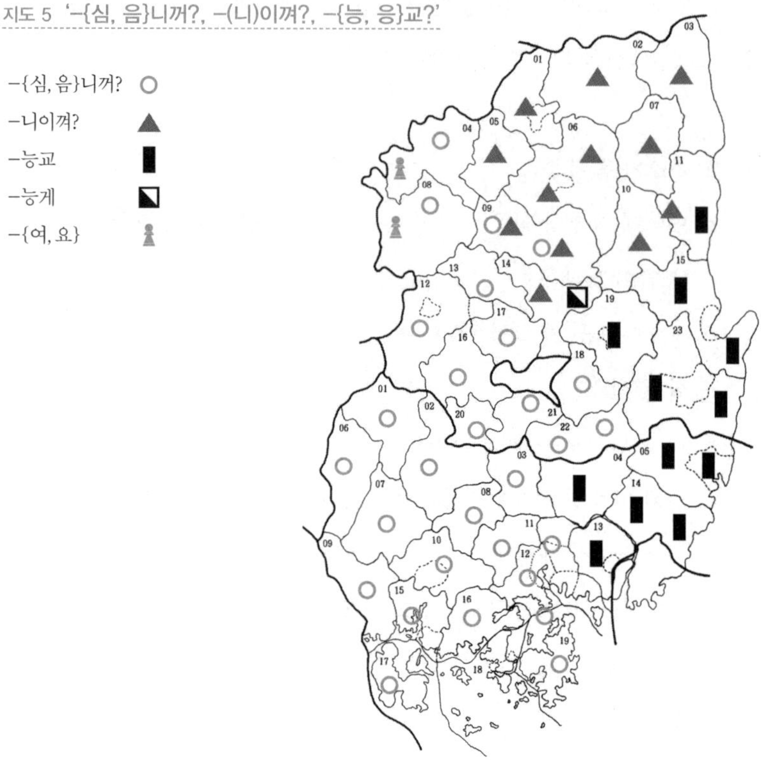

[가] **'-{심, 음}니꺼?'**와 **'-{십, 읍}디꺼?'**

이들 의문법 종결어미는 경상남·북도의 서부 내륙 지역어에서 사용되는데 '-{심, 음}니꺼?'는 일반적인 사실의 확인이나 대답을 요구하는 물음에 사용되며 '-{십, 읍}디꺼?'는 청자가 과거에 경험한 사실을 회상하여 답하게 하는 물음에 사용된다. 종결어미 '-{심, 음}니꺼?'는 '-심니꺼?'와 '-음니꺼?'로 분석된다. '-심니꺼?'는 자음소로 끝나는 문장 서술어 어간이나 선어말어미 '-앗-, -것/겟-'과 결합하고 '-음니꺼?'는 모음소나 'ㄹ'로 끝나는 문장 서술어 어간과 선어말어미 '-으시-'와 결합한다.

그리고 '-{십, 읍}디꺼?'는 '-십디꺼?'와 '-읍디꺼'로 분석되며 이들 종결어미가 문장 서술어 어간이나 선어말어미와 결합하는 조건은 '-{심, 음}니꺼?'의 그것과 동일하다. 이러한 사실은 (72)와 (73)에서 확인할 수 있다.

(72) a. 그라믄 직접 차농사를 짓심니꺼?
〈그러면 직접 차농사를 짓습니까?〉
b. 그렇다고 엔날에 머슨 약이 잇심니꺼?
〈그렇다고 옛날에 무슨 약이 있습니까?〉
c. 씬나물 말고도 또 머 여러 가지 안 잇{것/겟}슴니꺼?
〈쓴나물 말고도 또 뭐 여러 가지 (나물이) 있지 않겠습니까?〉
d. 버지기로 물 이고 옴니꺼?〈버지기로[28] 물을 이고 옵니까?〉
e. 혹시 챙이 암니꺼? 〈혹시 키(箕)를 압니까?〉
f. 노리는 꼬랑데기가 깁니꺼?〈노루는 꼬리가 깁니까?〉

(73) a. 어른들이 가저말라고 붙잡십디꺼?
〈어른들이 가지마라고 붙잡던가요?〉
b. 몬 본 지 십년이 넘었는데, 안죽도 젊십디꺼?
〈보지 못한 지가 십년이 넘었는데, 아직도 젊던가요?〉
c. 그 동네는 타작 다 햇십디꺼?〈그 동네는 타작을 다 했던가요?〉
d. 내가 저거 삼촌이라는 것을 가아가 압디까?
〈내가 제 삼촌이라는 것을 그 애가 알던가요?〉
e. 처자가 키가 큽디까?〈처녀가 키가 크던가요?〉

28 '자배기(=둥글넓적하고 아가리가 넓게 벌어진 질그릇)'의 방언형.

f. 도대체 그기 무신 일입디까?〈도대체 그것이 무슨 일이던가요?〉

[나] **-(니)이껴?, -디이껴?**

이 종결어미는 소위 반촌(班村) 지역이라고 불리는 경상북도의 동북부지역에서 사용된다. 종결어미 '-(니)이껴?'는 '-니이껴?'와 '-이껴?'로 분석되는데, '-니이껴?'는 동사나 형용사 어간 그리고 선어말어미 '-앗-, -으시-'와 결합하고 '-이껴?'는 계사 어간과 결합한다. '-디이껴?'는 결합 조건에 제약이 없다. 종결어미 '-(니)이껴?'와 '-디이껴?'의 문법적 기능과 의미는 종결어미 '-{심/습, 읍}니꺼?'와 '-{십/습, 읍}디꺼?'와 동일하다.

한 가지 특이한 것은 이 종결어미가 사용되는 지역의 경우, 화자의 직계모계(直系母系)인 '어매〈어머니〉, 할매〈할머니〉'는 '영수체'의 존대등분에 속한다는 점이다. 예를 들어 청자가 '아배〈아버지〉'인 경우에, "아배, 어디가니껴?〈아버지, 어디 가십니까?〉"라고 하지만, 청자가 '어매〈어머니〉'나 '할매〈할머니〉'인 경우에는 "어매/할매, 어디 가노?〈어머니/할머니, 어디 가니?〉"라고 한다. 그러나 며느리가 시어머니나 시할머니에게 물을 때는 호칭이 '어맴'이나 '할맴'으로 바뀌고 '할아버지체'를 사용한다. 위의 물음인 경우 "어맴/할맴, 어디 가니껴?"라고 한다. 그리고 친족이 아닌 경우에는, "할매, 어디 가니껴?"에서와 같이, '할아버지체'를 사용한다.[29]

청자에서 직계 모계를 제외하면, (74)에서 그러한 사실을 확인할 수 있다.

(74) a. 할배, 머 하니이껴?〈할아버지, 무엇하십니까?〉

29 이와 같이, 직계 어머니와 할머니에게 '영수체'를 사용하는 것은 '남존여비'(男尊女卑) 때문이 아니라 어머니나 할머니와의 관계가, 엄격한 아버지와 할아버지와의 관계보다 더 친밀하기 때문이라고 현지 주민들은 말한다.

b. 그 사람이 정말 힘이 {세, 쎄}니이껴?

〈그 사람이 정말 힘이 셉니까?〉

c. 아배, 철수 어디 갓니이껴?〈아버지, 철수 어디 갔습니까?〉

d. 어는 게 할배 집이껴?〈어느 것이 할아버지 집입니까?〉

e. 할배느 논에서 머 하디이껴?

〈할아버지는 논에서 무엇을 하던가요?〉

f. 가아들 버러 왓디이껴?〈그 애들 벌써 왔던가요?〉

[다] **'-{능, 응}교?'**와 **'-덩교?'**

이 종결어미는 경상남·북도의 동해안 지역어에서 사용된다. 종결어미 '-{능, 응}교?'는 '-능교?'와 '-응교?'로 분석된다. 이 중에서 '-능교?'는 동사 어간이나 선어말어미 '-앗-, -것/겟-'과 결합하고 '-응교?'는 형용사 어간이나 계사 어간과 결합한다. 선어말어미 '-으시-'의 경우에, 동사어간과 결합하면 '-는교?'와 결합하고 형용사나 계사 어간가 결합하면 '-은교?'와 결합한다. '-덩교?'는 결합 조건에 제약이 없다. '-{능, 응}교?'와 '-덩교?'의 문법적 기능과 의미는 종결어미 '-{심/슴, 음}니꺼?'와 '-{십/습, 읍}디꺼?'와 동일하다. (75)에서 그러한 사실을 확인할 수 있다.

(75) a. 할배, 지끔 모 잡능교?〈할아버지 지금 무엇 잡습니까?〉

b. 할배, 어디 가능교?〈할아버지, 어디 가십니까?〉

c. 가아들이 지끔쭘 집에 갓{것/겟}능교?

〈그 애들이 지금쯤 집에 갔겠습니까?〉

d. 우째서 가아가 그리 싫응교?〈어째서 그 애가 그렇게 싫습니까?〉

e. 자아는 누 아들잉교?〈저 애는 누구 아들입니까?〉

f. 아지매 어디 가덩교?〈아주머니 어디 가던가요?〉

h. 집에 아무도 없덩교?〈집에 아무도 없던가요?〉

[4.2] 동북방언

여기서 논의 대상이 되는 종결어미는 '-{슴, 음}니까?, -{습, 읍}데까?'와 '-{슴, 음}두?, -{습, 읍}던두?'이다.

[가] **'-{슴, 음}니까?'**와 **'-{습, 읍}데까?'**

종결어미 '-{슴, 음}니까?'는 '-슴니까?'와 '-음니까?'로 분석되고 '-{습, 읍}데까?'는 '-습데까?'와 '-읍데까?'로 분석된다. 이들 종결어미 중 '-슴니까?'와 '-습데까?'는 자음소로 끝나는 서술어 어간이나 선어말어미 '-았-, -갰-'과 결합하고 '-음니까?'와 '-읍데까?'는 모음소나 'ㄹ'로 끝나는 서술어 어간과 선어말어미 '-으시-'와 결합한다. 그리고 그들 종결어미의 문법적 기능과 의미는 동남방언의 종결어미 '-{심/슴, 음}니꺼?'와 '-{십/습, 읍}디꺼?'와 동일하다. (76)에서 그러한 사실을 알 수 있다.

(76) a. 아바이, 무스그 찾습니까?〈할아버지, 무엇을 찾습니까?〉

b. 아바지, 그 일 다 끝납니까?〈어버지는 그 일 다 끝납니까?〉

c. 아바이, 쇠르 잡{았, 갰}습니까?〈할아버지, 소를 잡{았, 겠}습니까?〉

d. 저게 둥굴쉡니까?〈저것이 황소입니까?〉

e. 일으 치리구서리 음섹이 췩이 나능게 있습데까?

〈일을 치르고서 음식이 축이 나는 것(=모자라는 것)이 있습디까?〉

f. 가서 보이끼이 살 만합데까?〈가서 보니까 살 만합디까?〉

[나] '-{슴, 음}두?'와 '-{습, 읍}던두?'

종결어미 '-{슴, 음}두?'와 '-{습, 읍}던두?'는 특히 함경북도 방언에서 많이 사용되는데, '-{슴, 음}두?'는 '-슴두?'와 '-음두?'로 분석되고 '-{습, 읍}던두?'는 '-습던두?'와 '-읍던두?'로 분석된다. 이들 종결어미가 문장 서술어 어간이나 선어말어미와 결합하는 조건이나 문법적 기능과 의미는 [가]의 종결어미 '-{슴, 음}니꺼?'와 '-{습, 읍}데까?'와 동일하다. (77)에서 그러한 사실을 알 수 있다.

(77) a. 아바지, 철수 밥 먹슴두?〈아버지, 철수가 밥을 먹습니까?〉
b. 아바지, 이게 둏슴두?〈아버지, 이것이 좋습니까?〉
c. 아바지, 철수 밥 먹갰슴두?〈아버지, 철수가 밥을 먹겠습니까?〉
d. 아바지, 어디 감두?〈아버지, 어디 가십니까?〉
e. 이게 아바지 신발임두?〈이것이 아버지 신발입니까?〉
f. 아바지, 철수 밥으 먹습던두?〈아버지, 철수가 밥을 먹던가요?〉
g. 아바지, 철수 집으 가압던두?〈아버지, 철수가 집에 가던가요?〉
h. 아바지, 철수 밥으 먹었습던두?〈아버지, 철수가 밥을 먹었던가요?〉

[4.3] 서남방언

여기서 논의 대상이 되는 의문법 종결어미는 '-{심, 음}니{껴/꺄}?'와 '-{습, 읍}디여?'이다.

[가] -{심, 음}니{껴/꺄}?

종결어미 '-{심, 음}니{껴/꺄}?'는 '-심니{껴/꺄}?'와 '-음니{껴/꺄}?'로 분석된다. 이 중에서 '-심니{껴/꺄}?'는 자음소로 끝나는 문장 서술어 어간과 선어말어미 '-았-, -겠-'과 결합하고 '-음니{껴/꺄}?'는 모음소나 'ㄹ'로 끝나는 문장 서술어 어간과 결합한다. (78)에서 그런 사실을 알 수 있다.

(78) a. 이 마을에 지아집이 멫 집이나 있심니{껴/꺄}?
〈이 마을에 기와집이 몇 집이나 있습니까?〉
b. 이 보리가 얼매나 좋심니{껴/꺄}?〈이 보리가 얼마나 좋습니까?〉
c. 어데 감니{껴/꺄}?〈어데 갑니까?〉
d. 저게 무엇임니{껴/꺄}?〈저것이 무엇입니까?〉
e. 시장에서 무얼 팜니{껴/꺄}?〈시장에서 무엇을 팝니까?〉
f. 일이 잘 끝{났, 나겠}심니{껴/꺄}?〈일이 잘 끝{났, 나겠}습니까?〉

[나] **-{습/십, 읍}디여?**

종결어미 '-{습/십, 읍}디여?'는 '-습/십디여?'와 '-읍디여?'로 분석된다. 그 문법적 기능과 의미는 표준어 의문법 종결어미 '-{습, 읍}디까?'와 동일하다. 이 종결어미는 모든 문장 서술어 어간과 결합한다. (79)에서 그런 예를 볼 수 있다.

(79) a. 누가 가는 질을 막습디여?〈누가 가는 길을 막습디까?〉
b. 고게 고롷게 좋습디여?〈그것이 그렇게 좋습디까?〉
c. 다 집으로 들어갔습디여?〈모두 집으로 들어갔습디까?〉
d. 지끔 다들 멋 헙디여?〈지금 다들 무엇을 합디까?〉
e. 그 안에 든 게 술입디여?〈그 안에 든 것이 술입디까?〉

[4.4] 서북방언

여기서 논의 대상이 되는 의문법 종결어미는 '-{소, 오}?', '-{슴, 음}네까?'와 '-{습, 읍}데까?'이다.

[가] '-{소, 오}?'와 '-{슴, 음}네까?'

종결어미 '-{소, 오}?'는 구형(舊形)이며 '-{슴, 음}네까?'는 신형이다. 종결어미 '-{소, 오}?'는 '-소?'와 '-오?'로 분석되며 '-{슴, 음}네까?'는 '-슴네까?'와 '-음네까?'로 분석된다. 종결어미 '-소?'와 '-슴네까?'는 자음소로 끝나는 문장 서술어 어간이나 선어말어미 '-엇-, -갓-'과 결합하고 종결어미 '-오?'와 '-음네까?'는 모음소나 'ㄹ'로 끝나는 문장 서술어 어간이나 계사 어간과 결합한다. (80)과 (81)에서 그런 사실을 확인할 수 있다.

(80) a. 아푼 사람이 밥은 잘 먹소?〈아픈 사람이 밥은 잘 먹습니까?〉
b. 할아바지, 지금 몇시나 되엿소?
〈할아버지, 지금 몇시나 되었습니까?〉
c. 어드런 사람이 이레 다 해주갓소?
〈어떤 사람이 이렇게 다 해주겠습니까?〉
d. 할아바지, 비레 오오?〈할아버지, 비가 옵니까?〉
e. 밖에 바람이 많이 부오?〈밖에 바람이 많이 붑니까?〉
f. 손에 든 게 책이요?〈손에 든 것이 책입니까?〉

(81) a. 아푼 사람이 밥은 잘 먹슴네까?〈아픈 사람이 밥은 잘 먹습니까?〉
b. 할아바지, 지금 몇시나 되엿슴네까?
〈할아버지, 지금 몇시나 되었습니까?〉

c. 어드런 사람이 이레 다 해주갓습네까?

〈어딴 사람이 이렇게 다 해주겠습니까?〉

d. 할아바지, 비레 옴네까?〈할아버지, 비가 옵니까?〉

e. 밖에 바람이 많이 붐네까?〈밖에 바람이 많이 붑니까?〉

f. 손에 든 게 책임네까?〈손에 든 것이 책입니까?〉

[나] **-{습, 읍}데까?**

종결어미 '-{습, 읍}데까?'는 '-습데까?'와 '-읍데까?'로 분석된다. 이 중에서 '-습데까?'는 자음소로 끝나는 문장 서술어 어간이나 선어말어미 '-앗-, -갓-'과 결합하고 '-읍데까?'는 모음소나 'ㄹ'로 끝나는 문장 서술어 어간이나 계사 어간과 결합한다. (82)에서 그러한 사실을 확인할 수 있다.

(82) a. 할아바지, 갸아들 밥은 잘 먹습데까?

〈할아버지, 그 애들 밥은 잘 먹던가요?〉

b. 누가 그 액운을 막갓습데까?〈누가 그 액운을 막겠습디까?〉

c. 밖에 비레 옵데까?〈밖에 비가 오던가요?〉

d. 더기 검은 거이 사람입데까?〈저기 검은 것이 사람입디까?〉

[4.5] 중부방언

여기서 논의 대상이 되는 종결어미는 '-으세요?', '-{슴, 음}니까?'이다.

[가] **-으세요?**

종결어미 '-으세요?'는 모든 문장 서술어 어간과 결합한다. 이 종결어미는 선어말어미 '-으시-'와 종결어미 '-어요?'의 결합체인데 '/-으시]어요?/ →

/-으셔요?/ → /-으세요?/'의 과정을 거쳐서 형성된 것이다. 그러므로 선어말어미 '-었-'이나 '-겠-'과는 결합할 수 없다. (83)에서 그러한 사실을 확인할 수 있다.

(83) a. 할아버지, 무엇 잡으세요?
b. 할아버지, 어디 가세요?
c. 그 사람이 고생한 얘기는 아세요?〈그 사람이 고생한 애기는 아세요?〉
d. 그 사람은 좋은 사람이세요?

[나] **-{슴, 음}니까?**

종결어미 '-{슴, 음}니까?'는 '-슴니까?'와 '-음니까?'로 분석된다. 이 중에서 '-슴니까?'는 자음소로 끝난 문장 서술어 어간과 선어말어미 '-었-, -겠-'과 결합하고 '-음니까?'는 모음소나 'ㄹ'로 끝나는 문장 서술어 어간이나 계사 어간과 결합한다. (84)에서 그런 사실을 확인할 수 있다.

(84) a. 그게 뭐, 지끔 세상에 그런 게 있슴니까?
〈그게 뭐, 지금 세상에 그런 게 있습니까?〉
b. 바위가 두 동강이 나지 않았슴니까?
〈바위가 두 동강이 나지 않았습니까?〉
c. 내 일도 아닌데 그거 헐라 그러겠슴니까?
〈내 일도 아닌데, 그것을 하려고 그러겠습니까?〉
d. 내가 의원이 아닌데 무슨 힘을 씀니까?
〈내가 의원이 아닌데 무슨 힘을 씁니까?〉
e. 게 천:추에 소원이래는 게 뭠니까?

〈그래 천추의 소원이라는 것이 무엇입니까?〉

[4.6] 제주방언

여기서 논의 대상이 되는 것은 '-{수, 우}까?', '-음네까?', '-읍데까?'이다.

[가] **-{수, 우}까?**

종결어미 '-{수, 우}까?'는 '-수까?'와 '-우까?'로 분석된다. 이 중에서 '-수까?'는 동사와 형용사 어간이나 선어말어미 '-앗-, -겠-'과 결합하고 '-우까?'는 계사 어간과 결합한다. (85)에서 그런 사실을 확인할 수 있다.

(85) a. 가이네 집이 가밤수까?〈그 아이네 집에 가봅니까?〉
b. 그디 사름 시수까?〈거기 사람이 있습니까?〉
c. 오름이 노프덴 앙가젠 흠수까?〈산이 높다고 안 가려고 합니까?〉
d. 무사 얼굴이 붉엇수까?〈왜 얼굴이 붉었습니까?〉
e. 이거 물 이우까?〈이것이 말입니까?〉

[나] **-음네까?**

종결어미 '-음네까?'는 문장 서술어 어간과 결합한다. 그 문법적 기능과 의미는 '-{수, 우}까?'와 동일하다. (86)에서 그런 사실을 확인할 수 있다.

(86) a 가이 밥 잘 먹음네까?〈그 아이 잡 잘 먹습니까?〉
b. 게난 어디 조(粟)가 더 조음네까?〈그러니까 어데 조가 더 좋습니까?〉
c. 가인 공일날에도 공뷔험네까?〈그 애는 일요일에도 공부합니까?〉
d. 그거 무스거 책임네까?〈그것 무슨 책입니까?〉

[다] **-읍데까?**

종결어미 '-읍데까?'는 청자가 과거 사실을 답하게 하는 물음에 사용된다. 이 종결어미는 모음소로 끝난 어간과 결합한다. (87)에서 그런 사실을 확인할 수 있다.

(87) a. 삼춘은 무스글 삽데까?〈아저씨께선 무엇을 샀습니까?〉
b. 어젠 검질 멥데까?〈어제는 김을 매었습니까?〉
c. 가의 ᄒᆨ교에 가십데까?〈그 아이 학교에 갔습디까?〉
d. 그 사름 췍 하영 봅데까?〈그 사람 책 많이 봅디까?〉

4.2.2. 연결어미

연결어미는 기본문과 기본문을 하나의 문장으로 결합하는 어미이다. 한국어의 기본문은 아직 정확하게 밝혀진 것이 없다. 그러나 한국어의 기본문은 대체로 (88)에서 보듯이, 다섯 개가 있다고 할 수 있다.

(88) a. 주어 + 서술어
b. 주어 + 목적어 + 서술어
c. 주어 + 부사어(간접목적어) + (직접)목적어 + 서술어
d. 주어 + 목적어 + 부사어(목적보어) + 서술어
e. 주어1 + 주어2 + 서술어

기본문 (88a)의 서술어는 '완전자동사, 형용사, 계사'이다. 이들 서술어를 가진 문장 예는 다음과 같다. ㉠ 꽃이 핀다. ㉡ 잎이 푸르다. ㉢ 그 사람은 학생이다. 기본문 (88b)의 서술어는 '완전타동사'이다. 이 서술어를 가진 문장

예는 다음과 같다. ㉠ 인자가 피아노를 친다. ㉡ 인애는 단팥빵을 좋아한다. 그리고 기본문 (88c)의 서술어는 '이중목적타동사(수여동사)'이다. 이 서술어를 가진 문장 예로 '영수가 창수에게 커피를 준다.'를 들 수 있다. 그리고 기본문 (88d)의 서술어는 '불완전타동사'이다. 이 서술어를 가진 문장 예로 '어머니가 인애를 작곡가로 만들었다.'를 들 수 있다. 끝으로 기본문 (88e)의 서술어는 '완전자동사, 형용사, 계사'이다. 이들 서술어를 가진 문장 예는 다음과 같다. ㉠ 어린애가 이가 났다. ㉡ 꼬끼리가 코가 길다. ㉢ 이 산이 이름이 금강산이다.

우리가 말이나 글에서 사용하는 (89)의 문장들은 모두 위에 제시된 다섯 개의 기본문 중 두 개 또는 세 개의 기본문이 결합된 결과이다. 그것은 각 문장에 있는 서술어의 수로써 알 수 있다. 즉 문장 (89a-c)에는, 밑줄 친 부분에서 보듯이, 각각 두 개의 서술어가 있다. 그러므로 그 문장들은 두 개의 기본문이 결합한 것이다. 그리고 (89d)에는 세 개의 서술어가 있다. 그러므로 그 문장은 세 개의 기본문이 결합한 것이다.

(89) a. 봄이 가고 여름이 왔다.
b. 종이 울리자 아이들이 한꺼번에 나왔다.
c. 얼굴을 가린 손이 파르르 떨린다.
d. 가뭄에 지친 농부들은 비가 오기를 고대했다.

(89)의 예문들에 대하여 좀 더 구체적으로 알아보기로 한다. 먼저 문장 (89a)는 '봄이 갔다.'와 '여름이 왔다.'는 두 개의 기본문이 결합한 것이고 문장 (89b)는 '종이 울렸다.'와 '아이들이 한꺼번에 나왔다.'는 두 개의 기본문이 결합한 것이다. 그리고 문장 (89c)는 '손으로 얼굴을 가렸다'와 '손이 파르르

떨린다'는 두 개의 기본문이 결합한 것이고 문장 (89d)는 '농부들이 가뭄에 지쳤다'와 '농부들은 ( )를 고대했다'와 '비가 온다'는 세 개의 기본문이 결합한 것이다.

한국어에서 기본문과 기본문이 결합하는 방법은 네 가지가 있다. 첫째는, 문장 (89a)에서와 같이, 두 개의 기본문을 대등하게 결합하는 것이고 둘째는, 문장 (89b)에서와 같이, 두 개의 기본문을 주종(主從)의 관계가 되도록 결합하는 것이다. 셋째는, 문장 (89c)에서와 같이, 하나의 기본문이 다른 하나의 기본문의 명사를 수식하도록 결합하는 것이고 넷째는, 문장 (89d)의 '농부들은 (비가 오기)를 고대했다.'에서와 같이, 하나의 기본문이 다른 하나의 기본문에 비어 있는 성분(여기서는 목적어)이 되도록 결합하는 것이다.

두 문장을 대등하게 결합하는 데에는 대등연결어미 '-고', '-으면서', '-으며' 등이 사용된다. 문장 (89a)는 '봄이 갔다.'와 '여름이 왔다.'를 시간 순서로 놓고 먼저 '봄이 갔다'의 서술어 '갔다'를 어간과 어미로 분석한다. 그러면 '가-았-다'로 되는데, 이렇게 분석된 어간과 대등연결어미 '-고'를 결합시키면 '봄이 가고 여름이 왔다'는 (89a)의 문장이 만들어진다.[30]

두 문장을 종속으로 결합하는 데에는 두 기본문이 어떤 종속 관계를 가지도록 하느냐에 따라서 종속연결어미가 달라진다. 예를 들어 문장 (89b)는 순간행위연속으로 결합한 것이다. 그렇게 하기 위해서는 행위가 먼저 일어나는 문장을 앞에 두고 그 문장의 서술어를 분석하여 어간을 찾은 다음 그 어간과 순간행위연속을 표시하는 연결어미 '-자'나 '-자마자'를 결합시키면 된다. 문장 (89b)는 두 개의 기본문 '종이 울렸다'와 '아이들이 한꺼번에 나왔다' 중 행위가 먼저 일어나는 문장 '종이 울렸다'의 서술어 '울렸다'의 분석

30 어간 '가-'에 대등연결어미 '-으면서'나 '-으며'를 결합시키면 '봄이 가면서 여름이 왔다'나 '봄이 가며 여름이 왔다'는 문장이 만들어진다. 이들 문장도 (89a)와 동일하게 두 기본문이 대등하게 결합된 문장이다.

'울리-었-다'에서 어간 '울리-'와 연결어미 '-자'를 결합한 결과이다.[31]

문장 (89c)는 두 개의 기본문 '손으로 얼굴을 가렸다'와 '손이 파르르 떨린다' 중에서 앞의 기본문이 뒤의 기본문의 '손'을 수식하도록 결합한 것이다. 명사를 수식하는 품사는 '관형사'이다. 그런데 하나의 기본문을 '관형사'와 같은 기능을 하도록 결합한다고 하여 그런 결합을 '관형절 형성화'라고 한다. '관형절 형성화'를 위해서는 두 기본문에 내용상으로 동일한 명사가 있어야 한다. 위의 두 기본문에서 '손'이 그에 해당한다. '손'이 내용상으로 동일한 명사라고 하는 것은 '얼굴을 가린 손'과 '파르르 떨린 손'이 동일하다는 것이다. 이 조건이 성립되면, 화자나 필자의 의도가 '얼굴을 가렸다'를 말하려고 하느냐 '파르르 떨린다'를 말하려고 하느냐에 따라 관형절로 되는 기본문이 결정된다. 문장 (89c)의 화자나 필자는 '파르르 떨린다'를 말하려고 하므로 '손으로 얼굴을 가렸다'는 기본문을 '손이 파르르 떨린다'는 기본문의 '손' 앞에 놓는다. 그렇게 하면 '손으로 얼굴을 가렸다 손이 파르르 떨린다'가 된다. 그러면 다음으로 두 개의 '손' 중에서 관형절이 될 기본문의 '손'을 없앤다. 그러면 '얼굴을 가렸다 손이 파르르 떨린다'가 된다. 다음으로 관형절이 될 기본문의 서술어를 분석한다. 그러면 '가렸다'는 '가리었다'가 된다. '가리었다'는 '가리-었-다'로 분석된다. 여기서 '가리-'는 동사이고 '었'은 과거를 표시한다. 문장 서술어가 동사이고 과거일 때는 어간 뒤에 관형사형어미 '-은'을 결합시킨다. 그러면 '얼굴을 가리었다 손이 파르르 떨린다'는 문장은 '얼굴을 가린 손이 파르르 떨린다'는 문장이 된다.

여기서 화자나 필자의 의도가 '손으로 얼굴을 가렸다'를 말하려고 한다면 기본문 '손이 파르르 떨린다'를 기본문 '손으로 얼굴을 가렸다'의 '손' 앞에 두

31 어간 '울리-'에 순간행위연속 표시 연결어미 '-자마자'을 결합하면 '종이 울리자마자 아이들이 한꺼번에 나왔다'는 한 문장으로 된다.

어야 한다. 그러면 '손이 파르르 떨린다 손이 얼굴을 가렸다'가 된다. 먼저 관형절이 될 기본문에서 '손'을 없앤다. 그 다음에 관형절이 될 기본문의 서술어 '떨린다'를 분석한다. 그러면 '떨리-ㄴ다'가 된다. 이 서술어는 어간이 동사이고 시제는 현재가 된다. 그러면 현재를 표시하는 관형사형어미 '-는'을 어간과 결합시킨다. 그 결과 '파르르 떨리는 손이 얼굴을 가렸다'는 문장이 된다.

문장 (89d)는 ⓐ '농부들이 가뭄에 지쳤다'와 ⓑ '농부들은 (　)를 고대했다'와 ⓒ '비가 온다'는 세 개의 기본문 중 기본문 ⓐ를 ⓑ에 관형절 형성화하고 기본문 ⓒ를 기본문 ⓑ의 비어 있는 성분인 목적어가 되도록 한 것이다. 하나의 기본문이 다른 기본문의 비어 있는 성분으로 되는 것을 '보문화'(補文化)라고 한다. '보문화'는 기본문을 다른 기본문의 비어 있는 성분이 되도록 보충한다는 것을 의미한다. 그러면 먼저 기본문 ⓐ와 기본문 ⓑ에서 내용상 동일한 명사는 '농부들'이다. 그러므로 기본문 ⓐ를 기본문 ⓑ의 '농부들' 앞에 두고 기본문 ⓐ의 '농부들'을 없앤다. 그러면 '가뭄에 지쳤다. 농부들은 (　)를 고대했다'가 된다.

다음으로 기본문 ⓐ의 서술어 '지쳤다'를 분석하면 '지치-었-다'가 된다. 그 결과 어간은 동사이고 시제는 과거임을 알게 된다. 그러면 어간과 과거 표시 관형사형어미 '-은'을 결합한다. 그러면 '가뭄에 지친 농부들은 (　)를 고대했다'가 된다. 다음으로 기본문 ⓒ를 기본문 ⓑ의 비어 있는 성분으로 만들기 위해서는 기본문 ⓒ의 서술어 '온다'를 분석한다. 그러면 '오-ㄴ다'가 되는데 비어 있는 성분이 목적어인데 목적어가 되는 것은 명사이므로 어간 '오-'에 명사형어미 '-기'를 결합한다. 그러면 최종적인 문장은 '가뭄에 지친 농부들은 비가 오기를 고대했다'는 문장이 된다. 문장 (89d)는 이러한 과정을 거쳐서 형성된 것이다.

어간과 어미를 분석하는 데에는 어미 '-다, -고, -지'를 사용한다. 서술어의 제일 끝 음절 뒤에 '-다, -고, -지'를 붙여 자연스런 말이 되는지 확인한다. 자연스럽지 못하면 자연스런 말이 될 때까지 순차적으로 한 음절씩 앞으로 옮기면서 확인한다. '잡히셨겠다'의 경우, 이 서술어를 음운과정이 적용되기 전으로 바꾸면, '잡히시었겠다'가 된다.

이 서술어를 형태분석해 보기로 한다. 먼저 이 서술어의 제일 뒤에 어미 '-다, -고, -지'를 붙인다. 그러면 '잡히시었겠다다, 잡히시었겠다고, 잡히시었겠다지'가 된다. 이것은 한국어로서는 자연스럽지 못하다. 그러므로 한 음절 앞으로 옮겨 '겠' 뒤에 어미 '-다, -고, -지'를 붙인다. 그러면 '잡히시었겠다, 잡히시었겠고, 잡히시었겠지'가 된다. 이것은 한국어로서 자연스럽다. 그러면 '다'가 분리된다.

다시 한 음절 앞으로 옮겨 이번에는 '었' 뒤에 어미 '-다, -고, -지'를 붙인다. 그러면 '잡히시었다, 잡히시었고, 잡히시었지'가 된다. 이것도 한국어로서 자연스럽다. 그러면 '겠'이 분리된다. 다시 한 음절 앞으로 옮겨 이번에는 '시' 뒤에 어미 '-다, -고, -지'를 붙인다. 그러면 '잡히시다, 잡히시고, 잡히시지'가 된다. 이것도 한국어로서 자연스럽다. 그러면 '었'이 분리된다. 다시 한 음절 앞으로 옮겨 이번에는 '히' 뒤에 어미 '-다, -고, -지'를 붙인다. 그러면 '잡히다, 잡히고, 잡히지'가 된다. 이것도 한국어로서 자연스럽다. 그러면 '시'가 분리된다. 다시 한 음절 앞으로 옮겨 이번에는 '잡' 뒤에 어미 '-다, -고, -지'를 붙인다. 그러면 '잡다, 잡고, 잡지'가 된다. 이것도 한국어로서 자연스럽다. 그러면 '히'가 분리된다.

그런데 '히'를 분리시키면, '잡히-'라는 피동사의 의미가 상실된다. 형태소는 최소의 의미 단위이므로, '잡-'의 피동사 의미가 그대로 유지되려면, '히'를 분리시켜서는 안 된다. '-히-'를 분리한다면 그것은 '-(으)시-, -었-, -겠-'과 같이 선어말어미가 된다. 그런데 '가겠다, 오겠다, 잡겠다, 먹겠다, 좋겠다, 예쁘겠다, (집)이겠다'에서 보듯이, 선어말어미는 거의 모든 활용어간과 결합할 수 있다. 그러나 '-히-'는 '가히다, 오히다, 좋히다, 예쁘히다, (집)이히다'에서 보듯이, 결합할 수 없는 활용어간이 매우 많다. 이 점에서 '-히-'는 선어말어미가 될 수 없다.

그러나 '막다, 막고, 막지'(防), '업다, 업고, 업지'(負), '먹다, 먹고, 먹지'(食), '입다, 입고, 입지'(着衣)가 한국어로서 자연스러움으로 '막히-'(被防), '업히-'(被負), '먹히-'(被食), '입히-'(被着衣)는 각각 '막-히-', '업-히-', '먹-히-', '입-히-'로 분석될 수 있다. 이 형태분석에서 '-히-'는 능동사를 피동사로 만드는 기능을 가지고 있다는 것을 알게 된다. 이처럼 어간 뒤에 결합하여 새로운 단어를 만드는 어미를 활용어미와 구별하여 '파생접미사'라고 한다. 파생접미사는 단어 또는 어간의 일부로 인정된다. 따라서 서술어 '잡히시었겠다'를 형태분석한 결과는 '잡히-시-었-겠-다'가 된다. 그 경우에 어간은 '잡히-'이고 종결어미는 '-다'이며 어간과 종결어미 사이에 있는 '-시-, -었-, -겠-'은 선어말어미가 된다.

■ ■ 쉬 ■ 어 ■ 가 ■ 는 ■ 곳 ■ ■

언어학의 혁명이라고 불리는 '변형 · 생성문법'은 촘스키(Noam Chomsky) 교수에 의하여 창안되었다. '변형 · 생성문법' 이전의 언어학을 구조주의 언어학이라고 하는데, 이 언어학의 이론에 의하면, 언어를 습득하기 전에 인간의 두뇌는 백지(白紙) 상태와 같은데, 백지에 그림을 그려가듯이 인간은 후천적으로 언어를 습득한다고 보았다. 그러나 촘스키 교수는 그렇지 않다고 한다. 그것은 어린애의 두뇌는 백지 상태로 있는 것이 아니라 어린애는 두뇌에 유전의 일부로서 '보편적 문법'을 가지고 태어난다는 것이다. 그 보편적 문법에 의하여 어린애들은 매우 불완전한 정보(말을 배우기 전에 주변 사람들이 하는 말)를 근거로 하여 언어를 습득하는 것이라고 한다.

그 근거로 다음과 같은 사실을 들고 있다. 먼저 생후 2년 정도가 되면 어린애들은 말을 하기 시작하며 생후 3년 내지 4년 정도면 충분히 의사소통을 할 정도로 자연스럽게 말할 수 있게 된다는 점이다. 다음으로 출생한 지 얼마 되지 않은 아이를 미국이나 프랑스나 독일이나 러시아나 아프리카 등으로 데려가면 모국어를 습득하는 것과 같은 기간에 그 나라 말을 습득한다는 점이다.

그리고 촘스키 교수는 어린애들이 그렇게 짧은 기간에 언어를 습득할 수 있는 것은 언어를 구성하는 문장들을 암기하기 때문이 아니라 어휘 습득과 함께 기본문을 만드는 규칙과 기본문과 기본문을 결합하는 규칙을 습득하기 때문이라는 것이다. 그러므로 그 전에는 들어보지 못한 문장을 듣고 그것을 이해할 수 있고 그 전에는 아무도 사용하지 않은 표현을 말로 할 수 있는 것이다. 그와 함께 어떤 말을 듣고 그것이 문법에 맞다거나 맞지 않다는 것을 즉시 판정할 수 있는 것이다.

예를 들면, 토박이 한국 사람이라면 누구나 '나는 한국의 가을이 좋다'는 말을 듣고 즉시 그것이 한국어로서 자연스럽다고 판정하는 반면에 '나는 한국의 가을이 좋아한다'는 말을 듣고는 즉시 그것이 한국어로서 자연스럽지 못하다고 판정한다.

그런데 그 경우에 왜 그 문장이 자연스럽지 못하냐고 반문하면 그 이유를 설명해 줄 수 있는 사람은 그리 많지 않다. 그 이유는 대부분의 토박이 한국 사람들은 한국어의 문법을 알고 있지만 그것을 객관화하여 설명할 수 없기 때문이다. 그 문장이 한국어로서 자연스럽지 못한 이유는 서술어 '좋아한다'가 타동사이므로 목적어가 있어야 하는데 그 문장에는 목적어가 없기 때문이다. '가을이'를 '가을을'로 고치면 '나는 한국의 가을을 좋아한다'는 정상적인 한국어 문장이 된다.

무의식 상태로 이해하고 있는 문법을 객관적으로 설명할 수 있도록 하기 위해서 필요한 것이 문법 교육이다. 문법 교육을 통하여 일반 사람들은 무의식 상태로 습득하고 있는 문법을 개관적으로 설명할 수 있으며 문법에 맞지 않은 문장을 문법에 맞게 고칠 수 있다.

우리가 말을 하고 글을 쓸 때는 기본문만을 사용하는 것이 아니다. 화자나 필자는 자기의 생각을 강조하거나 한꺼번에 나타내기 위하여 또는 청자나 독자를 감동시키기 위하여 복잡하고 긴 문장을 사용하기도 한다. 그러기 위하여 사용하는 것이 기본문과 기본문을 연결하는 것이다. 기본문들을 연결하는 데에 사용되는 것이 연결어미다. 이 점에서 연결어미의 문법적 기능과 의미를 이해하고 그것들을 자유자재로 활용하는 능력을 기르는 것은 매우 중요하다.

한국어에서 문장과 문장을 연결하는 어미는 매우 많다. 그렇게 많은 연결어미들은 방언에 따라서 조금씩 형태를 달리하기도 하며 방언에 따라서는 전혀 다른 형태와 전혀 다른 문법적 기능과 의미를 가지는 것도 있다. 그런 특이한 연결어미 중 몇 개를 보이면 (90)과 같다.

(90) a. 날세도 춥고사나 눈조치랑 올라컹는데 어덜 나설라컹노?
〈날씨도 추울뿐더러 눈조차 내리려는데 어디를 나서려고 그러니?〉
(동남) [-고사나= -을뿐더러]
b. 밭으 매야 하길래 일찍 오나라. 〈밭을 매어야 하니까 일찍 오너라.〉
(동북) [-을래= -으니까]
c. ① 죽으까미 그냐? 〈죽을까봐 그러니?〉
(서남) [-으까미= -을까봐]
② 잠을 잔가미 가 봤다. 〈잠을 자는가 싶어 가 봤다.〉
(서남) [-은가미= -는가 싶어]
d. 그 집이 가서 돈을 많이 줄건 좀 숨게 달라구 했다.
〈그 집에 가서 돈을 많이 줄테니 좀 숨겨 달라고 했다.〉
(서북) [-을건= -을테니]

e. 책 하영 봠사신디 모르키어.〈책 많이 보고 있는지 모르겠다.〉

(제주) [-암사신디 = -고 있는지]

여기서는 여러 방언에 공통이 되는 연결어미 중에서 조건을 표시하는 '-으면'과 이유를 표시하는 '-으니까'의 방언형으로써 방언 간의 관계를 알아보기로 한다. 먼저 조건표시의 연결어미 '-으면'에 대해서 논의한다. '-으면'은 중세한국어의 문어에서부터 현대한국어의 문어(文語)에까지 변함없이 그대로 사용되고 있다. 그러나 자연어에서는 어떤 방언에서도 공식적인 경우를 제외하면 '-으면'이 사용되지는 않는다. 한국어의 대방언에서 자연스럽게 사용되는 방언형은 (91)과 같다.

(91)

연결어미 \ 방언	동남	동북	서남	서북	중부	제주
-으면	-으{모, 몬}, -으{머, 먼}, -으{마, 만}	-으{무, 문}	-으먼	-으문	-으믄	-으민

이들 연결어미가 사용되는 각 방언의 예는 (92)와 같다.

(92) a. ① 내가 닐로 잡으모 손을 나아라.〈내가 너를 잡으면 손을 놓아라.〉

② 내가 발로 놓으머 이기이 척 늘어지고 그랫거등.

〈내가 발을 놓으면 이것이 척 늘어지고 그랬거던.〉

③ 내 죽고 없으마 남으 집에 정지깡구로 보냇뿐다.

〈내가 죽고 없으면 남의 집에 식모로 보내버린다.〉

b. 네 꼴우 넣으문 우리가 이기디. 〈너가 골을 넣으면 우리가 이기지.〉

c. 돈이 많으먼 좋지. 〈돈이 많으면 좋지.〉

d. 무누 잇는 그릇으루 이렇게 떡으문 자리가 고게 나지요.
〈무늬 있는 그릇으로 이렇게 찍으면 자리가 거기에 나지요.〉

e. 그렇지 않으믄 소와 말이 같이 뛴다.
〈그렇지 않으면 소와 말이 같이 뛴다.〉

f. 고랑이 많아 내려앉으민 흑도 올려줘야 뒈고.
〈고랑이 많이 내려앉으면 흙도 올려줘야 되고〉

(92)의 문장들은 조건표시의 연결어미에 의해 기본문들이 결합된 하나의 문장이다. 기본문들을 연결하는 연결어미는 방언마다 형태가 다르지만, 그 연결어미의 문법적 기능과 의미는 동일하다. 문장 (92a①)을 보기로 하여 기본문들이 결합하는 과정을 알아본다. 이 문장은 ⓐ "내가 닐로 잡는다."와 ⓑ "(너가) 손을 놓아라."라는 두 기본문이 결합된 것이다. 문장 (92a①)은 문장 ⓐ를 조건 문장으로 하고 문장 ⓑ를 결과 문장으로 한 두 기본문을 연결어미 '-으모'를 사용하여 결합한 것이다. 그 과정은 먼저 조건 문장인 문장 ⓐ를 결과 문장인 문장 ⓑ 앞에 둔다. 다음에 문장 ⓐ 뒤에 연결어미 '-으모'를 둔다. 다음에 문장 ⓐ의 서술어를 분석하여 어간만 남기고 어미를 버린다. 그러면 두 기본문은 하나의 문장으로 결합된다. 그 과정을 보이면 다음과 같다. '[내가 닐로 잡는다] [(너가) 손을 놓아라]' ⇒ '[내가 닐로 잡-는다]으모 [(너가) 손을 놓아라]' ⇒ '[내가 닐로 잡]으모 [(너가) 손을 놓아라]' ⇒ '내가 닐로 잡으모 (너가) 손을 놓아라.'

여기서 알아두어야 할 것은 두 개의 기본문을 조건표시 연결어미로 결합하기 위해서는 두 기본문이 '조건 문장'과 '결과 문장'으로서의 조건, 즉 인과

관계가 성립되어야 한다. 예를 들어 ⓐ "영수가 집으로 간다"를 조건 문장으로 하고 "너는 학생이다"를 결과 문장으로 하여 문장 (92a①)이 형성되는 과정을 적용하여 "영수가 집으로 가면 너는 학생이다"는 문장을 만들었다고 하자. 이 경우에 만들어진 문장은 의미면에서 성립되지 않으므로 비문법적인 문장이 된다.

다음으로 각 방언의 연결어미에 대해서 논의하기로 한다. (92)에서 보듯이, 각 방언의 연결어미는 둘째 음절 모음소에서 차이를 보인다. 먼저 둘째 음절 모음소가 동남방언에서는 '오, 어, 아'이고 동북방언과 서북방언에서는 '우'이며 서남방언에서는 '어'이다. 그리고 중부방언에서는 '으'이고 제주방언에서는 '이'이다. 이들 둘째 음절의 모음소를 기준으로 할 때에, 동남방언의 연결어미 '오, 어, 아'는 그 분포가 지역적으로 다르다. '오'는 내륙에 위치한 〈거창, 합천, 창녕, 밀양〉과 〈김해, 양산, 울산〉을 제외한 경상남도의 전역과 경상북도의 해안에 위치한 〈경주, 포항, 영덕〉에 분포되고 '어'는 경상남도의 〈김해, 양산, 울산〉의 내륙과 경상북도의 〈경주, 포항, 영덕〉의 내륙과 〈영천, 청송, 안동, 영양, 울진, 봉화, 영주〉에 분포된다. 그리고 '아'는 위의 지역을 제외한 경상남·북도 지역에 분포된다.

한편 동북방언과 서북방언의 '우'는 '-으{므, 믄}'에서 양순음소 뒤에서 '으'가 원순모음소화한 것이다. 그리고 서남방언과 동남방언의 '어'는 동남방언의 '아'에 대한 대립형으로 볼 수 있다.[32] 그러나 제주방언의 '이'에 대해서는

32 이러한 대립에는 사회언어학적인 요인이 작용한 것으로 보인다. 동남방언의 '어'('어' 사용 지역은 반촌임)는 민촌인 해안지역어의 '아'에 대한 자기 정체(=자신들이 인접한 민촌지역 사람들과 다르다는 것)를 표시하려는 목적으로 사용된 것이고 서남방언의 '어'는 인접한 동남방언의 '아'에 대한 구별을 위한 것으로 보인다. 서남방언에서 처음으로 동남방언의 '-아Y'에 대하여 '-어Y'를 사용했다는 것이 이를 뒷받침한다. 19세기 후기에 간행된 신재효의 '판소리사설'에서 그런 예가 많이 발견된다. 예) 마져(맞-被打), 차져(가네)(찾-尋), 안져(앉-座), 담어(담-盛), 갓터(같-如), 다어(닿-接), 갑퍼(갚-報), 바더(받-受), 알어(알-知), 밧터(뱉〈=뱉〉-唾), 하여(하-爲), 감어라(감-卷), 붓잡어도(부짭〈=붙잡〉-). 이들 예의 출전에 대해서는 최명옥(1992c: 60)을 참조하기 바람.

지도 6 '-으면'

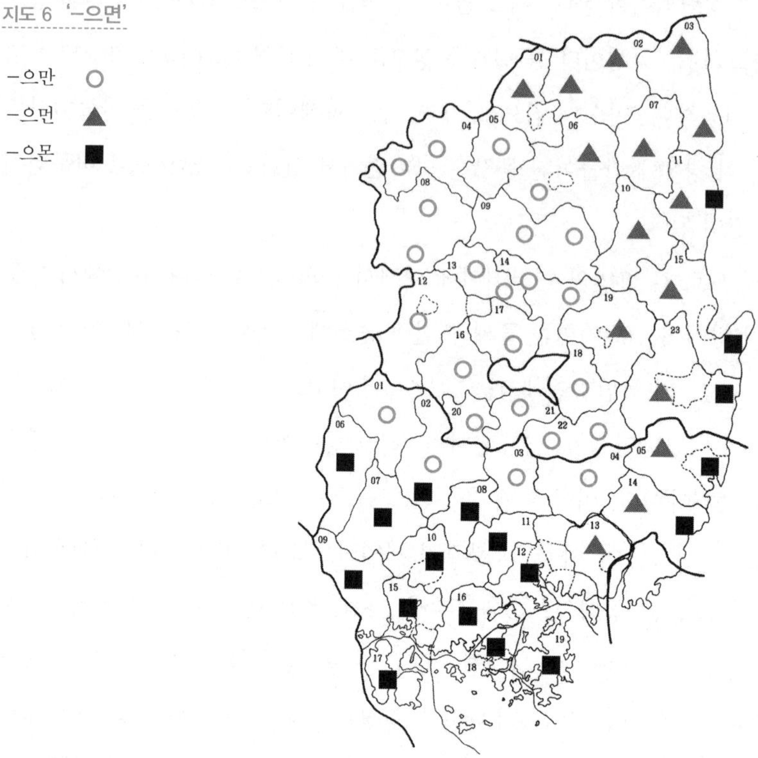

설명하기 어렵다.

표준어형 '-으면'의 둘째 음절 모음소 '여'가 한국어 방언에서 '오, 어, 아, 우, 으'로 대응하고 있는 점을 고려하면 '-으면'의 원형을 "*-으ᄆᆞᆫ'으로 재구(再構)할 수 있다. 둘째 음절의 모음소가 'ᄋᆞ'인 경우에 '으'는 비어두 위치에서 'ᄋᆞ>으'에 의한 것으로 설명되며 '오'는 양순음소 아래서 'ᄋᆞ>오'의 변화에 의한 것으로 설명된다. 이러한 설명은 경남방언이 이른 시기에, 'ᄑᆞ리>포리', 'ᄑᆞᆯ>폴', 'ᄆᆞᆰ->몱-'(淸) 등에서 보듯이, 양순음소 뒤에서 'ᄋᆞ>오'의 변화를 경험했다는 사실에서 뒷받침된다. 그리고 '아'는 비어두 위치에서 'ᄋᆞ>아'에 의한 것으로 설명되며 '어'는 '아'에 의한 대립에 의한 것으로, '우'는 '으'의 원순모음소화에 의한 것으로 설명된다. 따라서 (92)에 제시된 방언형의 차이는 음운변화가 달리 일어난 결과로 설명할 수 있다.

다음으로 이유표시 연결어미 '-으니까'에 대해서 논의한다. '-으니까'는 중세한국어 문어에서부터 현대 한국어의 문어에까지 사용되고 있다. 그러나 (93)에서 보듯이, 실제로 '-으니까'를 사용하는 방언은 서북방언과 중부방언에 한정된다. 그러나 서북방언에도 '-으니깐'이나 '-으니까니'가 복수형태로 사용되며 중부방언에도 '-으니깐두루'가 복수형태로 사용된다.

(93)

방언 연결어미	동남	동북	서남	서북	중부	제주
-으니까	-으니까, -으니꺼네, -으니까네, -응께네	-으니까	-응께, -응게	-으니 {까, 깐}, -으니 {까, 끼}니	-으니까, -으니깐 두루	-으나네, -으난

이들 어미가 사용된 각 방언의 예를 보이면 (94)와 같다.

(94) a. ① 나무를 흔드니까[33] 감이 막 떨어지더라.

〈나무를 흔드니까 감이 마구 떨어지더라.〉

② 불로 때애가아 밥을 해 놓으니꺼네 앤 뜨겁고 대나?

〈불을 때서 밥을 해놓으니까 안 뜨겁고 되니?〉

③ 보리는 그 양이 안 많으니까네 가마니에 옇지요.

33 동남방언에서 연결어미 '-으니Y'는 음성으로 실현되기 이전의 형태소이며 음성으로 실현될 때에는 '-으~이~Y'가 된다.

〈보리는 그 양이 많지 않으니까 가마니에 넣지요.〉

④ 저거도 인자 참 고상을 해농께네 악착거치 살고.

〈자기들도 인제 참 고생을 해 놓으니까, 악착같이 살고.〉

b. 그게 없으무 안 됏으이까 그렇기 귀중하게 됏디.

〈그것이 없으면 안 되었으니까 그렇게 귀중하게 되었지.〉

c. ① 그분들이 많이 살고 있응께 '무랭이'라고 헌대다가 집을 짓고 산다.

〈그분들이 많이 살고 있으니까 '무랭이'라는 데다 집을 짓고 산다.〉

② 가서 물어봉게 당산제를 지내다가 중지를 헝게로 동네가 큰 해를 봤다고 해.

〈가서 물어보니까 당산제를 지내다가 중지를 하니까 동네가 큰 해를 보았다고 해.〉

d. 친척이 많으니까니 이케 밥 허는 사람이 많다우.

〈친척이 많으니까 이렇게 밥하는 사람이 많소.〉

e. 줄바위라 했으니까 주라위가 된 거조.

〈'줄바위'라고 했으니까 '주라위'가 된 것이지요.〉

f. 따비마니 남으난 따래비옌 벨르 지우고

〈따비만큼 남으니까 따라비라고 별명 짓고.〉

(94)의 문장들은 이유표시의 연결어미에 의해 기본문들이 결합된 하나의 문장이다. 기본문들을 연결하는 연결어미는 방언마다 형태가 조금씩 다르지만, 그 연결어미의 문법적 기능과 의미는 동일하다. 문장 (94a①)을 보기로 하여 기본문들이 결합하는 과정을 알아 본다.

문장 (94a①)은 두 개의 기본문 ⓐ "나무를 흔든다."와 ⓑ "감이 막 떨어지더라."가 결합하여 형성된 것이다. 그 형성 과정은 문장 (92a①)의 그것과 동일하다. 위의 두 기본문의 결합 과정은 다음과 같다. [나무를 흔든다] [감이 막 떨어지더라.] ⇒ [나무를 흔든다]으니까 [감이 막 떨어지더라.] ⇒ [나무를 흔들-ㄴ다]으니까 [감이 막 떨어지더라.] ⇒ [나무를 흔들]으니까 [감이 막 떨어지더라.] ⇒ 나무를 흔드니까[34] 감이 막 떨어지더라.

여기서 알아두어야 할 것은 두 개의 기본문을 이유표시 연결어미로 결합하기 위해서는 두 기본문이 인과관계를 가져야 한다는 것이다. 문장 (94a①)은 기본문 ⓐ가 기본문 ⓑ의 이유가 되고 기본문 ⓑ는 결과가 된다. 이 두 기본문을 결합할 때는 반드시 이유가 되는 기본문을 결과가 되는 기본문의 앞에 두어야 한다. 그 순서를 지키지 않고 기본문 ⓑ를 앞에 둔다면 그 결과는 "감이 막 떨어지니까 나무를 흔든다"가 될 것이다. 이 문장은 비문법적인 문장이 된다.

이제 (93)에 제시된 각 방언의 연결어미에 대하여 논의하기로 한다. 자료를 보면 각 방언에서 사용되는 이유표시 연결어미들은 몇 가지 공통점이 있음을 발견한다. 첫 음절이 '으'로 시작한다는 것, 둘째 음절이 대부분 '니'이며 '니'가 아닌 경우에는 첫 음절 '으' 다음에 'ㄴ'가 있다는 것, 셋째 음절이 대부분 'ㄲ'로 시작한다는 것, 넷째 음절이 있을 경우에 그 음절이 'ㄴ'로 시작한다는 것 등이다. 이런 공통점을 고려하면 원래 이유표시 연결어미는 '*-으니까ㄴV'였을 것이다. 이렇게 재구(再構=reconstruction의 번역어. 동일한 어원을 가진다고 할 수 있으나 어형에 차이를 보이는 방언형들을 대상으로 그들 방언형이 분화되기 전 시기의 어형을 추정하는 것)된 이유표시 연결어미를 기준으로 하여 그에 해당하는 각 방언의 연결어미를 설명하면 다음과 같다.

34 '흔들-으니까'는 어간말의 'ㄹ' 뒤에서 어미초 '으'가 탈락하고 다시 '으' 탈락 뒤에 남은 어미 '-니까'의 'ㄴ' 앞에서 어간말 'ㄹ'가 탈락하여 '흔드니까'로 된 것이다. 이것이 음성으로 실현될 때에는 '흔드~이~까'로 된다.

먼저 동남방언과 서남방언 중 첫음절 '응'은 '으니'에서 '이'가 탈락하여 형성된 것으로 본다. 어미의 둘째 음절의 '이' 탈락에 대해서는 설명하기 어렵지만, '이'가 탈락한다면 '-으니ㄲY'는 '-으ㄴㄲY'로 되고 다음에 'ㄴ'는 그 뒤의 'ㄲ'에 동화되어 'ㅇ'로 되고 그 결과는 '-응ㄲY'가 될 것이다.

위의 이유표시 연결어미 전부를 고려하면, 중부방언의 '두루'는 나중에 첨가된 것이 된다. 그리고 현재 3음절이나 2음절인 형태는 원래 4음절이었던 것이 뒤에서 앞으로 음소가 탈락하였거나 음절이 절단(切斷, truncation)된 결과로 보아야 한다. 좀 더 구체적으로 서술하면, '*-으니까ㄴV'에서 이 형태를 유지하고 있는 것이 동남방언의 '-으니{꺼, 까}네'와 서북방언의 '-으니{까, 끼}니'이고 제일 뒤의 모음소가 탈락하였거나 절단된 것이 서북방언과 중부방언의 '-으니깐'이다. 그리고 '-으니깐'에서 마지막 음절말의 'ㄴ'가 탈락하였거나 넷째 음절이 절단된 것이 동남방언, 동북방언, 서북방언, 중부방언의 '-으니까'이며 '*-으니까ㄴV'에서 두 번째 음절 '니'의 '이'가 탈락된 것이 동남방언의 '-응께네'이다. 그리고 '*-으니까ㄴV'에서 네 번째 음절이 탈락되고 다시 두 번째 음절 '니'의 '이'가 탈락된 것이 서남방언의 '-응{께, 게}'이다. 그리고 여기서는 제외되었지만, 이유표시 연결어미 '-으니'는 '-으니까'에서 셋째 음절이 탈락된 것이다.

4.2.3. 선어말어미

현대 한국어에서 일반적으로 인정되는 선어말어미는 과거표시의 '-았/었-'과 추단표시의 '-겠-'이다. 이들 선어말어미의 방언형을 제시하면 (95)와 같고 각 방언형이 사용된 예는 (96)과 같다.

(95)

선어말 어미 \ 방언	동남	동북	서남	서북	중부	제주
-았-	-앗-	-{앗, 아시}-	-았-	-{앗, 아시}-	-았-	-{앗, 아시}-
-겠-	-것-/-겟-	-{갯, 개시}-	-겄-	-{갓, 가시}-	-겠-	-으크-

(96) a. ① 동민들한테 단돈 십언도 안 받앗어.

〈동민들한테 단돈 십원도 안 받았어.〉

② ㉠ 돈을 버리야 데것어요. 〈돈을 벌어야 되겠어요.〉

㉡ 밖이 도독넘이니꺼네, 진들 벨수 잇겟어?

〈남자가 도둑놈이니까, 전들 별수 있겠어?〉

b. ① ㉠ 그 집이서 인심 잃엇단 말이오.

〈그 집에서 인심을 잃었단 말이오.〉

㉡ 그만이 얻어 먹어시문 됐디. 〈그만큼 얻어먹었으면 됐지.〉

② ㉠ 다른 사름이 붙어서 어느 천년에 하갯나?

〈다른 사람이 붙어서 어느 천년에 하겠나?〉

㉡ 그 피 묻개시문 묻구 대술바 아니하우.

〈그 피 묻겠으면 묻고 대수롭게 생각하지 않소.〉

c. ① 나 클떼만 헤도 겁:나게 산중이었어.

〈나 자랄 때만 해도 굉장히 산중이었어.〉

② 날짜가 어쨌능가 모르겄어요.

〈날짜가 어쨌는가 모르겠어요.〉

d. ① ㉠ 내리 서이 나앗디요. 〈내리 셋을 낳았지요.〉

㉡ 중국 사람 많아시요. 〈중국 사람 많았어요.〉

② ㉠ 오래 돼서 뭐 한나도 모르갓수다.

〈오래 돼서 뭐 하나도 모르겠습니다.〉

㉡ 나 어려서 들와서 모르가시요.

〈내가 어려서 들어와서 모르겠어요.〉

e. ① 밀을 심으면 소 두 마리로 밧을 갈았어요.

〈밀을 심으면 소 두 마리로 밭을 갈았어요.〉

② 소를 안 키워보았으니 난 모르겠어.

〈소를 안 키워보았으니 나는 모르겠어.〉

f. ① ㉠ 너 그 첵 다 보앗나?〈너 그 책 다 보았니?〉

㉡ 바당의서 무신 궤기 낚아신고?〈바다에서 무슨 고기 낚았니?〉

② ᄒᆞ꼼 긴 말 ᄀᆞᆯ으크라.〈약간 긴 말을 하겠어.〉

(95)에 제시된 표준어 선어말어미 '-{았, 었}-'과 '-겠-'에 대한 각 방언형은 상당한 차이를 보인다. 먼저 표준어의 선어말어미 '-았-'에 대하여, 서남방언과 중부방언에서는 '-었-'으로 사용되나 동남방언에서는 '-앗-'으로, 동북방언, 서북방언 그리고 제주방언에서는 '-아시-'와 함께 '-앗-'이 사용된다. 여기서 주목되는 것은 서남방언과 중부방언 이외의 방언에서는 음절말 자음소가 'ㅅ'라는 것과 특히 동북방언, 서북방언, 제주방언에서는 선어말어미 '-아시-'와 '-앗-'이 각각 모음소와 자음소로 시작하는 어미와 결합하며 그 둘이 어휘화한 이형태라는 것이다. 이러한 사실은 16세기 한국어에서 사용되던 과거표시 선어말어미와 동일하다. 그러므로 동북방언, 서북방언, 제주방언의 경우, 과거표시 선어말어미의 형태소는 /-{앗-아시}-/로[35]

35 형태소 /-{앗-아시}-/는 이해의 편의를 위한 것이며 더 정밀하게는 /-앗{∅-이}-/나 /-앗{이-∅}-/로 표시해야 한다.

표시되며 그 용례는 (96)에서 확인된다. (96 b①, d①, f①)의 밑줄 친 예에서 보듯이, 과거표시 선어말어미 중에서 '-앗-'은 자음소로 시작하는 어미와 결합하고 '-아시-'는 모음소로 시작하는 어미와 결합한다. 이 사실은 15세기 후기 이후 한국어의 그것과 일치한다.

다음으로 추단표시의 선어말어미에서 표준어형과 동일한 어형을 사용하는 방언은 중부방언에 한정된다. 동남방언에는 '-것-'과 '-겟-'이 사용되는데, '-것-'은 일반적으로 경남방언에서 사용되고 '-겟-'은 경북방언에서 사용된다. 그리고 서북방언에는 '-갓-'과 '-가시-'가, 그리고 동북방언에는 '-갯-'과 '-개시-'가 어휘화한 이형태로 사용되는데, 각각 '-갓-'과 '-갯-'은 자음소로 시작하는 어미와 결합하고 '-가시-'와 '-개시-'는 모음소로 시작하는 어미와 결합한다. (96 b②, d②, f②)의 밑줄 친 예에서 그러한 사실을 알 수 있다.

그리고 서남방언에는 '-겄-'이 사용되는데, 이것은 '-것-'이 중부방언이나 표준어의 영향을 받아 음절말의 'ㅅ'가 'ㅆ'로 대치된 것으로 보인다. 또 서북방언에서는 '-갓-'이 사용되는데, 이것은 '-것-'의 전시기의 어형이라 생각한다. 고대한국어에서 모음조화와 무관했던 부사형어미 '-아Y'가 형태소 내부에서 형태소 경계로 모음조화가 확산되면서 어간말 음절의 음성 모음소('이, 으, 우, 어') 뒤에서 '-어Y'로 교체하게 되고 이 교체규칙이 확대되어 양성모음소 뒤에서도 어미 초의 '아'가 '어'로 교체되면서 점차 '-어Y'로 단일화하고 있는 것이 현대 한국어의 실정이다. 이러한 사실을 고려하면, 선어말어미 '-것-'은 '-갓-'에서 변한 것으로 볼 수 있기 때문이다. 이와는 달리, 제주방언에서는 어형이 전혀 다른 '-으크-'가 사용된다.

현대국어에서 사용되는 과거표시 선어말어미 '-{았, 었}-'은 15세기 후기 이전의 문헌에 ⓐ '-{애, 에}시-'와 ⓑ '-{앳, 엣}-'으로 사용되고 있다. 그

중에서 ⓐ는 모음소로 시작하는 어미와 결합하고 ⓑ는 자음소로 시작하는 어미와 결합한다. “十萬 보ᄇᆡ옛 輦과 四兵이 다 ᄀᆞ자 왜시며(←/오ⅱ<u>애시</u>ⅱ<u>으며</u>/) 四兵은 象兵과 馬兵과 車兵과 步兵괘니 車는 술위라〈십만 보배의 수레과 4병이 모두 구비되어 왔으며 4병은 상병과 마병과 거병과 보병이니 거(車)는 수레다〉〈월석 2: 28a〉, 耶輸ㅣ 부텻 使者 왯다(←/오ⅱ<u>앳</u>ⅱ<u>다</u>/) 드르시고〈야수가 부처의 사자 왔다(는 말을) 들으시고〉〈석상 6: 2a〉”의 밑줄 친 부분에서 그러한 사실을 알 수 있다.

ⓐ와 ⓑ가 각각 모음소와 자음소로 시작하는 어미와 결합하는 것은 그것들이 부사형어미 ‘-{아, 어}’와 존재표시 서술어 어간이 결합하여 형성된 것인데, 15세기에서 18세기 후기에 이르기까지 존재표시 서술어 어간은 복합형태소 /{이시-잇}-/으로서 이형태 ‘이시-’와 ‘잇-’이 각각 모음소와 자음소로 시작하는 어미와 결합하는 것이기 때문이다. “比丘ㅣ 그 우희 <u>이시</u>니(←/<u>이시</u>ⅱ<u>으니</u>/)〈비구가 그 위에 있으니〉〈월석7: 33a〉”와 “그 ᄯᆞᆯ ᄃᆞ려 무로ᄃᆡ 그듸 아바니미 <u>잇</u>ᄂᆞ닛가(←/<u>잇</u>ⅱ<u>ᄂᆞ닛가</u>/)〈그 딸에게 묻되 그대의 아버지가 있습니까?〉〈석상6: 14b〉”의 밑줄 친 부분에서 그러한 사실을 알 수 있다.

그런데 선어말어미 ⓐ와 ⓑ는 15세기 후기 이후와 16세기 이르면 각각 ⓒ ‘-{아, 어}시-’와 ⓓ ‘-{앗, 엇}-’으로 사용된다. “손애 듕ᄒᆞᆫ 군ᄉᆞᄅᆞᆯ 자바시니(←/잡ⅱ<u>아시</u>ⅱ<u>으니</u>/) 구ᄒᆞ면 므스 거슬 얻디 몯ᄒᆞ며〈손에 병사를 잡았으니(=군대를 장악하였으니) 구하면 무엇을 얻지 못하며〉〈번소학 8: 20a〉”와 “지샹 도ᄋᆡ야 나라ᄒᆡ 쳔량ᄋᆞᆯ ᄀᆞᅀᆞ만 權을 자밧더니(←/잡ⅱ<u>앗</u>ⅱ<u>더니</u>/)〈재상이 되어 국가 재물을 관리하는 권한을 잡았더니〉〈번소학 10: 15b〉”의 밑줄 친 부분에서 그러한 사실을 알 수 있다.

종래에 현대한국어에서 사용되는 과거표시 선어말어미 ‘-{았, 었}-’은 ⓐ와 ⓑ가 각각 ⓒ와 ⓓ로 변한 뒤에 형성된 것으로 보았다. 이것은 오랫동안

정설로 되어 왔다. 그런데 필자는 최명옥(2002b: 144-150)에서 {ⓐ-ⓑ}와 {ⓒ-ⓓ}는 '{ⓐ-ⓑ} 〉 {ⓒ-ⓓ}'와 같이 시간적으로 연속의 관계에 있는 것이 아니라 15세기 중기나 그 이전에 그 둘이 공존하고 있었다고 보았다. 그것은 다음 두 가지 이유 때문이다. 하나는 '애'가 '아'로 변하거나 '에'가 '어'로 변하였다는 것을 음운론적으로 설명할 수 없다는 것이고 다른 하나는 15세기 중기 이전에 존재표시 서술어 어간 /{이시-잇}-/ 이외에 /{시-*ㅅ}-/도 사용되었으며 현재 제주방언에서도 사용되고 있다는 것이다. "雙花사라 가고신ᄃᆞᆫ(←/가‖고‖시‖은ᄃᆞᆫ/) 回回아비 내손모글 주여이다〈쌍화를 사러 가고 있는데 회회아비가 나의 손목을 쥐었습니다〉〈쌍화점(雙花店)〉"와 "혀고시라(←/혀‖고‖시‖으라/) 밀오시라(←/밀‖고‖시‖으라/) 鄭少年하〈당기고 있어라 밀고 있어라 정소년아〉〈한림별곡(翰林別曲)〉"에서 발견되는 '시-'가[36] 그것이다.

그런데 현재 제주방언에는 표준어의 /있-/(有)에 대하여 /시{∅-ㅅ}-/이 사용되고 있다. "건감 먹을 샌 메눌애기 시나 읏이나.〈곶감 먹을 땐 며느리 아기 있건 없건.〉(p.47), 싸는 물 시민 드는 물 싯나〈써는 물이 있으면 드는 물 있다.〉(p.560), 큰어멍에도 ᄯᆞᆯ이 ᄒᆞ나 싯고〈큰어머니에도 딸이 하나 있고〉(p.216), 벡ᄇᆞ름도 귀가 싯져〈바람벽도 귀가 있다.〉(p.443)"에서[37] 그러한 사실을 알 수 있다. 예문의 밑줄 친 부분 '시나'와 '시민'은 각각 /시‖으나/와 /시‖으민/에서 모음소로 끝난 어간 뒤에서 어미초의 '으'가 탈락된 것이며, '싯나'와 '싯고'와 '싯져'는 각각 /싯‖나/, /싯‖고/, /싯‖져/를 그대로 제시한 것이다. 여기서 이형태 '시-'는 '으'로 시작하는 어미와 결합하고 이형태 '싯-'은 자음소로 시작하는 어미와 결합한다는 것을 알 수 있다.

이와는 달리, 추단표시 선어말어미 '-겠-'의 형성과정에 대해서는 아직

36 자음소로 시작하는 어미와 결합한 예는 발견되지 않는다.

37 제시된 예문은 제주특별자치도(2009)에서 인용한 것임.

만족할 만한 결과가 없다. '-겠-'의 형태구성이 '-았-'과 유사하다고 하여 어미 '-거'와 존재표시 서술어 어간 '잇-'이 결합된 '-거잇-'이 모음소 축약을 거쳐서 '-겟-'이 되고 그것이 변화과정을 거쳐서 '-겠-'이 된 것으로 보기도 하지만 아직 확실한 근거는 발견되지 않는다. (95)에 제시된 동남방언의 '-것-'이나 서북방언의 '-갓-'은 그러한 설명이 타당하지 않다는 증거가 된다.

지금까지 과거표시 선어말어미 '-{았, 었}-'의 방언형과 그 대비(對比)에 대한 논의와 선어말어미 '-{았, 었}-'의 형성에 대한 논의는 선어말어미 '-겠-'의 형성과 그와 관련된 방언형을 설명하는 중요한 정보를 제공한다. 구체적으로 말하면, 현대한국어의 선어말어미 '-겠-'의 방언형 '-겠-'과 '-{개시, 갯}-'은, '-{았, 었}-'의 형성과 동일하게, 중세한국어에서 사용되던 부사절 형성어미 '-{게(kʌj), 긔(kɐj)}'와 존재표시 서술어 어간 '{이시, 잇}-'이 결합하여 형성된 것으로 설명할 수 있다.

다시 말하면, '-{/게 ‖ 이시/, /게 ‖ 잇/}-'은 선행음절의 모음소가 {이, 우, 으, 어}일 때에 그 뒤에 결합하고 '-{/긔 ‖ 이시/, /긔 ‖ 잇/}-'은 선행음절의 모음소가 {오, ᄋᆞ, 아}일 때에 그 뒤에 결합하는 것이다. 이들 선어말어미는 어미의 j가 '이시-'와 '잇-'의 '이' 앞에서 탈락함으로써 각각 '-{/거 이시/, /거 잇/}-'과 '-{/ᄀᆞ 이시/, /ᄀᆞ 잇/}-'으로 되고 다시 어두의 'ᄋᆞ'가 '아'로 변함으로써 각각 '-{게시, 겟}-'과 '-{개시, 갯}-'으로 되었을 것이다. 또는 앞으로 연구가 되어야 하겠지만, 처음부터 존재표시 서술어 어간과 결합하는 부사절 형성어미는 j가 탈락된 '-{거, ᄀᆞ}'였을지도 모른다. 그렇게 되면 위에서 j 탈락 과정이 필요 없게 된다. 그리하여 현대한국어 방언의 선어말어미 '-겠-'은 '-{게시, 겟}-'이 '-겟-'으로 단일화한 뒤에 형성된 것이고 '-{개시, 갯}-'은 고형(古形)을 그대로 계승하고 있는 것으로 설명된다.

이와는 달리, 선어말어미 '-겠-'의 방언형 '-것-'과 '-{가시, 갓}-'은 j가 탈락된 부사절 형성어미 '-{거, ᄀᆞ}'와 존재표시 서술어 어간 '{시- ᄉᆞ}-'의 결합체에서 형성된 것으로 설명할 수 있다. 다시 말하면, '-{거시, 것}-'과 '-{ᄀᆞ시, ᄀᆞᆺ}-'이 'ᄋᆞ>아'의 변화를 거쳐 '-{거시, 것}-'과 '-{가시, 갓}-'으로 되는데 방언형 '-것-'은 '-{거시, 것}-'이 '-것-'으로 단일화함으로써 형성된 것이고 방언형 '-{가시, 갓}-'은 고형(古形)을 그대로 계승하고 있는 것으로 설명된다.

이와 같이, 추단표시 선어말어미의 방언형 '-겠-, -{개시, 갯}-'과 '-것-, -{가시, 갓}-'이 부사절 형성어미와 서로 다른 존재표시 서술어 어간 '{이시, 잇}-'과 '{시, ᄉᆞ}-'의 결합체에서 형성되었다는 사실은 15세기 후기 이전 문헌과 15세기 후기 이후에서 16세기 문헌에 등장하는 과거표시 선어말어미 '-{에시, 엣}-, -{애시, 앳}-'과 '-{어시, 엇}-, -{아시, 앗}-'이 부사절 형성어미 '-{어, 아}'와 서로 다른 존재표시 서술어 어간 '{이시, 잇}-'과 '{시, ᄉᆞ}-'의 결합체에서 형성된 것이라는 최명옥(2002b: 144-150)의 주장을 뒷받침하는 좋은 증거가 된다.[38]

4.3. 곡용어미

곡용어미는 그것이 가지고 있는 기능에 따라 주격어미, 목적격어미, 관형격어미, 부사격어미, 공동격어미, 호격어미 등으로 구분된다. '격'은 명사나 명사 상당 어구(둘 이상의 단어가 하나의 명사와 같이 사용되는 것)가 문장 속에서

38 그런데 현재 제주방언의 /시{∅-ㅅ}-/가 15세기 한국어 이전의 어형을 그대로 유지하는 것이라고 하면, 최명옥(2002b)의 그러한 주장은 재론될 필요가 있다. 그러나 '-암시냐?⟨-고 있느냐?⟩, -암시녠⟨-고 있냐고⟩, -암시니?⟨-고 있니?⟩' 등 문법형태화한 예에서 '-냐?, -녠, -니'와 같이 자음소로 시작하는 어미와 결합한 것이 '싯-'이 아니라 '시-'인 것을 감안하면 15세기 한국어 이전의 어형은 /시{∅-ㅅ}-/가 아닐 가능성도 있다.

다른 단어와 맺는 통사·의미 관계를 표시하는 문법 범주이다.

(97) a. 영수가 책을 읽는다.
b. 영식아, 우리 서점의 책을 순자와 삼식이에게 보내라.

위의 (97a)에서 밑줄 친 '-가'와 '-을'은 각각 주격어미와 목적격어미이다. 주격어미 '-가'는 그 앞의 '영수'가 서술어 '읽는다'의 주어임을 나타내며 목적격어미 '-을'은 그 앞의 '책'이 서술어 '읽는다'의 목적어라는 것을 표시한다. 그리고 문장 (97b)에서 밑줄 친 '-아'와 '-의'와 '-와'와 '-에게'는 각각 호격어미, 관형격어미, 공동격어미, 부사격어미이다. '-아'는 그 앞의 명사 '영식'이가 '부름'의 대상임을 표시하며 '-의'는 그 앞의 명사 '서점'이 그 뒤의 '책'을 수식하는 관형어(=한정어)임을 표시한다. 그리고 '-와'는 그 앞의 명사 '순자'와 그 뒤의 명사 '삼식'이가 공동임을 표시하고 '-에게'는 그 앞의 명사구인 '순자와 삼식'이가 부사로서 간접목적어에 해당함을 표시한다.

여기서는 곡용어미 중에서도 주격어미와 목적격어미, 공동격어미, 호격어미에 한정하여 방언간의 관계를 알아보기로 한다.

4.3.1. 주격어미

15세기에서 16세기 후반에 이르기까지, 한국어에는 주격을 표시하는 어미가 '-이' 하나뿐이었다. (예) 사오나ᄫᆞᆫ 사ᄅᆞ미 어딜에 ᄃᆞ욀 씨라〈사나운 사람이 어질게 될 것이라〉(석상 3: 2a), 우리 始祖ㅣ 慶興에 사ᄅᆞ샤〈우리 시조가 경흥에 사시어〉(용가 3), 거우뤼 뷔여〈거울이 비어〉(鑑空, 금삼 2: 64). 그러다가 16세기 후반에 '이'나 '이'계 모음으로 끝난 명사 뒤에 '-이가'가 결합하기 시작했다. (예) ᄎᆞᆫ 구드레 자니 ᄇᆡ(腹)가 세니러셔 ᄌᆞ로 ᄃᆞᆫ니니〈찬 구들에 (누워) 자니 배가 탈이나서(?) 자주 (화장실을) 다니니〉(송강 정철 자당 서간), ᄇᆡ(船)가 올거시니〈배가 올 것이니〉(첩신 1: 8b). 그러다가 19세기 초에 이르러 현재와 같이, 자음소나 'ㄹ'로 끝나는 명사 뒤에는 '-이'가, 모음소로 끝나는 명사 뒤에는 '-가'가 결합하기 시작했다. (예) ᄉᆞᄅᆞᆷ의 ᄌᆞ식이 ᄒᆞ로를 밧게 잇스면 부뫼 ᄒᆞ로가 외롭고 슬허 ᄒᆞ시ᄂᆞ니〈사람의 자식이 하루를 밖게 있으면 부모가 하루가 외롭고 슬퍼하시니〉(남궁 4a), 가을 국화와 봄 난초가 절을 응하여 푸이ᄆᆡ〈가을 국화와 봄 난초가 계절에 맞추어 피므로〉(조군 39a).

주격어미가 겪은 이와 같은 변화가 모든 방언에 똑 같은 것은 아니다. 각 방언에서 사용되는 주격어미를 보면 방언간의 공통점과 차이점을 알 수 있다. 먼저 방언간의 공통점은, '산이 높다, 지붕이 높다, 들이 넓다'에서 보듯이, 자음소나 'ㄹ'로 끝나는 명사 뒤에서는, '-이'가 결합하고, '개가 짖는다, 새가 난다'에서 보듯이, 모음소로 끝나는 명사 뒤에서는 '-가'가 결합한다는 것이다.[39]

그러나 다음과 같은 경우에는 방언 간에 차이가 있다.

(98) -이

a. 동남: 저 〈함안〉에 시가(媤家)이 잇거등.

〈저 〈함안〉시가가 있거든〉

b. 동북: 베 모이 참 잘 댔소.〈벼 모가 참 잘 되었소.〉

c. 서남: 여자 한나이 그 집안 잘 맨들었어.

〈여자 하나가 그 집안(을) 잘 만들었어.〉

39 그런데 강원도 〈강릉〉 지역어에는 주격어미 '-가'와 함께 '-거'도 사용된다. '오동낭그 궁기 뚤브는 딱자구리가 돼가주〈오동나무 구멍 뚫는 딱따구리가 되어서〉'와 '두 번 째 사나르 우턴 나그내거 울려캐조서 묻었다.〈두 번 째 사내를 어떤 나그내가 도와주어서 묻었다.〉'가 그런 예이다.

d. 서북: 데 사람 코이 와 데레?〈저 사람 코가 왜 저래?〉

e. 중부: 다음에는 천자(天子)이 날 자리란 말야.

〈다음에는 천자가 날 자리란 말이야.〉

위의 (98a-e)는 명사가 모음소로 끝나지만, 그 뒤에 주격어미 '-이'가 결합한다는 것을 보여준다. 이 경우에 '-이'가 결합하는 명사는 '하나(一), 코(鼻), 우〈上, 위〉, 나라(國)' 등인데, 제주방언에서는 그런 예가 발견되지 않는다.

(99) -이가

a. 동남: ① 그 양반 아들이가 독잔데〈그 양반 아들이 독자인데〉

② 그 밑이가 물이가 지푸고〈그 밑이 물이 깊고〉(경북 동해안)

b. 동북:[40] ① 당신네 딸이가 찾아 왓슴메.〈당신네 딸이 찾아 왔소.〉

② 그전에느 〈어랑군〉이가 멘 소재지였지비.

〈그전에는 〈어랑군〉이 면 소재지였지요.〉

c. 서남: 그 집이가 조용해졌어.

〈그 집이 조용해졌어.〉(전남: 담양 · 함평 · 진도)

d. 중부: ① 오는 놈이가 덮어쎴다 이거여.〈오는 놈이 덮어 썼다 이거여.〉

② 뭣이가 왔다갔다 한단 말여.

〈무엇이 왔다갔다 한단 말이야.〉(중부 충청)

위의 (99a-d)는 자음소로 끝나는 명사 뒤에 주격어미 '-이가'가 사용되는 예이다. 그러나 서북방언과 제주방언에서는 그런 예가 발견되지 않는다. 그

40 김병제(1988: 63-65)에 의하면 주격어미 '-이가'는 동북방언 전역에서 사용된다.

리고 '-이가'가 사용되는 방언 중에도 '-이가'가 서남방언에서는 무생물 명사와만 결합하는 데 반하여 다른 방언에서는 생물이나 무생물을 포함한 모든 명사와 결합한다. 그러나 '-이가'가 결합하는 명사에는 '-이'도 결합하여 점차 '-이가'는 그 세력이 줄어들고 있다.

한편 계사 '이다'의 서술형 '이라'에서 변한 것으로 보이는 '-이라서느, -이래, -이라' 등이 주격어미로 사용되기도 한다. 그중 '-이라서느'는 동북방언에서 사용되고 '-이래'는 서북방언과 드물게는 제주방언에서 사용된다. 그리고 '-이라'는 중부방언과 제주방언에서 사용된다. 그러나 그런 유의 어미는 동남방언과 서남방언에서는 사용되지 않는다. 각 방언과 그들 어미가 사용되는 예는 (100)과 같다.

(100) a. 동북: ① 매라서느 배우리 차가는 거 보이까
〈매가 병아리를 차가는 것을 보니까〉
② 질이 나서니 소낙비라서느 어떻게나 쏟아붓는지.
〈길에 나서니 소낙비가 어떻게나 쏟아붓는지.〉
b. 서북: ① 내래 갓다 오갓수다.〈내가 갔다 오겠습니다.〉
② 우리 아들한테 펜지래 왔구나.
〈우리 아들에게 편지가 왔구나.〉
c. 중부: ① 누구라 갔다 왔시꺄?〈누가 갔다 왔습니까?〉(황해도)
② 그 이틀날 동네 배들이라 오는디
〈그 이튿날 동네 배들이 오는데〉(충남 서해안)
d. 제주: ① 누게라 경 ᄀᆞ릅데가?〈누가 그렇게 말합디까?〉
② ᄒᆞ로은 ᄌᆞ녁 때라 되언〈하루는 저녁 때가 되어서〉

4.3.2. 목적격어미

현대 한국어에서 사용되는 목적격어미는 '-을'과 '-를'이다. '-을'은, '집을, 하늘을'에서 보듯이, 자음소나 'ㄹ'로 끝나는 명사와 결합하고 '-를'은, '새를, 국화를'에서 보듯이, 모음소로 끝나는 명사와 결합한다. 그렇지만 고대 한국어에는 목적격어미가 '-을' 하나뿐이었던 것으로 보인다. 그러니까 지금까지 연구된 바에 의하면, '-를'은 '-을'이 중복된 '-을을'에서 '-으를'을 거쳐 형성된 것이다. 앞에서 모음소로 끝나는 명사 뒤에는 '-를'이 결합한다고 했지만, 자연스럽게 사용되는 말을 관찰하면, 모음소로 끝나는 명사 뒤에도 '-을'이 결합하는 경우가 많은데 그것은 전 시기에 모음소로 끝나는 명사 뒤에도 '-을'이 결합되었음을 알려주는 것이다. 예를 들면, 문어(文語)로는 '소나기를 맞았다'라고 하지만, 구어(口語)로는 '소나길 맞았다'라고 하는 것이 그것이다. (101a)에 제시된 것이 그러한 예이다.

(101) a. ① 동남: ㉠ 기양 날(나-을) 따라가자. 〈그냥 나를 따라가자.〉

㉡ 밤에 메느릴(메느리-을) 주길라꼬

〈밤에 며느리를 죽이려고〉

② 동북: ㉠ 보따리에 싸는 걸(거-을) 기랍니까?

〈보따리에 싸는 것을 말합니까?〉

㉡ 까마기보다 가칠(가치-을) 잡아라.

〈까마귀보다 까치를 잡아라.〉

③ 서남: ㉠ 식땅으 가서 뭘(뭐-을) 머글랑가?

〈식당에 가서 뭐를 먹을 것인가?〉

㉡ 니가 날(나-을) 보고 당시니라니

〈네가 나를 보고 당신이라니〉

④ 서북: ㉠ 내리 내리 서:일(서:이-을) 낫디요.

〈내리 내리 셋을 낳았지요.〉

㉡ 머 누굴(누구-을) 소개해요?〈뭐 누구를 소개해요?〉

⑤ 중부: ㉠ 널(너-을) 부른다.〈너를 부른다.〉

㉡ 우리 아번님이 농:질(농지-을) 가지구 있으니깐

〈우리 아버님이 농지를 가지고 있으니까〉

⑥ 제주: ㉠ 날(나-을) 만나레 왓쭈.〈나를 만나러 왔지.〉

㉡ 사을 전에 이걸(이거-을) 타당으네 영헹 지베다 놔뒹

〈사흘 전에 이것을 따다가 이렇게 해서 집에다 놔두고〉

b. 동남: ① ㉠ 집을(집-을) 삿다.〈집을 샀다.〉

㉡ 물로 묵엇다.〈물을 먹었다.〉

㉢ 비로 맞앗다.〈비를 맞았다.〉

② ㉠ 책으를(책-으를) 내애 가지골라〈책을 내어 가지고〉

㉡ 용으를 갖다골라 상징을 삼앗다.

〈용을 가져다가 상징을 삼았다.〉

이상 (경북 영덕군 반촌)

㉢ 이러케 노륵하는 사람으로(사람으로) 모오라꼬 하겐노?

〈이렇게 노력하는 사람을 무엇이라고 하겠느냐?〉

(경북 영덕군 어촌)

③ 눈으(눈-으) 으심할망쿰 기가 맥히는 메르 봗짱가?

〈눈을 의심할 만큼 기가 막히는 묘(墓)를 보았잖은가?〉

(강원 강릉)[41]

41 〈강릉〉 지역어를 여기에 넣은 것은 언어학적으로 그 지역어는 경북방언권에 속한다고 보아야 하기 때문이다.

c. 동북: ① 나느 그 책으(책-으) 다 읽었다. 〈나는 그 책을 다 읽었다.〉

② 염쇠 보리르 다 뜯어 먹습꾸마

〈염소가 보리를 다 뜯어 먹습니다〉.

그러나 그와는 달리, (101b)에서 보듯이, 동남방언에서는 그 기원을 아직 해명하지 못한 목적격어미가 사용되는데, 모음소나 'ㄹ'로 끝나는 명사와 결합하는 '-로'가 그것이다. 물론 자음소로 끝나는 명사와 결합하는 경우에는 '-을'이 사용된다. 그 외에 경북의 해안 지역어에는, (101b②)에서 보듯이, 목적격어미 '-으를'과 '-으로'가 사용되는데, 그것은 현대 한국어에서 모음소로 끝나는 명사와 결합하는 목적격어미 '-를'이 '-을'의 중가형(重加形) '-을을'에서 형성되었음을 알려준다. 이들 두 어미는 '농촌' 또는 '반촌'과 '어촌' 또는 '민촌'이라는 사회·문화적 차이에 의한 것으로 보인다.

목적격어미 '-으를'는 기능부담이 제일 적은 어미 끝의 'ㄹ'가 탈락됨으로써 '-으르'가 되고 다시 어미 끝의 '으'가 탈락됨으로써 '-을'이 된다. 그리고 다시 '-을'에서 기능부담이 제일 적은 'ㄹ'가 탈락됨으로써 '-으'가 되는데, (101c)의 어미 '-으'는, 모음소로 끝나는 명사와 결합하는 목적격어미 '-르'와 함께, 강원도 〈강릉〉지역어에서 시작하여 동북방언 일대에 걸쳐 사용된다.

지금까지의 논의를 정리하면 다음과 같다. 사용지역이 좁은 '-{으르, 를}'과 '-{으로, 르}'를 제외하면, 대체로 동남방언은 목적격어미 '-{을, 를}'과 함께 '-{을, 로}'가 사용된다는 점에서 다른 방언과 구별되고 동북방언은 목적격어미 '-{으, 르}'가 사용된다는 점에서 다른 방언과 구별된다. 그리고 서남방언, 서북방언, 중부방언, 제주방언은 목적격어미 '-{을, 를}'만 사용된다는 점에서 동일하다. 이 점은 그들 방언을 성조방언(동남방언과 동북방언)과 구별짓는 기준이 된다.

4.3.3. 공동격어미

현대 한국어에서 사용되는 공동격어미 '-{와, 과}' 중에서 '-와'는 모음소로 끝나는 어간과 결합하고 '-과'는 자음소나 'ㄹ'로 끝나는 어간과 결합한다. (예) 소와 {양, 말}. {양, 말}과 소. 그런데 17세기 후반까지 중부방언에서 'ㄹ'로 끝나는 명사 뒤에서 실현되는 공동격 어미는 '-와'였다. 그 시기에 중부방언에는 명사나 동사의 어간말 'ㄹ' 뒤에서 어미초의 'ㄱ'가 탈락하는 규칙이 있었기 때문이다. 'ᄎᆞᇙ七보ᇰ寶산山ᄋᆞᆯ 내니 믈와 남기 이시며〈칠보산을 (만들어) 내니 물과 나무가 있으며〉(곡: 160)'와 '엄과 혀와 입시울와 목소리옛 字ᄍᆞᆼᄂᆞᆫ〈어금니와 혀와 입술과 목소리의 글자는〉(1446, 훈언: 15b)' 그리고 '王과 六師와 위ᄒᆞ야 노ᄑᆞᆫ 座 ᄆᆡᇰᄀᆞᆯ오 須達인 舍利弗 위ᄒᆞ야 노ᄑᆞᆫ 座 ᄆᆡᇰᄀᆞ니〈왕과 여섯 은둔자를 위하여 높은 자리를 만들고 수달은 사리불을 위하여 높은 자리를 만드니〉(석상 6:28a)'에서 그런 사실을 알 수 있다.

그러다가 대개 17세기 후반에 이르러 명사말의 'ㄹ' 뒤에서 어미초의 'ㄱ'가 떨어지는 규칙이 없어짐에 따라 명사말의 'ㄹ' 뒤에서도 '-과'가 실현되었다. '네 이 ᄆᆞᆯ과 뵈ᄅᆞᆯ 北京의 가 ᄑᆞᆯ고〈네가 이 말(馬)과 베를 북경에 가서 팔고〉(노걸上: 11b)'에서 그러한 사실을 알 수 있다.

이상과 같은 사실은 공동격어미 '-{와, 과}'는 원래 '-과' 하나였을 것을 말해 준다. (102b)와 (102d)에서 보듯이, 동북방언과 서북방언에서는 모음소로 끝나는 명사나 자음소로 끝나는 명사나 'ㄹ'로 끝나는 명사 뒤에 '-과'와 '-과〉-가'를 거쳐서 형성된 '-가'가 사용되고 있다는 것이 그런 사실을 뒷받침한다. 이 두 방언는 공동격어미로 '-과'나 '-가'가 사용되는 것이 일반적이지만, 그 외의 방언에서는 '-{와, 과}'는 구어에서 거의 사용되지 않는다. 표준어 지역이라고 할 수 있는 서울을 포함한 중부방언에서도 '-{와, 과}'는 구어에서 거의 사용되지 않는다. 일반적으로 동남방언에서는 '-하고'

가, 중부방언에서는 '-허구'가, 서남방언에서는 '-허고'가 사용된다.

(102) a. 동남: ① 수라고(술-하고) 고기하고 잔떡 머건따.
〈술과 고기를 잔떡 먹었다.〉
② 술캉 떡캉 음시글 마이 머건따.
〈술과 떡과 음식을 많이 먹었다.〉
③ ㉠ 호바기랑(호박-이랑) 까지랑 숭거야 데건따.
〈호박과 가지를 심어야 되겠다.〉
㉡ 새금파리랑 유리랑 깨:가주고
〈사금파리와 유리를 깨어서〉
b. 동북: ① ㉠ 속까 겇이 따다. 〈속과 겉이 다르다.〉
㉡ 그 사램이 십일년으 쉐가 돼지르 메겠다는 사램이요.
〈그 사람이 11년을 소와 돼지를 먹였다는 사람이오.〉
㉢ 무꾸과 수꾸르 마이 먹지비. 〈무와 수수를 많이 먹소.〉
② 손이하구 발으 싳어라. 〈손과 발을 씻어라.〉
c. 서남: ① 인자 보디허고 실:허고 마차서 멫 새 이렇고 해갖고
〈이제 바디와 실을 맞춰서 몇 새 이렇게 해가지고〉
② 그면 미영베하고 샘베를 처음부터 밭에서부터 그 숭거갖고
〈그러면 무명베와 삼베를 처음부터 밭에서부터 그 심어가지고〉
d. 서북: ① 친구{과/가} 가티 놀앗습메. 〈친구와 함께 놀았소.〉
② 넝감허구 노친네허구 십이년 차야.
〈영감과 할멈과 십이년 차이야.〉
e. 중부: ① ㉠ 국허구(국-허구) 밥허구(밥-허구) 놓구.

〈국과 밥을 놓고.〉

㉡ 당선자하구 전임 회장하구 이러케 안치구

〈당선자와 전임 회장을 이렇게 앉히고〉

② ㉠ 손과 발을 씻어라.〈손과 발을 씻어라.〉

㉡ 할머니가 손자와 공노리를 한다.

〈할머니가 손자와 공놀이를 한다.〉

f. 제주: ① 가시어멍ᄒᆞ고 각신 이젠 기다리고 이서.

〈장모와 각시가 이제는 기다리고 있어.〉

② 우리 이제 이 디 쉐영 돗영 잡아그네 잔치ᄒᆞ자.

〈우리 이제 이 곳의 소와 돼지를 잡아서 잔치하자.〉

③ 놈광 잘 사귀지 몯허키여.〈남과 잘 사귀지 못하겠다.〉

특히 동남방언과 제주방언에서는, (102a)와 (102f)에서 보듯이, 독특한 어미가 사용되고 있다. 동남방언에서 사용되는 '-캉'과 '-이랑' 그리고 제주방언에서 사용되는 '-영'과 '-광'이 그것이다. 그중에서도 동남방언의 '-캉'과 제주방언의 '-광'은 명사가 자음소나 모음소나 'ㄹ'로 끝나도 이형태를 가지지 않는다는 점에서 '-{와, 과}'의 전신(前身)인 '-과'의 변화형일 가능성이 큰 것으로 보인다.

4.3.4. 호격어미

이 어미는 이름이나 호칭 뒤에 결합하여 손아랫사람이나 손윗사람을 부를 때에 사용된다. 손아랫사람을 부를 때에는, 이름이나 호칭이 자음소나 'ㄹ'로 끝나면 호격어미 '-아'가 사용되고 모음소로 끝나면 호격어미 '-야'가 사용된다. 이것은 모든 방언에 동일하다. 그러나 손윗사람을 부를 때에, 동남방언에서는 호칭 뒤에 호격어미 '-요'나 '-예'가 사용되지만, 그 외의 방언은 호격어미를 붙이지 않는다. (103)에서 그러한 사실을 알 수 있다..

(103) a. 동남: ① ㉠ 예슬아(예슬-아), 콩도 쪼깨 숭거보아라.
〈예슬아, 콩도 조금 심어 봐라.〉
㉡ 인자야, 내 말만 듣고 그 집우로 시집가아라.
〈인자야, 내 말만 듣고 그 집으로 시집 가거라.〉
② 할배{요, 예}, 옌날에느 선도 안 보고 게론{해심니꺼, 핸니껴, 핸능교}?
〈할아버지, 옛날에는 선도 보지 않고 결혼했습니까?〉
b. 동북: ① 백석아(백석-아), 틈이 있으무 놀라 오나.
〈백석아, 틈이 있으면 놀러 오너라.〉
② 인애야, 문툭에 앉디 마라. 〈인애야, 문턱에 앉지 마라.〉
③ 크라바이, 당마당으 가티 가지 안캤습두?
〈할아버지, 장에 같이 가지 않겠습니까?〉
c. 서남: ① ㉠ 민식아(민식-아), 여그 앉어라. 〈민식아, 여기 앉어라.〉
㉡ 창우야, 밖으 비 오냐? 〈창우야, 밖에 비 오니?〉
② {하나부지(전남), 하라부지(전북)} 언제 오실라우?
〈할아버지, 언제 오십니까?〉
d. 서북: ① 보람아(보람-아), 이 신 너나 갖다 신으라.
〈보람아, 이 신 너나 가져다가 신어라.〉
② 은지야, 내레 맨저 갈랜다. 〈은지야, 내가 먼저 가겠다.〉
③ 크나바지, 전 안 먹가시오. 〈할아버지, 저는 안 먹겠습니다.〉
e. 중부: ① ㉠ 은경아, 그럼 나두 오십만 원 내놓겠다.

〈은경아, 그러면 나도 오십만 원 내어놓겠다.〉

ⓛ 인규야, 그 정도는 내가 도와주마.

〈인규야, 그 정도는 내가 도와주마.〉

② 하라버지, 저게 무엇입니까?〈할아버지, 저것이 무엇입니까?〉

f. 제주: ① ㉠ 영심아(영심-아), 이거 어멍신듸 가져가라.

〈영심아, 이것 어머니에게 가져가거라.〉

ⓛ 영우야, 술운 먹어도 담배는 안 피왓저.

〈영우야, 술은 먹어도 담배는 안 피웠어.〉

② 하르버지, 드러왕 요디 아집써.

〈할아버지, 들어와서 여기 앉으십시오.〉

제 **5** 장

한국어 방언의 어휘

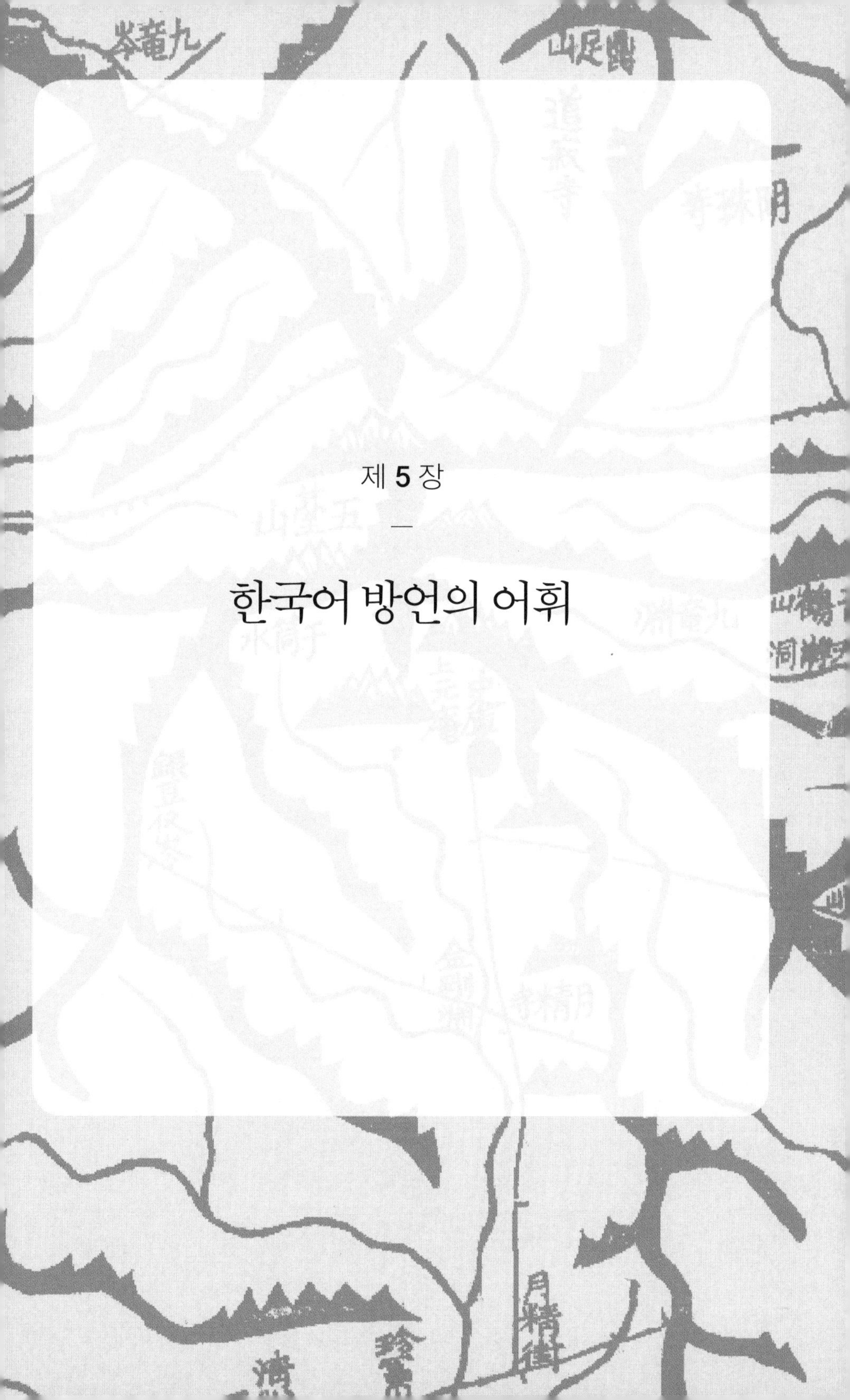

이 장에서는 표준어 어휘를 몇 가지 범주로 나누어 해당 표준어 어휘에 대한 각 방언 어휘들의 유사점과 차이점에 대해 논의할 것이다. '어휘'는, 넓게는 '해당 언어'에 존재하는 단어 전체(또는 부분: 이하 동일)를 뜻하고 좁게는 '어떤 범주'에 속하는 단어 전체를 뜻한다. 예를 들어, '농촌'이라는 범주에서 사용되는 단어 전체를 '농촌어휘'라 할 수 있고 '어촌'이라는 범주에서 사용되는 단어 전체를 '어촌어휘'라 할 수 있다.

그리고 그 범주를 좁혀 '친족'으로 한정하면 '친족'이라는 범주 안에서 사용되는 친족원에 대한 지칭어(指稱語)나 호칭어(呼稱語) 전체를 '친족어휘'라고 할 수 있으며 '할아버지, 할머니, 아버지, 어머니, 큰아버지, 큰어머니, 작은아버지, 작은어머니, 고모, 고모부, 형, 누나' 등은 모두 '친족어휘'를 구성하는 단어들이다. 또 그 범주를 더 좁혀서 '신체'로 한정하면, '신체'라는 범주 안에서 사용되는 단어 전체를 '신체어휘'라고 할 수 있다. '머리, 눈, 코, 입, 다리, 발, 발가락, 팔, 손, 손가락' 등이 '신체어휘'를 구성하는 단어들이다.

그리고 다시 그 범주를 더 좁혀서 '색채'로 한정하면, '색채'의 범주에 속하는 단어 전체를 '색채어휘'라 할 수 있다. '빨강, 파랑, 노랑, 분홍, 연분홍' 등이 '색채어휘'를 구성하는 단어들이다. 또 범주를 '요리 동사'로 한정하면, '요리 동사'의 범주에 속하는 단어 전체를 '요리동사어휘'라고 할 수 있다. '찌다, 끓이다, 볶다, 깎다, 썰다, (껍질을) 벗기다' 등이 '요리동사어휘'에 속하는 단어들이다.

이처럼 어휘는 그 범주를 얼마나 크게 잡느냐 또는 좁게 잡느냐에 따라서 해당 어휘에 속하는 단어들의 수가 달라지게 된다. '어휘'는 동일한 범주 속에 포함되는 단어 전체(또는 부분)을 뜻하기 때문에 하나의 단어 또는 범주가 다른 몇 개의 단어를 '어휘'라고 칭하는 것은 맞지 않다.

이제 위의 논의를 바탕으로, 한국어 방언에 사용되는 '어휘'에 대해서 알아보기로 한다. 한국어 방언에 사용되는 '어휘'는 상당수가 동일하지만, 다음 몇 가지 기준에 의해서 일부 단어들이 방언적 차이를 가진다. 먼저 방언 간의 가장 큰 어휘 차이는 지역에 따라 동일한 대상에 서로 다른 명칭을 붙인 결과로 나타난다. 예를 들면, '부추'는 서남경남방언을 제외한 동남방언과 충북방언에서는 '정{구, 고}지'로 사용되고 서남방언과 서남경남방언에서는 '솔, 소{불, 풀}'로 사용된다. 그리고 충남방언에서는 '{졸, 줄}'로 사용되고 경기방언과 강원방언에서는 '부{초, 추}'나 '분{초, 추}'로 사용된다. '솔'과 '{졸, 줄}'을 제외하면 이들 방언형은 서로 관련을 지을 수 없다. 그것은 동일한 대상에 붙여진 명칭이 다르기 때문이다. 이 경우에 동남방언이나 충북방언 화자가 '정{구, 고}지'라는 단어를 사용하면 이 단어를 모르는 나머지 방언의 화자들은 그것을 이해하지 못하게 된다.

다음으로 볼 수 있는 방언 간의 어휘 차이는 원래 동일했던 단어가 지역에 따라 음운변화를 달리 겪음으로써 나타난다. 예를 들면, '가을'(秋)은 동남방언 중에서 경북방언에서는 '가읅'이나 '가싥'로, 중부방언 중에서 충북방언과 강원방언에서는 주로 '가읅'으로 사용되고 동남방언 중에서 경남방언에서는 '가알'이나 '가실'로, 서남방언에서는 '가을'이나 '가실'로, 그리고 서북방언과, 중부방언 중에서 충남방언과 경기방언에서는 주로 '가알'로 사용된다. 또 동북방언에서는 '가슬'로, 제주방언에서는 'ᄀᆞ슬'로 사용된다. 이들 방언형은 모두 'ᄀᆞᅀᆞᆶ'에서 첫째 음절의 'ᄋᆞ'가 변화하지 않거나 '아'로 되고 '△'가 없어지거나 'ㅅ'로 되고, 둘째 음절의 'ᄋᆞ'가 '으'로 되고 그 '으'가 'ㅅ' 뒤에서 변화하지 않거나 '이'로 되고 둘째 음절의 '으'가 앞 음절의 '아'에 동화되어 '아'로 되는 변화에 의한 것이다(단, 'ᄀᆞᅀᆞᆶ'의 'ㅎ'와 '가읅'의 'ㄱ'와의 관계는 논외로 함).

지도 7 '부추'

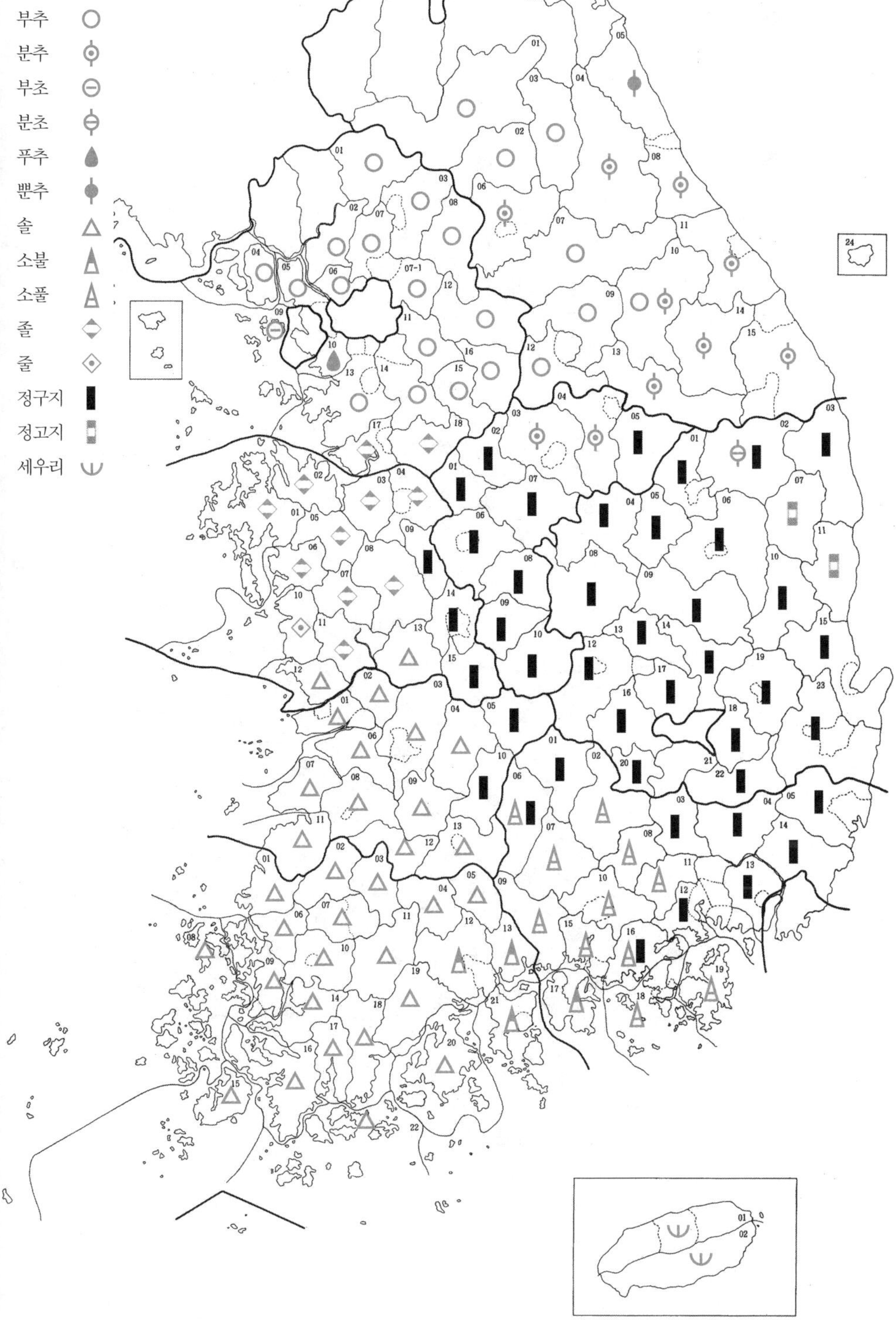

지도 8 '가을'

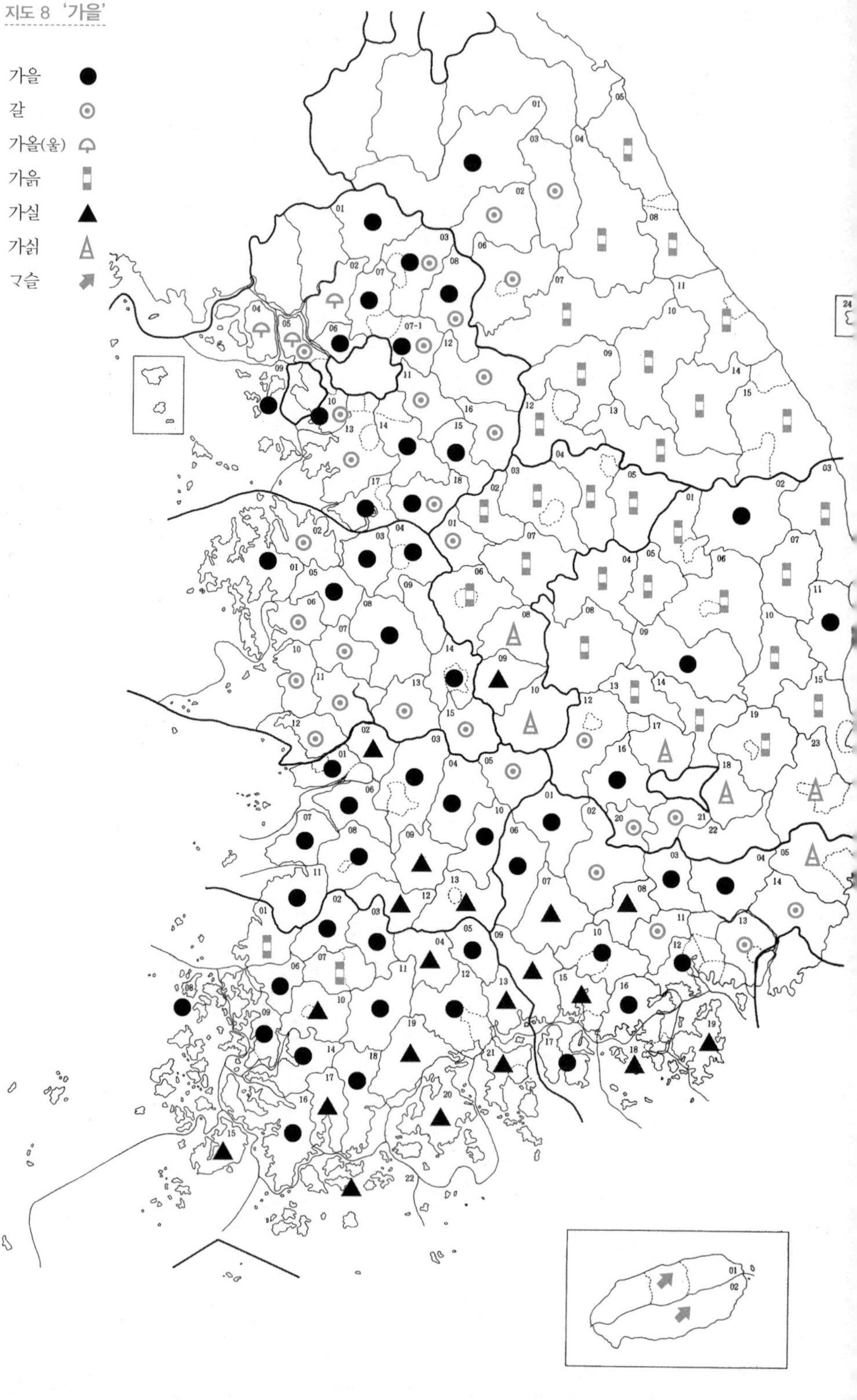

끝으로 방언 간의 어휘 차이는 동일한 단어가 접두사나 접미사에 의해 파생되거나 되지 않음으로써, 또는 서로 다른 접두사나 접미사에 의해 파생됨으로써 나타난다. 예를 들어, '파리'(蠅)는 서남방언의 하위방언인 전남방언과 동남방언의 하위방언인 서남경남방언에서는 '포리'로 사용되고 서남방언의 하위방언인 전북방언에서는 '포리'나 '퍼리'로 사용된다. 그리고 동남방언 중에서 경북의 중부 이남 방언과 동북부경남방언에서는 '파리'나 '{파, 포}랭이'로 사용되고 그 외의 방언에서는 '파리'가 사용된다. 이들 방언형의 차이는 모두 'ᄑᆞ리'가 겪은 음운변화의 차이나 접미사에 의해 파생되거나 파생되지 않음으로써 나타난 것이다. 다시 말하면, 가장 널리 사용되는 '파리'는 'ᄑᆞ리'에서 'ᆞ'가 '아'로 되는 변화에 의한 것이고 '포리'는 'ᄑᆞ'의 'ᆞ'가 양순음소 뒤에서 '오'로 되는 변화에 의한 것이다[ᄇᆞᆲ다〉볿다(踏), ᄲᆞᆯ다〉뽈다(吸), ᄑᆞᆯ〉폴(臂), ᄆᆞᄃᆡ〉모디(寸)]. 그리고 '퍼리'는 '포리'의 첫음절 모음소 '오'가 비원순모음소화(봇나모〉벗나무, 보션〉버선 등)에 의해 '어'로 되는 변화에 의한 것이며 '{파, 포}랭이'는 '파리'나 '포리'에 접미사 '-앙이'가 결합되어 '{파, 포}리‖앙이〉{파, 포}랑이〉{파, 포}랭이'로 되는 변화에 의한 것이다.

이 밖에도 방언 간의 어휘 차이를 나타내는 요인이 더 있을 것이다. 지역 간의 자연지리적 조건과 생활과 풍습의 차이 등이 그러한 요인이 될 수 있다. 이제 어휘를 몇 개의 범주로 나누어 각 범주를 구성하는 단어들에 대한 방언형을 표로 제시하여 방언 간의 유사점과 차이점에 대해 논의하기로 한다. 하나의 표준어에 대한 방언형은 동일 방언 안에서도 여러 개가 있을 수 있다. 그러므로 서술의 편의를 위해서 대방언마다 한 지역을 정하여 그 지역에서 사용되는 방언형을 표에 제시하기로 한다.

지도 9 '파리'

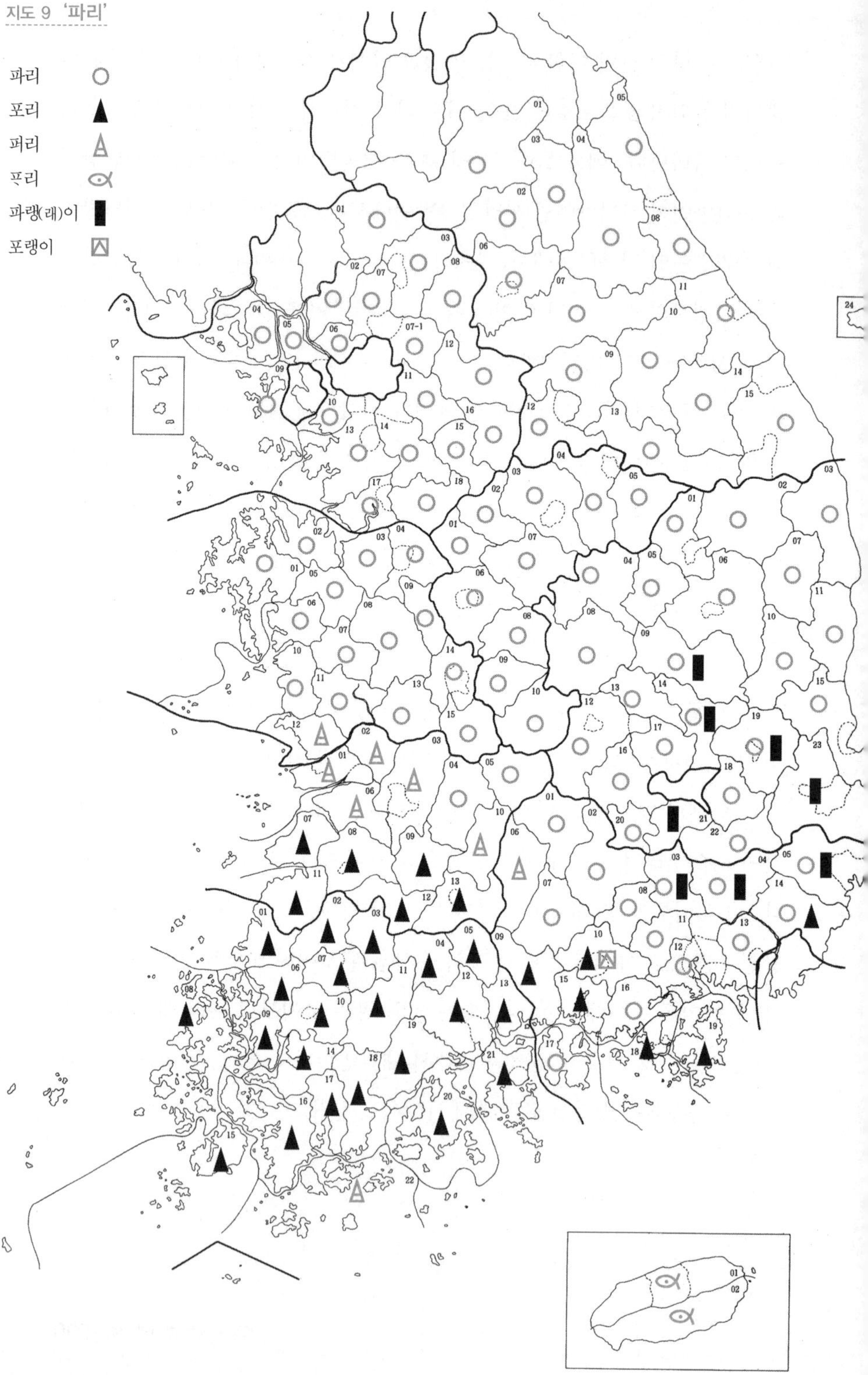

■ ■ 쉬 ■ 어 ■ 가 ■ 는 ■ 곳 ■ ■

단어는 사고(思考)의 알멩이다. 생각을 완전하게 나타내는 최소 단위를 문장이라고 한다면, 문장은 질서 있게 배열된 단어의 연속체이다. 사람들은 모두 이 연속체를 통하여 자기의 생각을 표현하고 또 상대방의 생각을 이해한다. 그것이 가능한 것은 삼라만상(森羅萬象)과 추상적인 것들 하나하나에 붙여준 단어가 있기 때문이다. 단어가 없다면 우리의 일상은 침묵으로 가득 차 있을 것이다. '진달래', '개나리', '도라지' 그 꽃들에게 그러한 이름을 붙여주지 않았다면, 어둠 속에서 그것들이 '붉은색'과 '노란색'과 '보라색'을 띠고 그것들에게 적합한 향기를 피우면서 다가올 수 있을까.

【사람이 세계를 보는 넓이와 깊이 그리고 그 세계를 표현하는 넓이와 깊이는 그 사람의 머릿속에 들어 있는 어휘의 양(=단어의 수)에 비례한다.】

내가 그의 이름을 불러주기 전에는
그는 다만
하나의 몸짓에 지나지 않았다.

내가 그의 이름을 불러 주었을 때
그는 나에게로 와서
꽃이 되었다.

내가 그의 이름을 불러 준 것처럼
나의 이 빛깔과 향기에 알맞은
누가 나의 이름을 불러 다오.
그에게로 가서 나도
그의 꽃이 되고 싶다.
우리들은 모두
무엇이 되고 싶다.
너는 나에게 나는 너에게
잊혀지지 않는 하나의 눈짓이 되고 싶다.

–김춘수의 《꽃》

■ ■ 쉬 ■ 어 ■ 가 ■ 는 ■ 곳 ■ ■

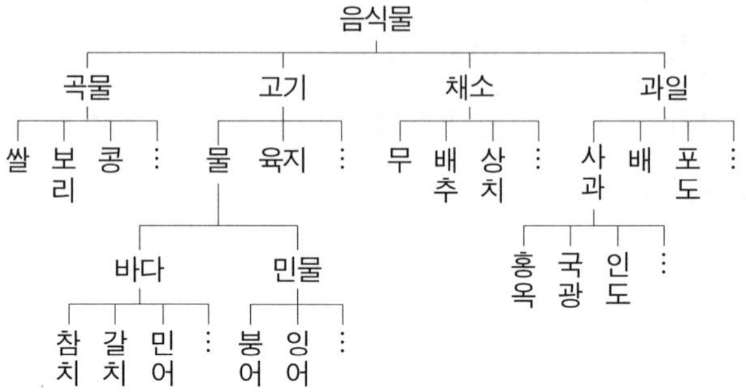

'어휘'를 구성하는 '단어'는 모두 동일한 가치를 가지는 것이 아니다. 다섯 층으로 되어 있는 위의 그림에서 우리는 다음의 사실을 알 수 있다. 그것은 위에서 아래로 내려갈수록 단어의 뜻이 구체적으로 되며 아래에서 위로 올라갈수록 단어의 뜻이 추상적으로 된다는 사실이다. 단어가 구체적이고 추상적이라는 것은 상대적이다. 그림에서 '홍옥, 국광, 인도'를 포괄하는 단어는 '사과'이다. 포괄하는 단어는 포괄되는 단어에 비하여 '추상적인 단어'가 되고 포괄되는 단어는 '구체적인 단어'가 된다. 그 점에서 '사과'는 '홍옥, 국광, 인도'보다 '추상적인 단어'이며 '홍옥, 국광, 인도'는 '사과'보다 '구체적인 단어'가 이다.

이 점을 고려하면, 그림에서 '참치, 갈치, 민어'를 하나의 단어로 나타낼 수 있다. 그 단어는 '참치, 갈치, 민어'를 포괄하는 그 윗층의 '바닷물고기'다. 그러면 '참치, 갈치, 민어'와 '붕어, 잉어'를 다 포괄하는 하나의 단어는 무엇인가? 그 단어는 그 두 범주의 고기를 다 포괄하는 그 윗층의 '고기'다. 여기서 우리는 어떤 범주에 속하는 여러 가지 사실들은 그 사실들은 포괄하는 단어로써 간단히 나타낼 수 있다는 것을 알 수 있다. 이것은 매우 중요하다. 많은 현상이나 사실들을 하나의 단어나 어구로 나타낼 수 있다는 것은 그러한 현상이나 사실들의 핵심을 이해하고 있다는 것을 뜻한다. 여기에 우리가 추상적인 단어를 많이 알고 있어야 할 필요가 있다.

추상적인 단어는 복잡한 현상이나 사실들을 이해하는 데에 필요하기는 하지만, 그렇다고 구체적인 단어들은 필요가 없다는 것이 아니다. 자기가 이해한 것을 다른 사람이 이해하게 하기 위해서는 추상적인 단어만으로는 불가능하다. 예를 들어, '공부방은 매우 지저분하다'는 표현은 매우 추상적이다. 얼핏 보기에 어려운 추상적인 단어가 사용되지 않았으나 '지저분하다'는 단어는 매우 추상적이다. 왜냐하면, 그 공부방이 얼마나, 어떻게 지지분한지를 이해할 수 없기 때문이다. 그러므로 청자나 독자가 '방이 지저분하다'는 것을 실감하게 하기 위해서는 그 방이 얼마나 어떻게 지저분한가를 구체적으로 설명해야 한다. 다음 글에서 '공부방은 매우 지저분하다'는 추상적인 표현이 청자나 독자들에게 얼마나 구체적으로 전달되는지 알 수 있다.

그의 공부방은 지저분하였다. 커튼은 때가 묻고 구겨져 있었으며 방바닥은, 오랫동안 닦지 않아서, 먼지가 덕지덕지 굳어 있었다. 그런 방바닥 여기저기에 책이며 휴지가 어지럽게 널려 있었다. 그리고 책상 위에는 야구장갑과 꽃병에서 떨어진 꽃잎들이 먼지를 뒤집어쓴 채 흩어져 있었다.

5.1. 친족 어휘

친족 어휘는 친족의 범위가 한정되어 있으므로 체계가 분명한 어휘에 속한다. 여기서는 ⓐ 부계(父系)와 모계(母系) 조부모에 대한 호칭어와 지칭어, ⓑ 부계의 부모와 백부모(伯父母)와 시가(媤家)의 부모에 대한 호칭어와 지칭어 그리고 ⓒ 처가의 부모와 '누이', '도련님'의 호칭어와 지칭어에 대해서 논의한다.

5.1.1. 부계(父系)와 모계(母系) 조부모

다음 (1)은 부계와 모계 조부모에 대한 각 방언의 호칭어와 지칭어이다.

(1)

방언 / 표준어	동남 경북:〈경주〉	동북 함북:〈경흥〉	서남 전남:〈영광〉	서북 평북:〈의주〉	중부 경기:〈양평〉	제주 〈서귀포〉
할아버지	할배, 할부지	크라바네, 크라바니	하나씨, 하나부지	크라바지, 하라버지	하라버지, 하라버님	하르버님, 하라바지
할머니	할매, 할무이	클매, 크라매	할매, 할머니	클마니〉 할매	할머니	할머니, 할머님
외 할아버지	웨에할배	왜크라바네, 왜크라바니	하라부지, 외하나부지	왜하라버지	하라버지, 외하라버지	하르버님, 웨하르방
외할머니	웨에할매	왜클매	할머니, 외할무니	왜할머니	할머니, 외할머니	웨할머님, 웨할망, 웨할머니

참 밑줄=지칭, 밑줄이 없는 것=호칭 및 지칭.

화자를 '나'(我)라고 할 때, '할아버지'와 '할머니'는 '나'보다 직계 2대 위의 남자와 여자이다. (1)에서 논의의 핵심이 되는 것은 '할아버지'에 대한 방언형은 '하-'로 시작하는 것과 '크-'로 시작하는 것으로 나뉜다는 점이다. '하-'로 시작하는 명칭은 남부방언에서 사용되며 '크-'로 시작하는 명칭은 북부방언에서 사용된다. 그리고 '하-'와 '크-'는 모두 한자 '대'(大)에 대한 순수 한국어다. 그것은 형용사 '하다'와 '크다'의 어간이다. '하다'는 지금 사용되지 않지만, '많다'(多)나 '크다'(大)의 뜻을 가지고 있었다. '하도 많아서'의 '하'와 '한길'(大路)이나 '한내'(大川)의 '하'가 그것인데, 지금은 구나 단어 속에 화석(化石)처럼 남아 있다. 그러므로 '하-'와 '크-'는 모두 '대'(大)를 나타내는 것이라는 점에서 동일하다고 하겠다.

15세기 한국어에서 현재의 '아버지'와 '어머니'는 '아비'와 '어미'였다. "아비 어미 날 기를 저긔〈아버지 어머니가 나를 기를 때에〉(두초 8: 67b)"에서 그 예를 볼 수 있다. '하-'와 '크-'의 관형사형 '한'과 '큰'을 '아비'와 '어미' 앞에 결합한 것이 '한아비', '큰아비'와 '한어미', '큰어미'이다. 서남방언의 '하나씨'나 '하나부지'는 '(한아비〉)하나비'를 계승한 것이다.

방언형의 '할'과 '클'은 '한'과 '큰'의 'ㄴ'가 'ㄹ'로 변한 것인데, 이러한 변화를 설명할 수 있는 유일한 근거는 '언마'와 '현마'가 '얼마'와 '(현마〉션마〉셜마〉)설마'로 변한 것이다. 앞으로의 연구가 필요하지만, '한어미'와 '큰어미'에서 둘째 음절의 '어'가 탈락하여 '한미'와 '큰미'로 되고 모음소 사이에서 'ㄴ'가 'ㅁ' 앞에서 'ㄹ'로 되어 '할미'와 '클미'로 된 것이다. 이 '할'과 '클'이 영향을 주어 '한아비'와 '큰아비'가 '할아비'와 '클아비'가 된 것이다. 이러한 변화는 '한'과 '할', '큰'과 '클'의 이형태가 신형인 '할'과 '클'로 대체되는 이형태의 단일화에 의한 것이다.

그 밖에 보이는 방언형의 차이는 접미사 '-아/어지, -어니, -어님, -앙'

에 의한 파생과 그 뒤의 변화에서 형성되는 것이다. 예를 들면, '할아버지'는 '[[한아비]어지]〉한아버지〉할아버지'로 되었다고 할 수도 있고 '한아비'가 '할아비'로 된 뒤에 접미사 '-어지'가 결합하여 '[[할아비]어지]〉)할아버지'로 되었다고 할 수도 있다. 그리고 '외가'(外家)에 대한 친족명칭은 '친가'의 친족명칭 앞에 접두사 '외-'(外)가 결합된 것으로 그것이 '친가'의 친족명칭과 다르다. 방언형 '웨-'나 '왜-'는 이중모음소 '외(oj)'가 단모음소로 되어 '외(ö)'로 되고 이것이 다시 이중모음소 '웨'나 '왜'로 된 것이다. 단모음소 '외'가 이중모음소로 될 때에 북부방언인 서북방언과 동북방언에서는 '왜'로 되고 남부방언인 동남방언과 제주방언에서는 '웨'로 되고 서남방언과 중부방언에서는 여전히 단모음소로 존재한다는 것이 주목된다.

5.1.2 부계의 부모와 백부모(伯父母)와 시가(媤家)의 부모

다음 (2)는 부계의 부모와 백부모(伯父母)와 시가(媤家)의 부모에 대한 각 방언의 호칭어와 지칭어이다.

(2)

방언 표준어	동남 경북:〈경주〉	동북 함북:〈경흥〉	서남 전남:〈영광〉	서북 평북:〈의주〉	중부 경기:〈양평〉	제주 〈서귀포〉
아버지	아배, 아부지	아바지, 아바제, 아바지, 아버님	아부지, 아부님, 받(〈밧)어르신	아바지, 아빠	아버지	아부지, 아버님, 아방, 아버지
어머니	어무이, 엄마	어마네, 어마{니, 님}	엄마, 어머님, 어머님, 안어르신	어머니〉 엄마	엄마	어멍, 어무니, 어멍, 어머니

방언 / 표준어	동남 경북:〈경주〉	동북 함북:〈경흥〉	서남 전남:〈영광〉	서북 평북:〈의주〉	중부 경기:〈양평〉	제주 〈서귀포〉
큰아버지	크나배, 크나부지	마다바네, 마다바니, 백부님	크나버지, 백부님, 백부님	마다바지	크나버지	크나버님, 크나방, 크나버지
큰어머니	큰엄매, 크너무이	마다매, 마다매, 뱅모	크너매, 크너머니	마더머니	크너머니	크너머니, 크너머님, 크너머니, 크너멍
시아버지	아버임, 아부임, 아뱀	아반님, 스아버님	아부님, 시아바이	아버님, 시아바지	아버님, 시아버지	아버님, 아버지, 씨아방, 씨아버지
시어머니	어무님, 어무이, 어맴	어머님, 스어마님	어머님, 시어마이	어머님, 시어머니	어머님, 시어머니	어머니, 어머님, 씨어머니

참 밑줄=지칭, 밑줄이 없는 것=호칭 및 지칭.

여기서 논의 대상이 되는 것은 '나'(我)보다 하나 직계 위인 친족의 명칭이다. (2)에서 '아빠'와 '엄마'는 최근에 만들어진 명칭이다. 이들 명칭을 제외하면 표준어 '아버지'에 대한 방언형은 크게 '아바지, 아버지, 아부지'와 '아버님'으로 나뉜다. '아바지'는 '아비'에 접미사 '-아지'가 결합하여 '([[아비]아지]〉) 아바지'로 된 것이며 '아버지'는 '아비'에 접미사 '-어지'가 결합하여 파생된 것이다. 그리고 '아부지'는 '아버지'에서 '버'의 '어'가 상승(上昇)하여 '으'가 되고 다시 '으'가 양순음소 뒤에서 원순모음소화하여 '우'로 된 것이다. 그리고 '아버님'은 '아비'에 접미사 '-어님'이 결합하여 파생된 것이다.

다음으로 표준어 '어머니'에 대한 방언형은 '어무이', '어마니', '어머니'로 나뉜다. 이 중에서 '어마니'와 '어머니'는 '어미'에 각각 접미사 '-아니'와 '-어니'가 결합하여 형성된 것이다. 그리고 '어무이'는 '어머니'에서 '머'의 '어'가 상승하여 '으'로 되고 '으'가 양순음소 뒤에서 원순모음소화하여 '우'로 되어 '어무니'가 되고 'ㄴ'가 모음소와 '이' 사이에서 탈락하여 형성된 것이다.

그리고 표준어 '큰아버지'나 '큰어머니'에 대한 방언형은 '큰-'과 '맏-'과 '백-'으로 시작하는 데에서 차이를 보인다. 이 중에서 '큰-'과 '맏-'은 한자 '백-'(伯)에 대한 고유어인데, '백'(伯)의 훈(訓)을 '큰-'과 '맏-'으로 정한 데에서 방언형 간에 차이가 생긴다. 접두사를 제외한 나머지 부분의 차이는 표준어 '아버지'와 '어머니'의 방언형에 대한 논의 내용과 같다.

끝으로 표준어 '시아버지'와 '시어머니'의 방언형은 '시가'(媤家)를 표시하는 접두사 '스-'나 '시-'로 시작하느냐 접두사가 없이 시작하느냐에 따라서 차이를 보인다. 호칭에 '님'이 사용되는 것이 남자인 '나'가 사용하는 호칭과 구별되는데, 그것은 '시아버니'와 '시어머니'에 대한 며느리의 존대를 나타내는 것이다. 방언형은 '아버님, 아부님'과 '어머님, 어마님, 어무님'에서 차이를 보이는데, 그들 명칭은 '아비'와 '어미'에 접미사 '-아님'이나 '-어님'이 결합하여 형성된 것이다. '아부님'과 '어무님'은 '아버님'과 '어머님'의 '버'와 '머'의 '어'가 상승하여 '으'로 되고 다시 '으'가 양순음소 뒤에서 원순모음소화하여 '우'가 됨으로써 형성된 것이다. 특히 눈에 띄는 것이 동남방언의 '아뱀'과 '어맴'인데 이러한 호칭은 경상북도 동북부 반촌에서 '며느리'가 시가(媤家)의 어른들을 부를 때에 사용된다. 표준어 '아주버니, 큰아버지, 큰어머니, 할아버지, 할머니'에 대한 호칭은 '아지뱀, 큰아매, 큰어맴, 할뱀, 할맴'이다. 이것은 그 지역의 전통적인 호칭이다.

5.1.3. 처가의 부모와 '누이', '도련님'

다음 (3)은 처가의 부모와 친가의 '누이', 시가의 '도련님'에 대한 각 방언의 호칭어와 지칭어이다.

(3)

방언 표준어	동남 경북:〈경주〉	동북 함북:〈경흥〉	서남 전남:〈영광〉	서북 평북:〈의주〉	중부 경기:〈양평〉	제주 〈서귀포〉
장인	장인, 장인어른	아바제, 빙장님, 가스아바지	장인어르신, 장인	아버님, 가시아바지	장인	아버지, 아버님, 가시아방, 장인
장모	장모님	어마네, 가스어마니, 쟝모님	장모님, 장모	어머니, 가시어마니	장모	어머니, 어머님, 가시어멍, 처모
누나	누부	누이니메, 느베, 누님	누님	누이, 누나	누님	누님
도련님	대럼, 대리미, 시동상	새{와/워}니, 스애끼	되른님	저그니, 시아	되련님	아지방

참 밑줄=지칭.

위의 (3)에 제시된 친족명칭 중에서 표준어 '장인'과 '장모'에 대한 방언형은 한자어인 '장인', '장모'를 사용하느냐 접두사 '가스-'나 '가시-'를 사용하느냐에서 차이를 보인다. 15세기에 '가시'는 '아내'의 뜻으로 사용되었다. "그딋 가시 ᄃᆞ외아 지라〈당신의 아내가 되고 싶다〉(월석 1: 11b)"에서 그 예를 볼 수 있다. 그러므로 동북방언의 '가스-'는 '가시-'에서 변한 것이라 하겠다. '가시'는 '아내'에 해당하므로 '가시아바지'와 '가시어마니'는 각각 '아내의 아버지'와 '아내의 어머니'가 된다. 이들 명칭은 고유어라는 점에서 한자어인 '장인', '장모'와 구별된다. 그리고 남부방언인 제주방언에서 '가시-'가 사용된다는 점에서 서북방언과의 관계를 밝힐 필요가 있다.

다음으로 표준어 '누나'에 대한 방언형은 어중(語中)에 'ㅂ'가 있는 '누부, 느베'와 'ㅂ'가 없는 '누님, 누나, 누이'로 구별된다. 그중에서 '누부'와 '느베'는 《조선관역어(朝鮮館譯語)》에 수록된 '妹: 餒必(*누빙)'와 대응된다는 점에서 '누이'의 고형(古形)이다. 그리고 표준어 '도련님'은 '나'의 '아내'가 '나'의 '남동생'을 지칭하거나 호칭하는 것인데, 그에 대한 방언형은 동북방언과 서북방언과 제주방언에서 특이하다. 동북방언의 '새{와/워}니'는 '생원'(生員)에서 변한 것이라 하겠으며 서북방언의 '저그니'은 '형'보다 '적은 사람' 즉 '동생'을 뜻하는 것이라 하겠다. 제주방언의 '아지방'은, '아방(<[[아비]앙])이나 어망(<[[어미]앙])을 고려하면, '아지비'에 접미사 '-앙'이 결합한 것으로 보이는데, '아지비'는 '아저씨'를 뜻하는 '아ᄌᆞ비'에서 형성된 것으로 보인다. 즉 '아ᄌᆞ비>아즈비>아지비'의 과정을 거친 것이다. 그러므로 '아지방'은 남편의 동생에 대한 '존칭'이라 하겠다.

5.2. 인체 어휘

인체(人體) 어휘도, 친족 어휘와 함께, 그 범위가 한정되어 있으므로 체계가 분명한 어휘에 속한다. 여기서는 인체 중에서 상체(上體)와 하체(下體)에 속하는 명칭을 대상으로 각 방언의 방언형에 대해 논의하기로 한다.

5.2.1. 상체 부분의 명칭 (1)

다음 (4)는 상체 부분 명칭의 표준어에 대한 각 방언의 어형이다.

(4)

방언 / 표준어	동남 경북:〈경주〉	동북 함북:〈경흥〉	서남 전남:〈영광〉	서북 평북:〈의주〉	중부 경기:〈양평〉	제주 〈서귀포〉
이마	이매, 이망	니매	이매	니망, 니마빼이	이마	이멩이, 임데이쪼광
휜자위	힌채이	힌자시	힌창	힌저울	힌자우	힌동제
눈꺼풀	눙꺼풀	눈뜨베	눈뚜경	눈짠덩	눙꺼풀	눈뚜게
눈두덩	눈티이	눈드베	눈뚜경이, 눈테이	눈짠덩이	눈텅이	눈뚜껑, 눈뚜덩
주름살	쭈구럭살	쭈룩쌀	주룸	주름쌀	주름살	주룸(쌀)
수염	쉐에미	쉐에{미, 무}	쉬염	쉬:예미	시염	{쉬, 시}엄
구레나룻	구리쉐에미	구리쉐에미, 쉐에무(+대)	귀얄쒸염	쉬:예미	구렌나루	녹{떼, 띠} 시엄
콧구멍	코꾸무, 꼬꾸영(구), 코꾸멍(신)	코꾸냥	코꾸녁	코꾸넝	코꾸먹	코고망
코딱지	코따까리	코깨애지	코딱지	코찐재리	코따댕이	코{페, 피} 랭이

위의 머리 부분의 명칭에서 표준어 '이마'에 대한 방언형은 '이'로 시작하는 것과 '니'로 시작하는 것으로 나뉘는데, '니'로 시작하는 것은 그 단어의 고형인 '니맣'의 '니'를 그대로 유지하는 것이고 '이'는 구개음소화에 의하여 'ㄴ'가 탈락된 것이다. 이러한 사실은 '니'를 가진 방언이 구개음소화를 겪지 않았

다는 데에서 뒷받침된다. 그 다음에 논의 대상이 되는 것은 둘째 음절의 '매', '마', '망'이다. 그중에서 '매'는 어간말의 'ㅎ'가 탈락된 뒤에 주격어미 '이'가 축약된 것이며 '마'는 어간말의 'ㅎ'가 탈락된 것이고 '망'은, '땋'(地)가 '땅'이 된 것과 동일하게, '맣'의 'ㅎ'가 'ㅇ'이 됨으로써 '망'으로 된 결과라 하겠다.

그리고 표준어 '흰자위' 이하의 단어에 대한 방언형은 음운변화에 의한 것과 파생에 의한 것 그리고 그 형성을 설명하기 어려운 것으로 되어 있다.

5.2.2. 상체 부분의 명칭 (2)

다음 (5)는 상체 부분 명칭의 표준어에 대한 각 방언의 어형이다.

(5)

방언 표준어	동남 경북:〈경주〉	동북 함북:〈경흥〉	서남 전남:〈영광〉	서북 평북:〈의주〉	중부 경기:〈양평〉	제주 〈서귀포〉
입술	입서{벌, 버리}	입쑬	입쑬	입쑬가리	입쑬	입빠{위, 이}
혀	세	세띠	서	헤(때기)	새빠닥	세
혓바늘	셉빠늘	쓸	서빠늘	헷바늘〉쓰리	샙빠늘	세빠늘
머리카락	멀끄디이	머리끼	멀크락, 머끄데이	머리칼	머리카랑	머리까락
정수리	짱배기, 짱박	수꿍기, 수꿍그(+대)	봉닥찌	꼭대기	정수리	머리상곡때기
겨드랑	자트래이	쟈개애미	저탈{밋, 밑}	게드랑이	저드렁이	{전, 제}껭이
옆구리	약꾸리(구) 역꾸리(신)	녀꾸리	역꾸리	녀꾸리	역꾸리	엽{깔, 꽐}리

위의 표준어 인체 명칭에 대한 방언형도 음운변화와 파생에 의하거나 설명이 어려운 변화 과정에 의해서 차이를 보인다. 표준어 '혀'나 '혓바늘'의 '혀'에 대해 방언형이 '세'나 '새'를 보이는 것은 'ㅎ'의 구개음소화에 의한 것이며 표준어 '겨드랑'의 '겨'에 대해 방언형이 '자'나 '저'를 보이는 것은 '겨'의 이중모음소가 '여(jʌ)'나 'ᄋᆝ(jɐ)'인 데에서 기인한다. 다시 말하면 '자'는 'ᄀᆝ'의 'ᄋᆞ'가 '아'로 변하여 '갸'가 되고 다시 'ㄱ'구개음소화를 거쳐서 '쟈'가 되고 다시 '자'로 된 것이며 '저'는 '겨'가 'ㄱ'구개음소화를 거쳐서 '져'가 되고 이것이 '저'로 된 것이다.

또 표준어 '옆구리'의 '옆'에 대해 방언형이 '역/엽(<옆), 녁(<녚), 넉(<넢)'을 보이는 것은 이 단어의 15세기 어형이 '녚'인 데서 기인한다. 다시 말하면, 동북방언의 녁(<녚)은 15세기 어형을 그대로 지속하는 것이고 서북방언의 '넉(<넢)'은 자음소 뒤에서 '여(jʌ)'의 j가 탈락한 것이다. 그리고 동남방언(신형), 서남방언, 중부방언, 제주방언의 '역/엽(<옆)'은 '녀'의 'ㄴ'가 구개음소화에 의해 탈락한 것이다. 이와는 달리 동남방언(구형)의 '약(<얖)'은 표준어 '겨드랑'의 '겨'에 대한 동남방언의 '자'에 대해서 논의한 바와 같이, 15세기 어형이 '녚'일 때에 동남방언의 어형은 'ᄂᆝᇁ(njɐpʰ)'이었다. 이것이 'ᄋᆞ'의 둘째 단계의 변화에 의해 '냪'이 되고 다시 'ㄴ'가 구개음소화에 의해 탈락됨으로써 '얖'이 된 것이다. '녁, 넉, 약'의 'ㄱ'는 첫음절말의 'ㅍ'가 둘째 음절초의 'ㄱ' 앞에서 'ㅂ'로 된 다음에 'ㄱ'에 동화된 것이다.

이중모음소 'ᆝ'의 존재는 《훈민정음》의 '해례'(解例) 합자해(合字解)에 제시되어 있다.[01] 그런데 자연어를 통한 이 이중모음소의 존재를 입증한 것은 제

01 "· ㅡ起ㅣ聲 於國語無用 兒童之言 邊野之語 或有之 當合二字而用 如 ᄀᆝ ᄀᆜ 之類<ㅣ음이 앞에 와서 ·음이나 ㅡ음과 결합된 음은 국어에서 쓰이지 않으나 아이들 말이나 변두리 시골말에는 간혹 있으니 마땅히 두 글자를 합하여 써서 ᄀᆝᄀᆜ 따위와 같이 한다>"(강신항 1994: 129).

지도 10 '겨드랑'

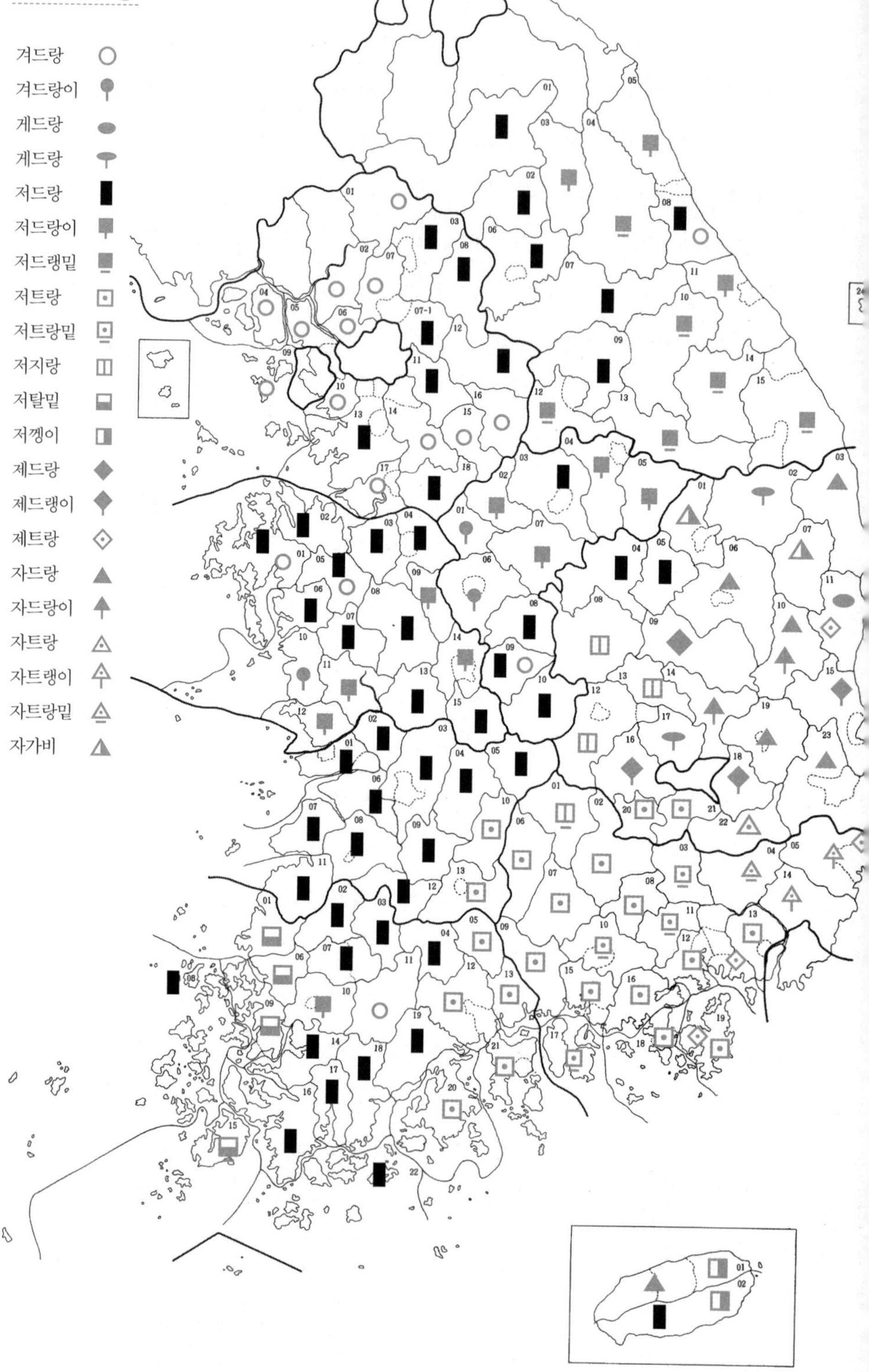
겨드랑
겨드랑이
게드랑
게드랑
저드랑
저드랑이
저드랭밑
저트랑
저트랑밑
저지랑
저탈밑
저껭이
제드랑
제드랭이
제트랑
자드랑
자드랑이
자트랑
자트랭이
자트랑밑
자가비

주방언에서였다. 동남방언의 '자트래이'와 '약꾸리'는 육지방언인 동남방언에서 이중모음소 'ㆎ'가 존재하였음을 알려준다는 데에서 그 중요성이 인정된다.

5.3. 가축 어휘

가축 어휘는 가축의 종류가 많고 각 가축마다 그 속에 포함되는 종류나 개체가 많기 때문에 그 체계는 복잡하고 그 규모도 크다. 여기서는 대방언 간의 대조가 분명히 드러날 수 있는 몇 개의 단어를 대상으로 논의를 진행하기로 한다.

다음 (6)은 표준어 단어에 대한 대방언의 어형이다.

(6)

방언 / 표준어	동남 경북:〈경주〉	동북 함북:〈경흥〉	서남 전남:〈영광〉	서북 평북:〈의주〉	중부 경기:〈양평〉	제주 〈서귀포〉
송아지	송아지	쉐에지	세양치	송아지	송아지	송애기
강아지	강새이	개애지	겡아지	강아지	강아지	강생이
고양이	궤내기(구) 꼬내기(신)	고내이	고양이	과:이, 고양이	고양이	고넹이
돼지	도야지, 돼에주	돝	되야지	돼:지	돼:지	돗, 도새기, 도야지

방언 / 표준어	동남 경북:〈경주〉	동북 함북:〈경흥〉	서남 전남:〈영광〉	서북 평북:〈의주〉	중부 경기:〈양평〉	제주 〈서귀포〉
황소	황소	둥굴쉐, 둥구리	뿌사리, 수쏘	항소, 수쏘	황소	바깐쉐, 받깔쉐, 황쉐
거위	기우	게사니	떼까우	게사니	거욱	거위
수탉	장딸	수탁	장닥	수닥	수탁, 장딱	장득
병아리	삐가리, 삐개이	배우리	삐아리	병아리	벵아리	빙애기

(6)에 제시된 표준어 단어에 대한 대방언의 어형은 거의 파생에 의한 것인데 방언형 간의 설명은 가능한 것도 있지만 가능하지 않은 것도 있다. 표준어 '송아지'에 대한 방언형들은 '소(〈쇼)'에 ⓐ 접미사 '-아/어지, -아치, -아기' 등의 접미사가 결합하여 파생된 것과 ⓑ 파생 후에 모음충돌을[02] 막기 위해 접미사 앞에 'ㅇ'가 첨가된 것이다. 동북방언형은 ⓐ에 의한 것이고 동남방언형, 서북방언형, 중부방언형과 서남방언형, 제주방언형은 ⓑ에 의한 것이다.

다음으로 표준어 '강아지'에 대한 방언형은 '가히'(狗)에서 'ㅎ'의 탈락으로 변화된 '가이'의 ⓐ '가'에 접미사 '-아지'가 결합하여 파생된 뒤에 모음충돌을 막기 위해 'ㅇ'가 삽입된 것과 ⓑ '가'에 접미사 '-생이(?)'가 결합하여 파생

02 히아투스(hiatus)에 대한 한국어 용어이다. '모음충돌'이란 모음소와 모음소를 연속하여 발음할 때에 생기는 발음의 어려움을 말한다. 이러한 모음충돌을 막기 위하여 한국어에서는 ⓐ 두 모음소 사이에 자음소나 자음소의 성질을 가진 활음소를 삽입하거나 ⓑ 두 모음소를 축약시키거나 ⓒ 두 모음소 중에서 하나를 탈락시킨다. ⓐ의 예로는 /보+아도/에 w를 삽입한 '보와도'가 있으며 ⓑ의 예로는 /보+아도/에서 어간의 모음소 '오'를 w로 교체한 '봐도'가 있고 ⓒ의 예로는 /가+아도/에서 동일 모음소 '아'를 탈락시킨 '가도'가 있다.

된 것과 ⓒ '가이'의 축약에 의한 '개'에 접미사 '-아지'가 결합하여 파생된 것이다. 그리고 ⓓ ⓒ의 결과에 다시 모음충돌 회피를 위하여 접미사 앞에 'ㅇ'이 삽입된 것이다. 서북방언형과 중부방언형은 ⓐ에 의한 것이고 동남방언형과 제주방언형은 ⓑ에 의한 것이며 동북방언형은 ⓒ에 의한 것이다. 그리고 서남방언형은 ⓓ에 의한 것이다.

그리고 표준어 '고양이'에 대한 방언형은 ⓐ '고이'에 접미사 '-앙이'가 결합하여 파생된 것과 ⓑ '고니'에 접미사 '-아기'가 결합하여 파생된 것과 ⓒ '고니'에 접미사 '-앙이'가 결합하여 파생된 것이다. 지금까지 알려진 '고양이'의 고형으로는 '고이'와 '고니'가 있다. '고이'는 《삼국사기(三國史記)》 '지리지(地理地)'에 '高伊'로 표기되어 있고 '고니'는 《계림유사(鷄林類事)》에 '高尼'로 표기되어 있다.

서남방언형과 서북방언형과 중부방언형인 '고양이'는 ⓐ에 의한 것으로, '고이'에 접미사 '-앙이'가 결합하여 형성된 것이다. 그리고 동남방언형과 동북방언형과 제주방언형은 ⓑ에 의한 것으로 동남방언형(구)의 '괘내기'는 '고니'의 변화형 '괴니'에[03] 접미사 '-아기'가 결합한 뒤에 명사말의 '이'가 탈락되어 '괴나기'로 되고 다시 단모음소 '외'가 이중모음소 '웨'로 되고 '이' 모음소 역행동화가 일어난 뒤에 형성된 것이다. 그리고 동남방언형(신) '꼬내기'는 '고니'에 접미사 '-아기'가 결합한 뒤에 명사말의 '이'가 탈락하여 '고나기'가 되고 여기에 어두 'ㄱ'의 경음소화와 '이' 모음소 역행동화가 일어난 뒤에 형성된 것이다. 그리고 제주방언의 ⓒ '고넹이'는 '고니'에 접미사 '-앙이'가 결합한 뒤에 명사말의 '이'가 탈락하여 '고낭이'가 되고 다시 '이' 모음소 역행

03 '고니'가 '괴니'로 되는 이유는 명확하게 설명할 수 없지만, 〈경주〉지역어에 부정부사 '안'이 '앤'으로 사용되는데, 이것은 '안'의 원형인 '아니'가 '애니'로 된 다음 둘째 음절 모음소가 탈락되어 '앤'이 된 것으로 설명할 수 있다.

지도 11 '고양이'

고양이
꼬양이
고얭(옝/앵)이
꼬앵이
구앵이
괭(궹/굉)이
갱(겡)이
고이
괴(괘/궤)
귀
괴대(더)기
개생이
괴양(앵/앵)이
귀얭(앵)이
고냥이
꼬냥이
고냉(넹)이
개냉이
고냐(내)기
괘내기
귀내기
살찡이
새깨미
앵구

동화에 의하여 '고냉이'로 된 뒤에 '애〉에'의 과정을 거쳐서 형성된 것이고[04] 동북방언형 '고내이'는 '고냉이'에서 모음소 사이에서 'ㅇ'이 탈락한 뒤에 형성된 것이다.

그런데 표준어 '돼지, 황소, 거위, 수탉, 병아리'에 대한 방언형은 파생이나 음소의 삽입이나 탈락과 같은 것으로 설명하기 어려운 것들이다.

5.4. 들짐승과 날짐승 어휘

다음 (7)은 들짐승과 날짐승 중에서 방언간의 유사점과 차이점을 잘 보여줄 수 있는 몇 단어에 대한 방언형이다.

(7)

방언 / 표준어	동남 경북:〈경주〉	동북 함북:〈경흥〉	서남 전남:〈영광〉	서북 평북:〈의주〉	중부 경기:〈양평〉	제주 〈서귀포〉
여우	야시, 예수	여{ㄲ, 스}	여:시	여:우	여우	여의, 여이, 여후
노루	놀개이	놀가지, 놀기(-이), 노루	노리	노루	노:루	노리
살쾡이	실개이	슬기	쌀가지	살기	살쾡이	식

04 표준어 '애'에 대하여 제주방언이 '에'를 보이는 다음의 예에서 제주방언의 일부가 '애〉에'의 변화를 겪었다는 것을 알 수 있다. (예) 베(배, 梨), 제산(재산, 財産), 케다(캐다, 採), 베다(배다, 姙), ᄀᆞ레(가래〈ᄀᆞ래, 楸), 선셍(선생, 先生), 서케(서캐, 蟣), 양제(〈양재〈양자)(양자, 養子), 진달레(진달래), 페렝이(패랭이, 䌫), 달레다(달래다, 說) 등.

방언 / 표준어	동남 경북:〈경주〉	동북 함북:〈경흥〉	서남 전남:〈영광〉	서북 평북:〈의주〉	중부 경기:〈양평〉	제주 〈서귀포〉
꿩	꽁	꿔이	꿩:	꿩:	꽁	장꿩
박쥐	뽀올쮜	빨쮜	빡:찌	빨:쭈	바쭈기	ᄃᆞ람지, 다람지, 다람쥉이
종달새	노고지리, 노구지리	노지리	종질새	동달째	?	종다리
뜸부기	뜨음딸	물딸기	뚬북쌔	물딸기	뜸부기	뜸북쌩이

(7)에 제시된 표준어 단어에 대한 들짐승과 날짐승의 방언형들은 그 차이를 음운변화와 접미사에 의한 파생에 의해 설명할 수 있는 것과 그러한 설명이 어려운 것이 있다. 그중에서 표준어 '여우'는 15세기 문헌에 이형태 '여ᇫ'과 '여ᅀᅳ'를 가지고 있었다. 그중에서 '여ᇫ'은, '여ᇫ이〈여우가〉, 여ᇫᄋᆞᆫ〈여우는〉, 여ᇫᄋᆞᆯ〈여우를〉'에서 보드시, 어미 '-이, -ᄋᆞᆫ, -ᄋᆞᆯ' 등과 결합하고 '여ᅀᆞ'는, '여ᅀᆞᄂᆞᆫ〈여우는〉'에서 보듯이, 어미 '-ᄂᆞᆫ' 등과 결합했다. 그런데 (7)에 제시된 방언형에는 'ㅿ'가 ⓐ 'ㅅ'로 변화된 것과 ⓑ 탈락한 것으로 되어 있다.

동남방언형과 서남방언형은 ⓐ에 의한 것이고 서북방언형과 경기방언형과 제주방언형은 ⓑ에 의한 것이다. 특히 제주방언형 '여후'는 '호'(狐)를 '여우호'라고 하는 데에서 '여호'가 되고 다시 비어두에서 '오'가 '우'로 되는 과정을 거쳐서 형성된 것으로 보인다. 이와는 달리, '여우'에 대한 동북방언형은 '엮, 여스'인데 그중에서 '엮'은, '여끼〈여우가〉'와 '여끄〈여우를〉'에서 보듯이 모음소로 시작하는 어미와 결합하고 ⓐ에 의한 '여스'는, '여스에다〈여우에게〉'와 '여스 같은〈여우 같은〉'에서 보듯이, 자음소로 시작하는 어미와 결합한다(곽충구 2000:.1145-46).

다음으로 표준어 '노루'(獐)는 15세기 문헌에 이형태 '놀'과 '노ᄅᆞ'를 가지고 있었다. 그중에서 '놀'은, '놀이〈노루가〉, 놀ᄋᆞᆫ〈노루는〉', 놀ᄋᆞᆯ〈노루를〉'에서 보듯이, 어미 '-이, -ᄋᆞᆫ, -ᄋᆞᆯ' 등과 결합하고 '노ᄅᆞ'는, '노ᄅᆞ도〈노루도〉, 노ᄅᆞ와〈노루와〉'에서 보듯이, 어미 '-도, -와' 등과 결합한다.

그런데 (7)에 제시된 방언형 중에서 서북방언형과 중부방언형인 '노루'와 서남방언형과 제주방언형인 '노리'는 '노ᄅᆞ'의 변화로 형성된 것이다. '노ᄅᆞ〉노로〉노루'나 '노ᄅᆞ〉노르〉노리' 또는 '노ᄅᆞ〉노로'의 의한 '노로'에 주격어미 '이'가 결합된 '노뢰'가 '노뤼'를 거쳐서 '노리'가 된 것으로 보인다. 그리고 동남방언형과 동북방언형인 '놀개이'와 '놀가지, 놀기'는 15세기 문헌에 나타나는 '놀'과는 무관해 보인다. 공통부분을 중심으로 세 개의 방언형을 분석하면 '놁-애이, 놁-아지, 놁-이'가 된다. 그 결과 '놀'의 이형태 '놁'을 확인할 수 있다. 그렇게 되면 동남방언형인 '놀개이'는 '놁'에 접미사 '-앙이'가 결합하여 형성된 것임을 알 수 있다. 즉 '놀개이'는 '놁‖앙이〉놀강이〉놀갱이'에서 모음소 사이의 'ㅇ'이 탈락하여 형성된 것이다. 그리고 동북방언형인 '놀가지'는 '놁'에 접미사 '-아지'가 결합하여 '놁‖아지〉놀가지'의 과정을 거쳐서 형성된 것이며 '놀기'는 '놁'에 접미사 '-이'나 주격어미 '-이'가 결합하여 '놁‖이〉놀기'의 과정을 거쳐서 형성된 것이다.

그리고 표준어 '살쾡이'는 16세기 문헌에 ᄉᆞᆰ'으로 표기되어 있었다. (7)에 제시된 방언형 중에서 동남방언형 '실개이'는 'ᄉᆞᆰ'에 접미사 '-앙이'가 결합하여 'ᄉᆞᆰ‖앙이〉 ᄉᆞᆯ강이〉슬강이〉슬갱이〉실갱이〉실개이'를[05] 거쳐서 형성된 것이다. 그리고 동북방언형 '슬기'와 서북방언형 '살기'는 'ᄉᆞᆰ'에 접미사 '-이'나

05 ᄉᆞᆰ'의 'ᄉᆞ'에 대한 방언형의 '스'는, 'ᄒᆞᆰ'가 '흙'이 된 것과 동일하게, 단어 첫 음절의 'ᄋᆞ'가 첫 단계의 변화인 'ᄋᆞ〉으'를 겪어서 '으'로 된 것이다.

주격어미 '-이'가 결합하여 각각 'ᄉᆞᆰ‖이〉슬기'와 'ᄉᆞᆰ‖이〉살기'를 거쳐서 형성된 것이다.

그리고 서남방언형 '쌀가지'는 'ᄉᆞᆰ'에 접미사 '-아지'가 결합하여 'ᄉᆞᆰ‖가지〉살가지'를 거치고 다시 어두 'ㅅ'가 경음소로 된 다음에 형성된 것이며 중부방언형 '살쾡이'는 'ᄉᆞᆰ'과 '괭이'〈고양이, 猫〉의 합성에 의해서 형성된 것이다.[06] 그리고 제주방언의 '식'은 'ᄉᆞᆰ'이 'ᆞ〉으'의 변화에 의해 '슭'이 되고 다시 'ㅅ' 뒤에서 '으'가 '이'로 되고 'ᄒᆞᆰ〉흙〉흑(土)'과 동일한 변화 과정을 거쳐서 형성된 것이다.

그리고 표준어 '꿩'에 대해 '꽁'을 보이는 방언형은 '워'가 '오'로 되는 변화를 겪은 것이다. 표준어 '꿩'에 대해 '꽁'을 보이는 방언들이 표준어 '대궐'(大闕)이나 '망월'(望月)에 대하여 '대골'이나 '망올'을 보인다는 것이 그러한 사실을 뒷받침한다.

그러나 표준어 '박쥐, 종달새, 뜸부기'에 대한 방언형들은 음운변화나 파생으로는 설명하기 어렵다.

5.5. 꽃과 풀 어휘

꽃과 풀의 어휘 역시 꽃의 종류나 풀의 종류가 많기 때문에 전체 체계에 대한 논의가 어렵다. 여기서는 대방언 간에 유사점과 차이점을 보이기에 흥미를 느낄 수 있는 몇 개의 단어를 제시한다. 그것은 (8)과 같다.

06 '살쾡이'는 'ᄉᆞᆰ'이 'ㅎ' 종성체언을 가진 'ᄉᆞᆰㅎ'으로 인식한 결과로 보인다.

(8)

방언 / 표준어	동남 경북:〈경주〉	동북 함북:〈경흥〉	서남 전남:〈영광〉	서북 평북:〈의주〉	중부 경기:〈양평〉	제주 〈서귀포〉
민들레	민들레	무순둘레	무심둘레	문들레	민둘레	드꼬달, 민들레
해바라기	해애바라기	해개부리	해바래기	해가우리	해바래기	해바래기
질경이	뻽째이, 차전자	베짜개, 차전자	뻽:째이, 빼뿌쨍이	낄장구	질갱이	베채기, 질갱이
비름	비름	도투비느리	비린닙	비듬	비룸	(촘)비눔
도깨비바늘	도동넘바늘	닥싸리	찐:데기	가막딸리	엉겅기	두깨비바농
억새	새	황새	웍:쌀나무, 갈때	새	왕:새	어웍
갈대	갈때	칼	갈때풀, 갈:때	갈때	갈때	ᄀ대

위에 제시된 '꽃'과 '풀'의 명칭에 대한 방언형들 간의 차이는 음운변화나 파생만으로 설명하기 어렵다. '꽃'이나 '풀'은 널리 알려진 것이 아닐 경우에는 지역마다 자체적인 명칭이 붙여지기 때문이다.

지도 12 '질경이'

- 질겡(갱/개/경)이
- 질경이
- 질깅이
- 질공이
- 질괭이
- 질경우
- 질짱귀(구)
- 질쩽이
- 질기비
- 질그렝(링)이
- 빼(뻬)빼쟁이
- 빼뿌(뽀)쟁이
- 빼삐쟁이
- 빠뿌재미
- 빱쟁이
- 빱(뻽/뺍)장구(우)
- 빼쭌닙/배짠닙/백장닙
- 배재(째)기
- 베체기
- 이밥추
- 깨꾸리밥

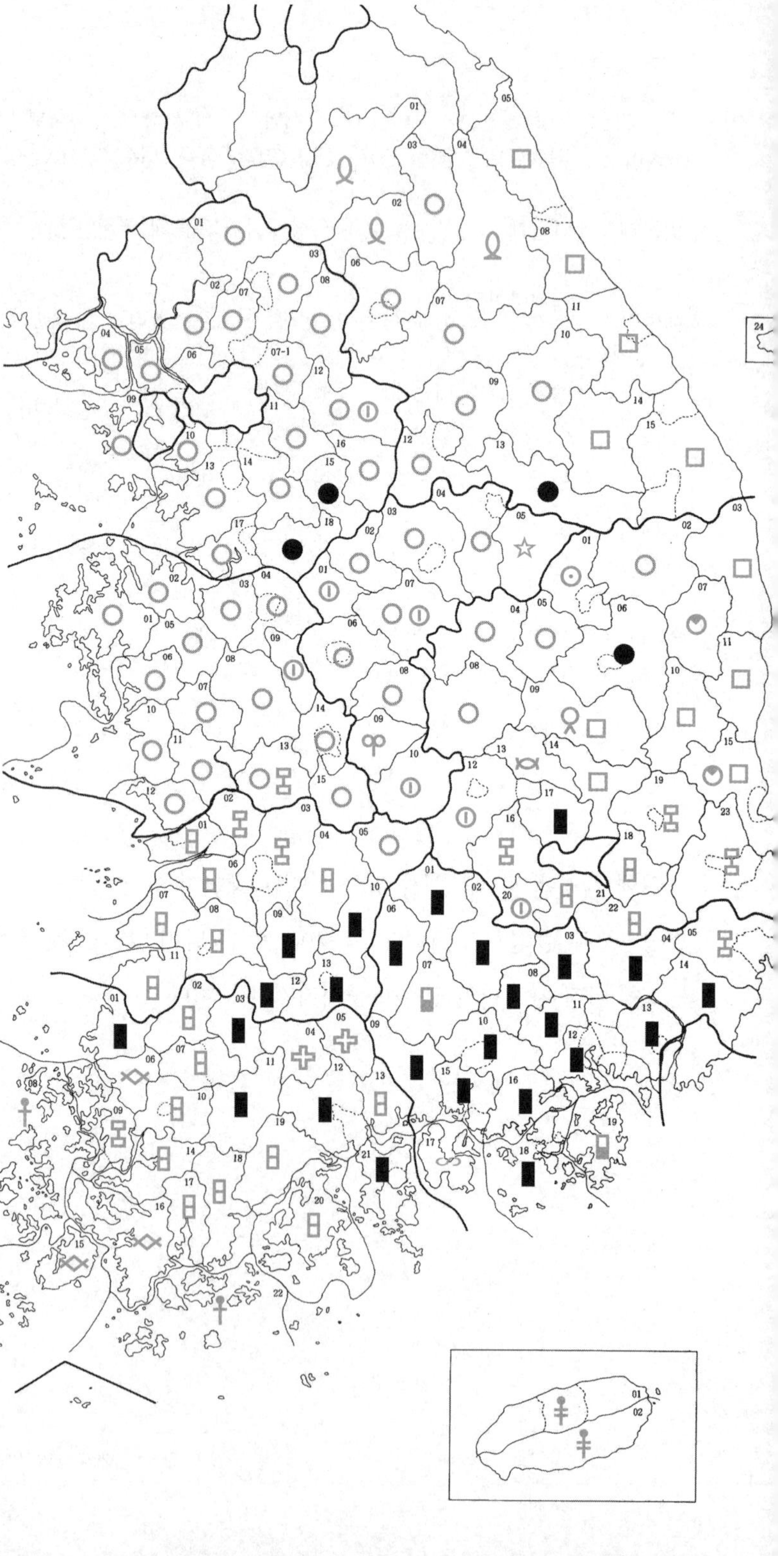

5.6. 음식과 음식 재료 어휘

음식과 음식 재료 중에서 몇 개의 단어를 선택하여 대방언 간의 유사점과 차이점을 보이면 (9)와 같다.

(9)

방언 표준어	동남 경북:〈경주〉	동북 함북:〈경흥〉	서남 전남:〈영광〉	서북 평북:〈의주〉	중부 경기:〈양평〉	제주 〈서귀포〉
쌀밥	살밥	니팝	쌀밥	니:팝, 쌀밥	쌀밥	곤밥
가루	가리	갈기, 가르(도), 갈그(+대)	가리	가루	가루	ᄀᆞ{로, 루}
엿기름	질굼	보리싹누룩	여찌름	길금	질금	(보리)골
밀기울	밀찌부레기	밀껴우리, 밀께	밀찌울	묵째기	질찌개미	밀{쭈, 추}시
누룽지	누룽지	{가, 개} 매티	깜:밥	까마티	누렁지	누렁밥, 누렝이
숭늉	숭영	싱뉴이, 쉥뉴우 (+대)	숭님	숭늉, 밤물	숭늉	숭늉
식혜 (食醯)	단술〉감주	가미;가무 (+대)	감주	밥깜주	시케	시케

(9)에 제시된 음식이나 음식 재료에 대한 방언형 중에서 표준어 '쌀밥'에 대한 방언형은 '살밥'과 '쌀밥'과 '니팝'과 '곤밥'으로 나뉜다. 그중에서 '밥'을 제외하면 첫 음절은 '살'과 '쌀'과 '닣'와 '곤'이 된다. 그리고 동북방언형과 서

북방언형의 '닣'는 원래 '벼'(稻)(=겉껍질이 있는 것)를 지칭하였는데, '니팝'에서의 '닣'는 '쌀'을 지칭한다. 그리고 제주방언의 '곤'은, '곤떡'(=흰떡), '곤죽'(=흰죽)에서 보듯이, '희-'(白)의 관형사형 '흰'을 뜻하는 것이다. 그러므로 '곤밥'은 '흰밥'을 뜻한다. '밥' 중에서 '쌀밥'은 그 색이 희므로 '흰'은 '쌀'과 동일하게 된 것이다.

그리고 표준어 '가루'(粉)는 15세기 문헌에 'ᄀᆞᄅᆞ'로 표기되어 있는데 그 곡용형으로 'ᄀᆞᆯᄋᆞ로'(=가루로), 'ᄀᆞᆯ이라'(=가루이라)가 있다. 15세기 문헌에 'ᄀᆞᆯᄋᆞ로'와 'ᄀᆞᆯ이라'가 'ᄀᆞᄅᆞ로'와 'ᄀᆞ리라'로 표기되지 않고 'ᄀᆞᆯ'로 분철(分綴)되어 있다.[07] 이 시기에 중부방언에는 'ㄹ' 뒤에서 'ㄱ'가 탈락되는 규칙이 있었다. 그리고 'ㄱ'가 탈락될 경우에 'ㄹ'는 음절말음으로 표기되었다. '몰애'가 그런 예이다. '애'가 원래 '개'였다는 것은 이 단어가 현재 동남방언, 동북방언, 서남방언, 서북방언에 '몰개'로 사용된다는 데서 알 수 있다. 이러한 사실을 참고하면 'ᄀᆞᆯ'의 고형을 'ᄀᆞᆰ'이거나 'ᄀᆞᆯᄀᆞ'로 재구할 수 있다. 동북방언형의 '갈그'는 'ᄀᆞᆯᄀᆞ'가 'ᄀᆞᆯᄀᆞ>ᄀᆞᆯ그>갈그'로 변화한 결과가 된다. 그리고 '몰애'가 현대 한국어의 중부방언과 다른 대방언의 하위방언에 '모래'로 되어 있는 사실은 'ᄀᆞᆯᄋᆞ'와 'ᄀᆞᆯ이'가 'ᄀᆞᄅᆞ'와 'ᄀᆞ리'로 될 수 있다는 것을 알려준다.

그렇게 되면, 동남방언형과 서남방언형 '가리'는 'ᄀᆞ리'가 'ᆞ>아'의 변화를 거친 뒤에 형성된 것이다. 그리고 서북방언형과 경기방언형인 '가루'는 'ᄀᆞᄅᆞ'의 'ᄅᆞ'가 'ᄋᆞ'의 원순성에 의해서 '로'되고 그 뒤에 'ᄀᆞ'가 'ᆞ>아'에 의해서 '가'로 되어 '가로'가 되고 다시 비어두에서 '오'가 '우'로 된 결과로 설명할 수 있다. 이런 설명은 제주방언형인 'ᄀᆞ로'와 'ᄀᆞ루'에도 적용된다. 먼저 'ᄀᆞ로'

07 15세기의 표기법은 음절이 자음소로 끝나고 다음 음절이 모음소로 시작하면 음절말의 자음소를 다음 음절의 초성으로 쓰도록 되어 있다. '사람-이, 사람-을'을 '사ᄅᆞ미, 사ᄅᆞᄆᆞᆯ'로 표기하는 것이 그 예가 된다. 이러한 표기를 연철(連綴)이라 한다. 그런데 그 경우에 '사ᄅᆞᆷ이, 사ᄅᆞᆷᄋᆞᆯ' 처럼 음절말의 자음소를 그대로 유지시키는 표기를 분철이라 한다.

는 'ᄅᆞ'가 'ᄋᆞ'의 원순성에 의해서 '로'로 된 것이고 'ᄀᆞ루'는 'ᄀᆞ로'의 둘째 음절의 '오'가 비어두에서 '오〉우'의 변화를 거친 것으로 설명할 수 있다.

다음으로 표준어 '엿기름'은 '엿'과 '기름'이 결합된 합성어(合成語)이다. '기름'은 동사 '기르-'(養)의 명사형이다. '엿기름'에 대한 방언형에서 '질굼, 질금'과 '길금'과 '(엿)지름'이 유사성을 보인다. 그중에서 '질굼'은 동사 '기르-'의 사동사형 '길구-'가 'ㄱ' 구개음소화를 겪어 '질구-'가 되는데 이 동사에 명사형 어미 '-음'의 결합을 거쳐서 형성된 것이고 '질금'은 '질굼'이 '기름'의 둘째 음절 모음소에 유추 변화를 거쳐서 형성된 것이다. 그리고 '길금'은 '길구-'의 명사형 '길굼'이 '기름'의 둘째 음절 모음소에 유추 변화를 거쳐서 형성된 것이며 그 '(엿)지름'은 동사 '기르-'가 'ㄱ' 구개음소화를 거쳐서 형성된 '지르-'에 명사형 어미 '-음'이 결합하여 형성된 것이다.

그리고 표준어 '밀기울'(麥麩)은 '밀'(麥)과 '기울'(麩)이 결합된 합성어이다. '밀기울'에 대한 방언형 중에서 동남방언의 '밀찌부레기'는 '밀-찌불-에기'로 분석된다. 그중에서 '찌불'은 '기울'의 고형인 '기ᄫᅮᆯ'이 'ㅸ〉ㅂ'의 변화를 거쳐서 형성된 것인데 먼저 '기불'이 'ㄱ' 구개음소화를 거쳐서 '지불'이 되고 다음에 '밀'의 'ㄹ' 뒤에서 'ㅈ'가 경음소화한 것이다. 그리고 '지부레기'는 명사 '지불'에 접미사 '-어기'가 결합되어 '지부러기'가 되고 다시 '이' 모음소 역행동화에 의하여 형성된 것이다. 그리고 동북방언형 '밀껴우리'는 '밀기울'에서 변화된 것인데 '울'이 '우리'로 된 것은 동북방언에서 명사가 자음소나 'ㄹ'로 끝날 때, '책'이 '채기'로 되는 것과 같이, '이'가 첨가된 것으로 설명할 수 있다.

그 밖에 '밀기울'에 대한 나머지 방언형이나 표준어 '누룽지, 숭늉, 식혜'에 대한 방언형들은 음운변화나 파생 등으로 설명할 수 없다.

지도 13 '가루'

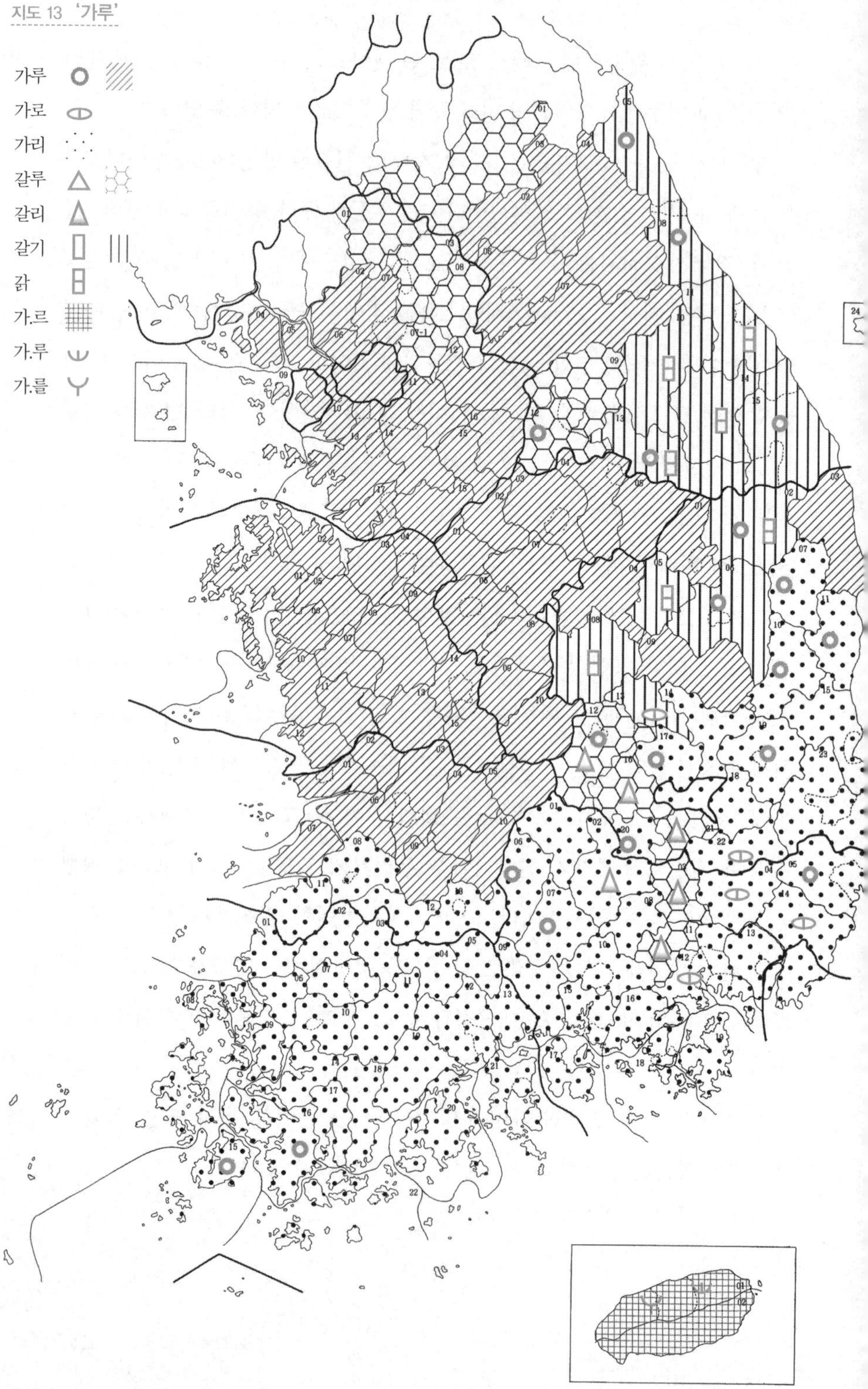

5.7. 채소 어휘

채소 어휘 중에서 대방언 간에 유사점과 차이점을 보일 수 있는 몇 개의 표준어 단어에 대한 방언형을 보이면 (10)과 같다.

(10)

방언 / 표준어	동남 경북:〈경주〉	동북 함북:〈경흥〉	서남 전남:〈영광〉	서북 평북:〈의주〉	중부 경기:〈양평〉	제주 〈서귀포〉
채소	채애수(구), 채애소(신)	나무새(집), 나물(산)	채소	채:수	채:소	노{믈, 물}
무(菁)	무시	무끼, 무수	무시	무우	무우	{놈, 눔}삐
우엉	우봉	우벙이	우왕	우겅	우엉	우{방, ᄫᅡᆼ}지
파	파	파이	팡게	파이(팡이)	파	(패)마농
부추	정구지	염:지	솔:	푸초	부:추	{쉐, 세}우리
상추	상추	불기, 부루	상추	{상, 생}치	상추	부루
냉이	나새이	나시	나숭게	나이	나생이	난쟁이
도라지	돌개〉도라지	도라지	도랏	도라지	도라지	도라지

참 (집): 집에서 가꾸는 것, (산): 산에서 나는 것.

(10)에 제시된 표준어에 대한 방언형도 음운변화와 접미사에 의한 파생 그리고 설명하기 어려운 변화과정에 의해서 차이를 보인다. 그중에서 표준어 '무'와 '우엉'과 '냉이'의 방언형에 대해서 서술하기로 한다. 먼저 표준

어 '무'에 대한 방언형은 둘째 음절에 'ㅅ'가 있는 것과 없는 것과 제주방언형 '{놈, ᄂᆞᆷ}삐'로 나뉜다. '무'는 15세기 문헌에 '무ᅀᅮ'과 'ᄆᆞᇫ'으로 표기되어 있다. 그러므로 동북방언형 '무수'는 '무ᅀᅮ'에서 'ㅿ'가 'ㅅ'로 된 것이며 서북방언과 중부방언의 '무우'는 '무ᅀᅮ'에서 'ㅿ'가 탈락된 것이다. 그리고 동남방언과 서남방언의 '무시'는 'ᄆᆞᇫ'에 접미사 '이'가 결합된 'ᄆᆞᇫ이'에서 'ㅿ'이 'ㅅ'로 되고 그것이 연철된 것이다. 즉 'ᄆᆞᇫ이>뭇이>무시'의 과정을 거쳐서 된 것이다. 이와는 달리, 제주방언형에 대한 설명은 어렵다.

다음으로 표준어 '우엉'에 대한 방언형은 둘째 음절에 'ㅂ'가 있고 없고에 따라 나뉜다. 표준어 '우엉'은 15세기와 16세기 문헌에 각각 '우웡'과 '우왕'(蒡)으로 표기되어 있다. 동북방언의 '우벙'이나 제주방언의 '우방'과 '우웡'이나 '우왕'을 비교하면 둘째 음절의 'ㅂ'는 전 시기에 'ㅸ'이었음이 분명하다. 앞에서 서술한 바와 같이 'ㅸ'는 '오'나 '우'로 변했기 때문이다. 그러므로 '우웡'과 '우왕'의 전 시기 어형으로 '*우ᄫᅥᆼ'과 '*우ᄫᅡᆼ'이 재구된다. 그리고 제주방언의 '우ᄇᆞᆼ'과 동남방언의 '우봉'과의 비교에서 '*우ᄫᆞᆼ'이 재구(再構)된다. 이들 재구형을 기준으로 하면, 동남방언의 '우봉'은 '*우ᄫᆞᆼ'의 'ㅸ'가 'ㅂ'로 된 후에 다시 '우ᄇᆞᆼ'의 'ᄋᆞ'가 양순음소 뒤에서 '오'로 된 결과이며 제주방언의 '우방'과 '우ᄇᆞᆼ'은 '우방'과 '우ᄫᆞᆼ'에서 'ㅸ'가 'ㅂ'로 된 결과이다. 그리고 동북방언의 '우벙'은 '*우ᄫᅥᆼ'에서 'ㅸ'가 'ㅂ'로 된 결과이다.

끝으로 표준어 '냉이'에 대한 방언형은 둘째 음절에 'ㅅ'나 'ㅈ'가 있고 없음에 따라 구별된다. 표준어 '냉이'는 15세기 문헌에 '나ᅀᅵ'로 표기되어 있다. 따라서 방언형의 차이는 '나ᅀᅵ'와의 관계에서 설명될 수 있다. 다시 말하면, 중부방언의 '나생이'는[08] '나ᅀᅵ'의 'ㅿ'가 'ㅅ'로 변한 다음 접미사 '-앙이'가 결

08 표준어 '냉이'에 대한 중부방언형은 '나생이' 외에 '냉이'도 있다. 대체로 동남방언과 가까운 경기도 〈용인, 양평, 이천〉에서는 '나생이'가 사용되고 〈화성, 포천, 파주〉에서는 '냉이'가 사용된다. 충청남도의 경우, 〈공

지도 14 '냉이'

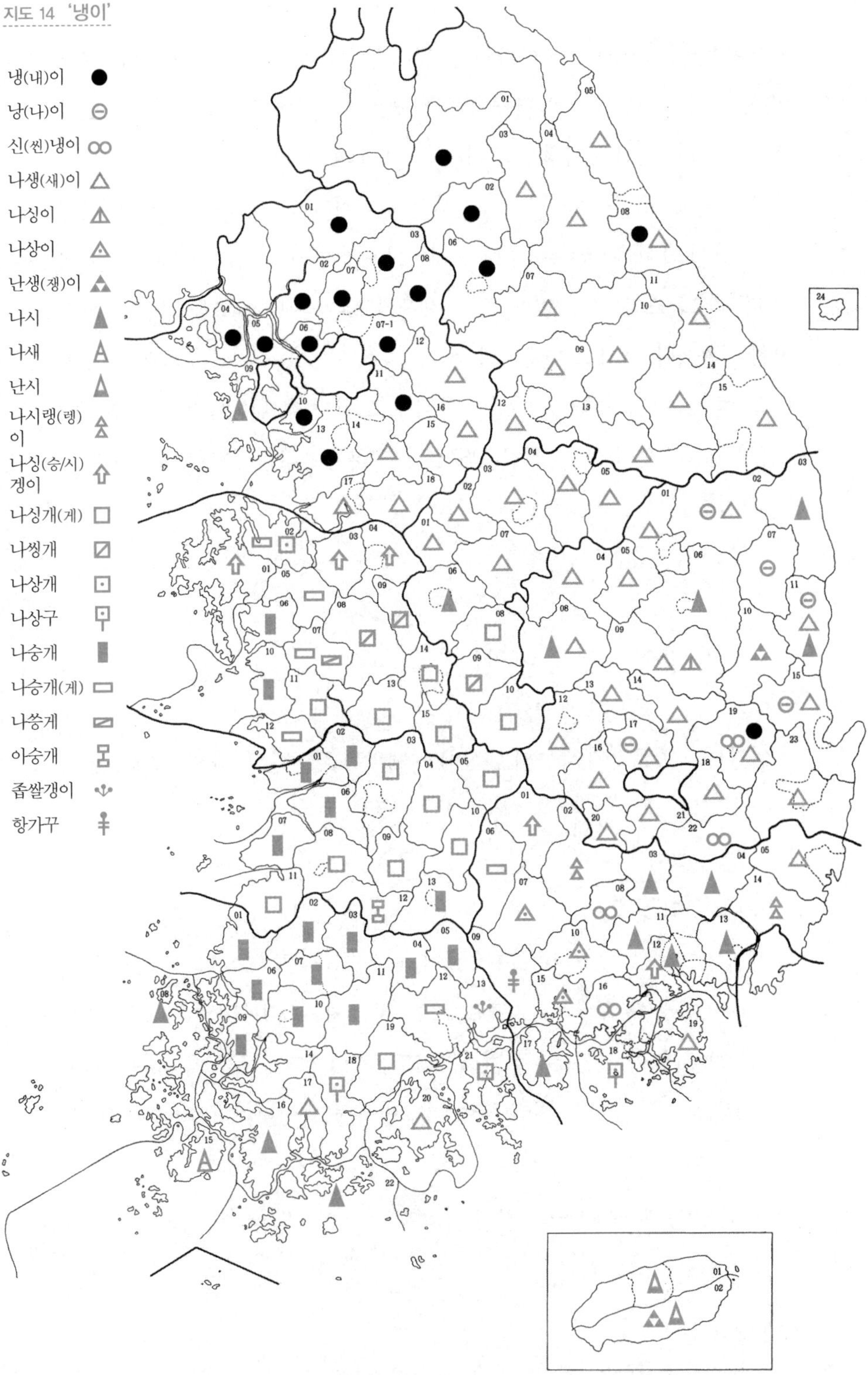
냉(내)이
낭(나)이
신(씬)냉이
나생(새)이
나싱이
나상이
난생(쟁)이
나시
나새
난시
나시랭(렝)이
나싱(승/시)겡이
나싱개(게)
나씽개
나상개
나상구
나숭개
나승개(게)
나쑹게
아숭개
좁쌀갱이
항가꾸

합하여 '나상이(〈[[나시]앙이])'가 되고 다시 '이' 모음소역행동화에 의한 결과이다. 그리고 동남방언의 '나새이'는 '나생이'의 'ㅇ'가 모음소 사이에서 탈락된 결과이다. 한편 동북방언의 '나시'는 '나ᅀᅵ'의 'ㅿ'가 'ㅅ'로 된 결과이며 서북방언의 '나이'는 '나ᅀᅵ'의 'ㅿ'가 탈락된 결과이다. 그리고 제주방언의 '난쟁이'는 '나ᅀᅵ'의 'ㅿ'가 'ㅈ'로 된 다음 접미사 '-앙이'가 결합하여 '나장이'가 되고 다시 모음소와 'ㅈ' 사이에 'ㄴ'이 첨가되고 다음에 '이' 모음소역행동화를 거친 결과이다. 형태소 내부에서 'ㅿ'가 'ㅈ'로 된 것은 '그ᅀᅳ름'(炱)과 '브ᅀᅥᆸ'이나 '브ᅀᅥᆨ'(廚)이 '끄지름(〈끄즈름)'과 '부직'으로 변한 데에서 설명될 수 있으며 모음소와 'ㅈ' 사이에 'ㄴ'가 첨가되는 것은 '더디-〉더지-〉던지-'(投)와 '끄지름〉끈지름'에서 설명될 수 있다.

5.8. 각 방언의 특수 어휘

여기서는 지금까지의 논의 대상에서 제외된 각 방언 특유의 단어들을 제시한다.

5.8.1. 동남방언

(1) 명사: 추부/추비/치비(추위), 새비(새우), 호부래비(홀아비), 야시/예수(여우), 가시개/가새(가위), 게읅/저읅/저실(겨울), 가분다리(진드기), 다황(성냥), 능까/능가(벼랑), 비리(진딧물), 지렁(간장), 그릉지(그림자), 고방(광, 庫), 두지(뒤주), 수꺼/수꿍(숯), 머꺼딩이/머리꺼대기(머리카락), 자

주〉에서는 '냉이'가 사용되고 〈논산, 서천, 예산, 서산〉에서는 '나싱개'가 사용된다.

부름(졸음), 부석/부적/부직(부엌), 끄시름/끄지름/끈지름(그을음), 심장구/멍장구/싱거무(멍), 깨네기/개냉이/애앵구(고양이), 따바리/또바리/따뱅이(똬리), 삐비/삐삐(삘기), 찰레비/철갱이/행오리/남자리/철기(잠자리).

(2) 동사 및 형용사: 보듬다(안다), 머라쿤다(꾸짖다), 깝치다(재촉하다), 동개다(포개다), 후비다/도딕키다/돔부다(훔치다), 듣기다(들리다), 말기다(말리다, 仲裁), (똥/오줌) 짤기다(지리다), 칼큻다(깨끗하다), 에비다/예비다(여위다), {몰, 말}류다(말리다, 焊), 쪽다/까리비다(꼬집다), 새첩다(예쁘다), 새꼬롬하다(날씨가 쌀쌀하다), 고시다[(흔들리는 것을 타면서)재미있다], 아심찮다(안심이 되지 않는다, 불안하다), 꾸무리하다(날씨가 흐리다).

(3) 부사: 맥지/백지/배끼(공연히), 맹(역시), 하마(벌써), 하모(그래), 어언제(아니), 항거석/억수로(많이), 다부(도로), 함부레(아예), 한빨띠이(한아름), 지주움지주움/시시마꿈/시지마굼(제각기), 패내끼(지체하지 말고 곧장).

5.8.2. 동북방언

(1) 명사: 소통(작은보습), 대통(큰보습), 재래지(참나무를 켠 나무오리), 이새물(낙수물), 멕쎄기(개구리), 호양(근처), 장물(국, 국물), 지렁(간장), 재매기(두루마기), 부시(거짓말), 골배이(우렁이), 숨을내기(숨박꼭질), 너벅지(너비), 해자부리(해바라기), 아슴채이오(감사하오), 꽂보무라지(꽃봉오리), 오구랑죽(팥죽), 나조(저녁), 무리(우박), 신다리(허벅지), 자개미(겨드랑), 여파리(옆), 쯤(틈), 허튀(종아리), 가매치(누룽지), 겡게(감자), 동삼(겨울), 불술기(기차), 쉐투리(씀바귀), 아지/아채기(가지, 枝), 앙까이(〈안깐이)(아낙),

자라이(어른), 짜구배(트기), 마누래(천연두), 소나기(우레), 샂(새끼, 紉), 야듭(여덟), 산(뫼, 墓), 배우리(병아리), 소곰쟁이, 소곰재:/잼자리/잰재리(잠자리).

(2) 동사 및 형용사: 놀기다(놀리다), 알구다/알쿠다(알리다), 날구다(날리다), 묻기다(묻히다, 埋), 듣기다(들리다), 딸기다(쫓기다), 닦다(볶다), 널:다(씹다, 嚼), 슷다(수건으로 물기를 닦다), 드티우다(건드리다), 얻어보다(찾다), 지껄이다(집적거리다), 파데디다(파헤치다), 깉이다(남기다), 똘가데디다(쫓아버리다), 어지럽다(=우뿌다)(우습다), 앗아빼:다(빼앗다), 버디다(옮기다, 번역하다), 욕보다(고생/수고하다), 어럽다(어지럽다, 眩), 싸다(사다, 賣), 바쁘다(어렵다, 힘들다), 헐하다(쉽다), 눅다(값이 싸다), 분주하다(시끄럽다), 뻬치다(참견하다), 한심하다(위태롭다), 옳다(맞다, 正,是), 가툴하다(비슷하다).

(3) 부사: 간대르(설마), 기애니까/기래니까(그러니까), 갠데(그런데), 만저(먼저), 벨르(별로), 완으르(완전히), 인차(이내), 할메에(한꺼번에), 두룩(연신, 계속), 어드메(어디), 기내(너무), 왠:(가장, 제일), 곰만(바로).

5.8.3. 서남방언

(1) 명사: 가상(가, 邊), 갱아지(강아지), 똘/또랑(개울), 거:시(거위, 蛔蟲), 거지깔(거짓말), 버큼/버끔(거품), 작숙(고모부), 군지/군두(그네), 냉갈(내, 煙氣), 나숭개/나상구(냉이), 북새(놀, 霞), 독(돌, 石), 샛바람(동풍), 두지기(두더지), 또가리(또아리), 물팍(무릎), 멋:(무엇), 개똥불(반딧불), 경게(반찬), 주벅(주걱), 지게미(비듬), 뿌사리(수소, 牧牛), 아그덜/이기덜(아이들), 차두/차대기(자루, 袋), 짓가심[(김치용)채소], 맷가심(매 맞아 마땅한 사람), 골

칫가심(골칫거리), 샛거리(곁두리), 처진거리(쓰고 남은 것), 빠마데기(뺨따귀), 쌩뎅이(초보자), 할딱보(대머리), 야발쟁이(수다장이), 뽈딱쟁이(몸이 날랜 사람), 꼬꼽쟁이(노랭이, 수전노), 퍼꺽질/퍼깍질/태깍질(딸꾹질), 거:짓갈(거짓말), 보릿가실(보리 수확), 보족가리('복'(福)의 낮은말), 차마리/남자리/참바리/간진자리(잠자리).

(2) 동사 및 형용사: 자울치다(기울이다), 모둘치다(모으다), 자물씨다(까무러치다), 각시질허다(계집질하다), 갈아지다(갈리다, 耕/磨), 앙그다(앉다), 갈앙그다/갈앎다/갈앉다(가라앉다), 모리다(마르다, 乾, 모르다, 不知), 모테다/모트다(모이다), 벡이다(박히다), 보꾸다(볶다), 보둠다(안다, 抱), 보둠기다/보둠키다(안기다), 볼부다/붋다(밟다), 볼르다(바르다, 塗), 물구룸허다(덜 묽다), 쎄허다(날씨가 아주 차고 흐리다), 쌩고롬허다/쌩구룸허다/멩고롬허다(날씨가 차고 흐리다), 씨룹다(쓰리다), 호시다/호숩다[(흔들리는 것을 타면서)재미있다], 몰쌍시룹다(매몰차다), 거판시룹다(성대하다), 까시룹다(까다롭다), 징하다/징합다(징그럽다), 달부다/닯다/틀부다(다르다), 노란허다(노랗다), 빨간허다(빨갛다), 머시락허다(야단치다), 나찹다/야찹다(낮다).

(3) 부사: 폴쎄(벌써), 할딱(홀랑), 겁나/겁나게(굉장히), 가마/가미이(가만히), 가뿍(잔뜩), 가:시(가령), 각단이(야무지게, 강단지게), 간:디/근디(그런데), 글고(그리고), 거게/거자/거작/거짐(거의), 그질로(그 자리에서 곧장), 기언치/기어니/기엉코(기어이), 깐딱(까딱), 께나(꽤), 후:제(나중에), 거따(거기다).

5.8.4. 서북방언

(1) 명사: 난물(큰물), 찬밥(점심), 마루새(지붕마루), 우티(옷), 넢차개(호주머니), 봉대기(봉우리), 몽댕이(먼지), 끝타부(끈), 수더구(숱), 얼커니(먼일가), 찔게/즐게(반찬), 불거디/불거지/불구지(심마니), 댕가지/당추/댕추(고추, 苦椒), 후추(胡椒)(고추), 크나반/크나배(할아버지), 클마니/클만(할머니), 맏아뱀(큰아버지), 맏어맴(큰어머니), 서나(남편, 사내), 에미{네/낸:}(아내, 여자), 오레미(올캐), 오르바니(오라버니), 저그아(동생), 가소마니(가시어머니/장모), 잰재리/잼자리/붓쟁이(잠자리).

(2) 동사 및 형용사: 매사미친다(사방에 뒤버무려 바르다), 과:티다(소리치다, 고함치다), 옴:허다(정신을 집중하다), 재장바르다(예민하다, 약하다), 흐니허다(시끄럽다, 떠들어분주하다), 벌차다(세차다, 활발하다), 알쭌하다(순전히 그것만 있다), 쑤왁허다(부끄럽다, 미안하다), 티껍다(치사하다, 恥事-), 팡가티다(팽개치다).

(3) 부사: 가주(갓, 금방), 고테(다시), 놀:멘(천천히), 니어(곧), 세과디(세차게, 몹시), 엉넌(언제나, 늘), 치와라(주로), 투대(후에), 하낭(함께), 한손(거의).

5.8.5. 중부방언

(1) 명사: 가이(개), 무수(무), 가새(가위), 버리(보리), 샥시(색시), 우덜(우리들), 움물(우물), 입짝(이짝), 접짝(저짝), 장낭(장난), 지지베(여자아이, 계집아이), 산내끼(새끼, 紉), 자마리/남자리/나마리/소곰쟁이/잠자리/자마리(잠자리).

(2) 동사 및 형용사: 뭇하다/뭇허다(못하다), 불다(돈벌다), 해다(하다, 多), 허다(하다, 爲); 높다(높다), {없, 읎}다(없다), 망핳다/망하다(나쁘다), 내훑다(도망가다), 무허다(자손이 없다, 자손이 끊기다), 바람치다(바람피우다).

(3) 부사: 야중/낭중(나중), 얼{렁/룽}(얼른), 인저(이제), 그랴/그려/그리여(그래).

5.8.6. 제주방언

(1) 명사: ᄀᆞ슴/ᄀᆞ음(감, 材料), ᄀᆞ로기/ᄀᆞ루기(쌍둥이), 어멍(어머니), 아방(아버지), 할망(할머니), 하르방(할아버지), 비바리(처녀), 바당(바다), 마농(마늘), 바농(바늘), 고장(꽃), 감비역(깜부기), 고고리(보리이삭), 조코고리(조이삭), 조촐레(조쭉정이), 곱소리(등이 고부라진 말), 오름/오롬(한 번의 분화활동으로 봉긋봉긋 솟아 오른 산), 개개비/골개비/가개비/갈가비(개구리), ᄃᆞᆨ새기(달걀), 돔베(도마俎), 동곳(고드름), 물구덕(물동이를 담아 지고 다니도록 대로 만든 조금 큰 바구니), 갈독지(감물 들인 소매 짧은 적삼), 문입젱이(문설주), 개역(미숫가루), 물자리/밤주리/밤버리/물짼(잠자리).

(2) 동사 및 형용사: 지치다(여위다, 지치다), ᄄᆞᆯ풀다(딸을 시집보내다), 갈퀴지다(마소의 다리가 접질리거나 비틀려서 뼈마디가 어긋나다), 뒤출집다(마소의 고삐줄을 등 위로 얹고 뒤에 서서 몰다), 바르카다/바릇가다(해산물을 채취하거나 고기를 낚으러 가다), 도나다(곡식을 다 거두고 난 끝에 씨가 떨어져 저절로 나다), 데침박다(박음질하다), ᄃᆞᆯ라내다(도려내다), 따물다/따ᄆᆞᆯ다(남에게 무엇을 해 내라고 재촉하다), 고정듣다(곧이듣다), 굴트다(들뜨다), 구저지다(사이가 나빠지다), 구진꼴하다/구진체하다(싫은 내색을 하다), {귀/구}체보다(창피

당하다), 내바끄다/내바트다(내뱉다), 널리다/데끼다/네끼다(던지다), 미죽다(숫기가 없다, 똑똑하지 못하다), 세벤주룽ᄒᆞ다(조금도 어색하거나 딱하여 하는 기색이 없다).

(3) 부사: 나풀나풀(납작납작), 그닥그닥(끄덕끄덕), 거짝거짝(거드름을 부리는 모양), 거정청이(엉뚱하게), 고들{베/배}(쉬지 않고 꾸준히), 고붓고붓(고분고분), 곧작/구짝/구짱(곧장, 곧바로), 궁글궁글(기우뚱기우뚱), 그듸(그곳에), 내낭(내내), 내씩내씩(토라져서), 덥박(덥석), 덩삭이(소리 없이 입을 벌리고 부드럽게 웃는 모양), 덩싹덩싹(즐거워서 다리를 높이 들면서 춤을 추는 모양), 오꼿(재빠르게, 그만, 완전히), 오론도론(오순도순).

제 6 장

결 론

1910년대 초에서 현재까지 한국어 방언 연구의 역사는 한 세기를 훌쩍 넘게 되었다. 그러한 연구는 전통문법론에서 역사·비교언어학 이론을 수용했고 뒤이어 구조주의 언어학 이론을 수용하면서 질적인 향상과 수적인 증가를 보였다. 더욱이 1970년대에 이르러 변형·생성문법 이론을 수용하면서 방언 연구는 비약적으로 발전하였다. 구조주의 언어학 이론에 의한 연구가 표면적인 언어현상을 분석하고 분류하는 것이었던 데 비하여 변형·생성문법 이론을 수용하면서 방언 연구는 심층에 존재하는 실재를 밝히고 그 실재에 적용되어 현상을 실현시키는 규칙을 밝히는 것으로 바뀌었다. 1980년대는 한국어 방언 연구의 절정기를 이루는 시기였다. 그 전에 비하여 연구자의 수가 많이 증가했으며 그에 비례하여 연구 영역도 공시적인 것과 통시적인 것으로, 음운론에서 형태론과 통사론으로 넓어졌다. 따라서 해를 거듭하면서 많은 연구 결과가 축적되었다.

그럼에도 불구하고 한국어의 방언 전체에 대한 이해를 하기에는 그동안의 연구가 미미하다는 것을 느끼게 된다. 연구가 공시적인 음운론에 치우쳐 있으며 형태론과 통사론과 어휘론은 거의 제외되어 있다는 것과 어느 한 지역어에 대하여 음운론, 형태론, 통사론, 어휘론을 포괄하는 종합적인 연구가 거의 없다는 것이 그런 생각을 하게 한다. 그러한 연구를 가지고는 대방언 상호 간에 존재하는 공통점과 차이점을 알 수 없다.

그렇지만 지금까지의 연구를 종합하여 '한국어의 방언'이라는 대주제를 다루어 본 것은 의미 있는 작업이었다. 우선은 이 작업을 통하여, 한국어의 방언을 이해하는 데에 충족되는 것이 무엇이고 부족한 것이 무엇인가를 알 수 있게 되었다는 것이다. 부족한 것은 앞으로의 연구 과제가 될 것이다.

이제 지금까지 논의 내용을 요약하고 정리하면 다음과 같다.

[1] 2장에서는 한국어 방언의 이해를 위한 기초로서 한국어 방언의 실상을 보이고 다음으로 방언 이해에 필요한 일반적인 술어와 그 개념을 설명하고 아울러 방언의 형성과 방언의 성격 그리고 방언의 중요성에 대해서 논의했다.

먼저 한국어 방언의 실상을 보이기 위한 지점으로 경상북도의 〈경주〉, 경상남도의 〈김해〉, 강원도의 〈강릉〉, 함경북도의 〈경흥〉, 전라남도의 〈영광〉, 평안북도의 〈의주〉, 경기도의 〈양평〉, 〈서울〉, 제주도의 〈서귀포〉가 선정되었다.

다음으로 방언 일반론에서는 '언어', '방언', '표준어', '지역어', '사투리'가 무엇인가에 대하여 서술했다. 그리고 '방언의 형성'에서는 '지역방언의 형성', '사회방언의 형성', '도시방언의 형성'에 대해서 논의했고 '방언의 성격'은 언어적인 면에서는 '통일과 분열의 교호성(交互性)'과 '보수성'과 '다양성'을 가진다는 것, 언어 외적인 면에서는 '결속성'(結束性)을 가진다는 것을 논의했다.

끝으로 방언은 다음과 같은 사실에서 중요한 것임을 논의했다. 먼저 언어학적인 면에서 한국어의 방언은 한국어의 역사를 복선적이고 입체적인 역사로 구성할 수 있는 자료이며 현대 한국어와 한국어 방언 연구를 위한 일차적인 자료라는 것이다. 다음으로 언어학적 이외의 면에서 한국어의 방언은 조상으로부터 오랫동안 전수되어 오면서 삶의 지혜와 기록되지 않은 문화를 전달할 수 있는 무형문화재이며, 방언은 그 방언을 사용하는 지역 주민을 하나로 묶고 주민들의 사고를 유형화시킴으로써 그 지역의 독특한 문화를 창조하게 한다는 것이다. 그리고 문학작품에 사용되어 지역의 특색이나 등장인물의 성격을 뚜렷하게 한다는 것이다.

[2] 3장에서는 한국어 방언의 음운에 대해 논의했다. 음운에서 중요한 것은 대방언 각각이 가지고 있는 '음운 목록'과 '어간과 어미가 결합할 때에 그 경계에서 일어나는 음운과정'이다.

㉮ 대방언의 음운목록은 다음과 같다.

	(대)방언명	자음소 목록
1	2 이외의 대방언	/ㅂ, ㅍ, ㅃ, ㅁ, ㄷ, ㅌ, ㄸ, ㄴ, ㄹ, ㅅ, ㅆ, ㅈ, ㅊ, ㅉ, ㄱ, ㅋ, ㄲ, ㅇ(ng), ㅎ, (ㆆ)/
2	동남방언의 동부지역어	/ㅂ, ㅍ, ㅃ, ㅁ, ㄷ, ㅌ, ㄸ, ㄴ, ㄹ, ㅅ, ㅈ, ㅊ, ㅉ, ㄱ, ㅋ, ㄲ, ㅇ(ng), ㅎ, ㆆ/

방언 \ 모음소	단(單)모음소 목록
동남방언	/이, 에·애, 으·어, 우, 오, 아/(6)[01]
동북방언	[+노]: /이, 에, 애, 위, 외, 으, 어, 우, 오, 아/(10) [−노]: /이, 에, 애, 으, 어, 우, 오, 아/(8)
서남방언	① /이, 에, 애, 위, 외, 으, 어, 우, 오, 아/(10) ② /이, 에·애, 위, 외, 으, 어, 우, 오, 아/(9)
서북방언	① /이, 에, 애, 으, 어, 우, 오, 아/(8) ② /이, 에, 애, 우, 오, 아/(6) 참 참 /으/는 /우/로, /어/는 /오/로 됨.
중부방언	[+노]: ① /이, 에, 애, 위, 외, 으, 어, 우, 오, 아/(10) ② /이, 에, 애, 외, 으, 어, 우, 오, 아/(9) [−노]: ① /이, 에, 애, 으, 어, 우, 오, 아/(8) ② /이, 에·애, 으, 어, 우, 오, 아/(7)

01 /에·애/와 /으·어/는 각각 /에/와 /애/, /으/와 /어/가 구별되지 않음을 나타낸다. 로마자로는 각각 /E/와 /ᴲ/로 표시된다. 그리고 ( ) 속의 글자는 음소의 수를 나타낸다.

방언 \ 모음소	단(單)모음소 목록
제주방언	[+노]: /이, 에, 애, 으, 어, 우, 오, 아, ᄋᆞ/(9) [−노]: /이, 에·애, 으, 어, 우, 오, 아/(7)

㉯ 음운과정의 경우

① 평파열음소화는 대방언 간에 차이가 없다.

② 자음소동화는 대방언 간에 다소의 차이가 있다. 그 차이는 다음에 제시된 표와 같다.

동화	내용	동남	동북	서남		서북		중부		제주
				전남	전북	빠른말	느린말	충남	경기, 충북	
연구개 음소화	ㄷ→ㄱ ㄴ→ㅇ	○	○	○	△	○	×	△	○	×
	ㅂ→ㄱ ㅁ→ㅇ	○	×	△	×	○	×	△	○	×
양순 음소화	ㄷ→ㅂ	○	○	×		○	×	×		×
	ㄴ→ㅁ	○	○	×		○	×	×		×

○: 동화가 일어남, ×: 동화가 일어나지 않음, △: 하위방언에 따라 ○와 × 공존함.

③ /X이]] Vst 어Y/의 음운과정: 대방언 간들에서 일어나는 음운과정은 다음과 같다.

표준어 \ 대방언	동남	동북	서남	서북	중부	제주
/이]] 어도/	여'도'	{예, 네}에'두	이어도	예(:)두	여두	여도

대방언 표준어	동남	동북	서남	서북	중부	제주
/비] 어도/	비'이도	베에'두	비어도	베:두	경기, 황해: 벼:두 충남북: 비어두	비어도
/지] 어도/	저'도'	제에'두	저도	제두	저두	저도
/치] 어도/	처'도'	{처', 텨'}두	처도	테두	처두	처도
/다치] 어도/	다'치'도	다테'두	다처도	다테두	다처두	다처도
/비비] 어도/	비'비도[02]	{부, 비}베두'	전남: 비베도 전북: 비비도	비베두	비벼두	비벼도

· 동남방언과 동북방언에서 '는 고조(高調).

④ 유음소화: 'ㄺ, ㄼ, ㄾ, ㅀ, ㅭ' 등으로 끝나는 어간과 '-는다, -니, -는데' 등 /ㄴ/로 시작하는 어미가 결합할 때, 자음소군 단순화로 /ㄹ/ 이외의 자음소가 탈락된 다음에 남아 있는 어간말의 /ㄹ/ 뒤에서 어미초의 /ㄴ/가 /ㄹ/로 되는 음운과정을 말한다. 자음소군 단순화로 /ㄹ/ 이외의 자음소가 탈락되는 경우에는 모든 대방언에서 유음소화가 일어난다.

⑤ 자음소군 단순화: 이 음운과정을 정리하면 다음과 같다.

어간과 어미의 결합	실현 자음소	해당 방언
/ㄺ/] 자음소	/ㄱ/	서남, 동북, 제주, 서남경남
/ㄼ/] 자음소	/ㅂ/	(〈창녕, 밀양, 울주, 의창, 김해, 양산〉은 제외)

02 경북의 동북부지역어에서는 /비베두/가 된다.

어간과 어미의 결합	실현 자음소	해당 방언
/ㄺ/]자음소 /ㄼ/]자음소	/ㄹ/	동남(서남경남 제외), 서북
/ㄺ/]/ㄱ/ /ㄼ/]/ㄱ/	/ㄹ/	중부(경기, 충남) 충북(노년층): /ㄱ/, /ㅂ/ 충북(청년층): /ㄹ/
/ㄺ/]/ㄷ,ㅅ,ㄴ,ㅈ/ /ㄼ/]/ㄷ,ㅅ,ㄴ,ㅈ/	/ㄱ/ /ㅂ/	

⑥ 어미초의 /으/ 탈락: 중부방언 중에서 충남지역어와 그에 접한 전북의 〈완주, 무주, 군산〉 등에서는, 활용의 경우 어간말의 /ㄹ/ 뒤에서 어미초의 /으/가 탈락하지 않으며 그 외의 모든 방언에서는 '으'가 탈락한다.

⑦ 어간말의 /ㅎ/탈락: 어간말의 /ㅎ/는 모음소로 시작하는 어미 앞에서 탈락한다. 이 음운과정은 모든 방언에 동일하다.

⑧ 어미말의 /ㄹ/ 탈락: 이것은 어미초의 /ㄴ/나 /ㅅ/ 앞에서 어간말의 /ㄹ/가 탈락하는 음운과정을 말한다. 이 음운과정은 대방언에 다 적용된다.

⑨ /여/의 /에/화: 이것은 어미초의 /어/ 앞에서 어간말의 /이/가 j화한 j와 어미초의 /어/가 결합한 '여'가 자음소나 /ㄹ/ 뒤에서 '에'로 되는 음운과정을 말한다. 이 음운과정에서의 대방언 간의 차이는 ③의 표에서 확인할 수 있다.

⑩ 유기음소화: 평파열음소화에 의한 어간말의 /ㅂ/, /ㄷ/, /ㄱ/와 어미초의 /ㅎ/가 결합할 때에 일어나는 유기음소화는 곡용에 한정되는데, 이러한 유기음소화는 중부방언(충남방언 제외), 동북방언과 서남방언 중에서 전북방언 등에서는 일어나지만 동남방언, 서북방언, 제주방언, 서남방언 중에서 전남방언, 중부방언 중에서 충남방언 등에서는 일어나지 않는다.

[3] 4장에서는 한국어 방언의 형태와 통사에 대해서 논의했다. 그 내용을 요약하면 다음과 같다.

(가) 한국어의 존대법은 친족 외의 경우와 친족 내의 경우에 따라 다르다. 존대등분을 결정하는 중요한 요인은, 친족 외의 경우는 '나이'나 '사회적 지위' 등이며 친족 내의 경우는 '항렬'(行列)이다. 이 두 가지를 종합하여, 청자를 '아이, 자네, 아저씨, 아버지, 어머니, 할아버지, 할머니'로 정하여 각각의 청자에게 의문법, 서술법, 명령법 등을 적용할 경우에 문장 서술어의 종결어미가 달라지는 수에 의하여 존대등분을 확인할 수 있다.

그 결과 한국어의 존대법에서 존대등분은 청자를 '영수, 자네, 아저씨, 할아버지'인 경우에 문장 서술어의 종결어미가 모두 달라지는 4등분이 최대이고 그 외는 모두 3등분이다. 존대등분이 셋인 경우는 둘로 나누어지는데, 하나는 '자네'가 '영수'와 동일한 청자 대상에 포함될 때이고 다른 하나는 '아저씨'가 '할아버지'와 동일한 청자 대상에 포함될 때이다.

한국어의 대방언과 중방언을 대상으로 할 때에, 동남방언의 하위방언인 경남방언과 중부방언 중에서 강원방언이 네 개의 존대등분을 가진다. 그리고 세 개의 존대등분을 가지는 방언 중에서 '자네'가 '영수'와 동일한 청자 대상에 포함되는 방언은 동북방언과 서북방언이며 '아저씨'가 '할아버지'와 동일한 청자 대상에 포함되는 방언은 동남방언 중에서 경북방언, 서남방언, 중부방언 중에서 경기방언과 충청방언, 제주방언이다.

(나) 활용어미에서 논의 대상이 된 것은 의문법 종결어미였다. 그에 대한 각 방언의 특징적인 것을 서술하면 다음과 같다.

(나-1) 의문법 종결어미

가 동남방언

① '영수체'의 의문법 종결어미 '-가?, -고?'와 '-나?, -노?'가 분포와 기능에서 서로 대립적이다.[03] 종결어미 '-가?, -고?'는 계사 어간과 결합하고 '-나?, -노?'는 동사와 형용사 어간 및 선어말어미 '-앗-, -{것/겟}-'과 결합한다. 그리고 종결어미 '-가?, -나?'는 문장 속에 의문사가 없을 때에 '가부 판정'(可否判定)을 요구하는 경우에 사용되고 '-고?, -노?'는 문장 속에 의문사가 있을 때에 '설명'을 요구하는 경우에 사용된다.

이러한 사실은 중세 한국어 문헌어에서도 발견된다.

- 이 ᄯᆞ리 너희 종가?〈이 딸이 너희 종이냐?〉(월석 8: 94b)
- 이 엇던 光明고?〈이 어떤 광명이냐?〉(월석 10: 7b)
- 이 大施主의 得혼 功德이 하녀 몯 하녀?
  〈이 대시주가 얻은 공덕이 많으냐 많지 않느냐?〉(월석 17: 48b)
- 이 智慧 업슨 比丘ㅣ 어드러셔 오뇨?
  〈이 지혜가 없는 비구가 어디서 오느냐?〉(석상 19: 30a, b)

위에서 중세 한국어의 종결어미 '-가?, -고?'가 명사와 직접 결합하고(이런 경우는 동남방언에도 존재한다) '-녀?, -뇨?'가 '-나?, -노?'와 형태상의 차이가 있다는 것은 동남방언과 다르지만, 문법적 기능과 의미는 동남방언의 그것과 일치한다는 점에서 주목된다.

03 '자네체'의 의문법 종결어미 '-{능, 응}가?'와 '-{능, 응}고?'도 문장 속에 의문사가 없고 있고에 따라 달리 사용된다는 점에서는 위에 제시된 '영수체'의 의문법 종결어미와 동일하지만, '자네체'는 후대에 형성된 것이다.

② '할아버지체'에는 기원이 서로 다른 의문법 종결어미 '-{심, 음}니꺼?, -{십, 읍}디꺼?'와 '-(니)이껴?, -디이껴?'와 '-{능, 응}교?, -덩교?'가 서로 다른 지역적 분포를 보인다. 그중에서 경상북도 동북부지역에 분포되어 있는 '-(니)이껴?'는 15세기 한국어 문헌어의 '-니잇고?, -니잇가?'를[04] 계승하는 특수한 한국어 방언의 종결어미라는 점에서 주목된다.

나 동북방언

'아저씨체'에서 상승 문말 억양을 가진 의문법 종결어미 '-{습, 읍}데?'는 전시기의 '-{습, 읍}더이까?'에서 끝음절 '까'의 절단과 '더이'의 모음소 '어이'가 축약하여 형성된 것이다.

다 서남방언

'자네체'는 화자가 자기보다 연하일 때는 물론 약간 연상일 때에도 사용된다는 점에서 다른 방언과 구별된다. "자네 어디 가능가?"(형뻘 되는 사람에게), "성, 나 갈라네(=형, 나 가오)", "자네가 좀 허소."(선배에게)에서 그러한 사실을 알 수 있다. 이러한 '자네체'는 16세기 후기의 언간에서도 발견된다. 그 점에서 서남방언의 '자네체'는 16세기 후기의 '자네체'를 계승하고 있는 서법이라는 점에서 주목된다.

라 서북방언

① '-나?'와 '-노?'가 동사나 형용사 어간과 선어말어미 '-앗-, -갓-'과 결합하며 종결어미 '-나?'는 문장 속에 의문사가 없을 때에 사용되고 '-노?'는 문장 속에 의문사가 있을 때에 사용된다. 결합상의 제약이나 문법적 기능과

04 15세기 한국어의 의문법 종결어미 '-니잇고?'는 문장 속에 의문사가 있을 때에 사용되고 '-니잇가?'는 문장 속에 의문사가 없을 때에 사용된다. "舍衛國에 ᄒᆞᆫ 大臣 須達이라 ᄒᆞ리 잇ᄂᆞ니 아ᄅᆞ시ᄂᆞ니잇가〈사위국에 한 대신 수달이라 하는 사람이 있는데 아십니까?〉(석상 6: 14b), 世尊ㅅ 安否 묻ᄌᆞᆸ고 니ᄅᆞ샤ᄃᆡ 므스므라 오시니잇고〈세존의 안부 묻고 이르시되 무엇 때문에 오셨습니까?〉(석상 6: 3a)에서 그런 사실을 알 수 있다.

의미에서, 이것은 동남방언의 종결어미 '-나?, -노?'와 완전 일치한다.

② 이 방언에서도 동북방언에서 사용되는 상승 문말 억양을 가진 의문법 종결어미 '-{습, 읍}데?'가 사용된다.

㉤ 중부방언

문말 억양이 상향인 '할아버지체' 의문법 종결어미 '-으세요?'는 문말 억양이 수평인 명령법 종결어미와 문말 억양이 하향인 서술법 종결어미와 대립된다. 이 종결어미는 선어말어미 '-으시-'와 '아저씨체' 의문법 종결어미 '-어요?'와 결합하여 '시'의 '이'가 종결어미 '어' 앞에서 활음소화하여 '여'가 되고 '여'가 자음소 'ㅅ' 뒤에서 '에'로 축약하여 형성된 것인데 이러한 음운과정은 중부방언에서 일반적이 아니라는 점에서 특이하다.

㉥ 제주방언

① 종결어미 '-가?, -고?'는 문장 서술어로 사용되는 명사와 직접 결합하며 그들 종결어미의 문법상의 기능과 의미는 동남방언의 '-가?, -고?'와 완전 일치한다.

② 종결어미 '-니?, -냐?'는 문장 서술어 어간이나 선어말어미와 결합하며 '-니?'는 문장 속에 의문사가 있을 때에 사용되고 '-냐?'는 문장 속에 의문사가 없을 때에 사용된다. 이 종결어미는 문장 속에 의문사가 있고 없고에 따라 선택적으로 사용된다는 점에서는 동남방언의 '-나?, -노?'와 동일하지만, 계사 어간과도 결합할 수 있다는 것과 형태가 다르다는 점에서 동남방언과 구별된다.

③ 종결어미 '-디?, -디아?'는 문장 서술어 어간과 직접 결합할 수 없다는 점에서 '-니?, -냐?'와 구별되지만, '-디?'와 '-디아?'는 각각 문장 속에 의문사가 있을 때와 없을 때에 사용된다는 점에서는 종결어미 '-니?, -냐?'와 동일하다.

④ '자네체'의 의문법 종결어미 '-웅{가, 고}?', '-뎅{가, 고}?', '-엥{가, 고}?'에서 '가' 형은 문장 속에 의문사가 없을 때 사용되고 '고' 형은 문장 속에 의문사가 있을 때 사용된다.

이상과 같은 의문법 종결어미의 정리에서 발견되는 중요한 사실은 중세 한국어에서와 같이, 문장 속에 의문사가 있고 없음에 따라 종결어미가 달리 사용되는 방언이 현재에도 존재한다는 것이다. 동남방언과 서북방언과 제주방언이 그에 해당한다. 그러한 문법적 기능은, 동남방언에서는 '-Y가?, -Y고?'와 '-Y나?, -Y노?'가, 서북방언에서는 '-Y나?, -Y노?'가, 제주방언에서는 '-Y가?, -Y고?'와 '-니?, -냐?'와 '-디?, -디아?'가 담당한다. 동남방언과 대조할 때, 서북방언에는 종결어미 '-Y가?, -Y고?'가 존재하지 않으며 제주방언에는 종결어미 '-Y나?, -Y노?'가 존재하지 않는다. 이 점에서 서북방언과 제주방언은 이들 의문법 종결어미에 한하여, 동남방언의 간섭을 받은 것이라 하겠다(의문법 종결어미에 대한 각 방언의 방언형은 4.2.1.의 (30)을 참조하기 바람).

(나-2) 연결어미

한국어에서 문장을 연결하는 어미는 매우 많다. 그렇게 많은 연결어미들은 방언에 따라서 조금씩 형태를 달리하기도 하며 어떤 연결어미는 방언에 따라서 전혀 다른 형태와 전혀 다른 문법적 기능과 의미를 가지는 것도 있다. 여기서는 여러 방언에 공통이 되는 연결어미 중에서 조건을 표시하는 '-으면'과 이유를 표시하는 '-으니까'의 방언형으로써 방언 간의 관계를 알아보았다. 그 결과 '-으면'과 '-으니까'는 중세한국어를 기록한 문헌에서부터 현대 한국어의 문어(文語)에서만 사용될 뿐 자연어에서는 어떤 방언에서도 사용되지는 않는다는 것이 확인되었다. 그들 연결어미에 대한 방언형은 다음과 같다.

연결어미 \ 방언	동남	동북	서남	서북	중부	제주
-으면	-으{모, 몬}, -으{머, 먼}, -으{마, 만}	-으 {무, 문}	-으먼	-으문	-으믄	-으민
-으니까	-으니까, -으니꺼네, -으니까네, -응께네	-으니까	-응께, -응게	-으니 {까, 깐}, -으니 {까, 끼}니	-으니까, -으니깐 두루	-으나네, -으난

위의 방언형들 중에서, '-으면'의 방언형들은 앞 시기의 "*-으믄'이 방언에 따라 음운변화를 달리 거친 결과로 보았으며 '-으니까'의 방언형들은 앞 시기의 "*-으니까ㄴV'가 방언에 따라 음운변화를 달리 거치거나 음절의 절단에 의한 결과로 보았다.

(나-3) 선어말어미

여기서는 현대 한국어에서 일반적으로 인정되는 과거표시의 '-았-'과 추단표시의 '-겠-'의 방언형에 대해서 논하였다. 이들 선어말어미에 대한 방언형을 표로 제시하면 다음과 같다.

선어말어미 \ 방언	동남	동북	서남	서북	중부	제주
-았-	-앗-	-{앗, 아시}-	-았-	-{앗, 아시}-	-았-	-{앗, 아시}-
-겠-	-것-/-겟-	-{갯, 개시}-	-겄-	-{갓, 가시}-	-겠-	-으크-

먼저 과거표시 선어말어미 '-{았, 었}-'의 방언형은 서남방언과 중부방언에서는 '-았-'이, 동북방언, 서북방언 그리고 제주방언에서는 '-아시-'와 함께 '-앗-'이 사용된다. 여기서 주목되는 것은 서남방언과 중부방언 이외의 방언에서는 음절말 자음소가 'ㅅ'라는 것과 특히 동북방언, 서북방언, 제주방언에서는 선어말어미 '-아시-'와 '-앗-'이 각각 모음소와 자음소로 시작하는 어미와 결합하며 그 둘이 어휘화한 이형태라는 것이다. 이 사실은 15세기 후기 이후에서 18세기말 이전까지의 한국어의 그것과 일치한다.

한편 추단표시 선어말어미 '-겠-'의 방언형은 중부방언에서만 '-겠-'으로 사용되고 동남방언에는 '-것-'(경남방언)과 '-겟-'(경북방언)으로, 동북방언과 서북방언에서는 각각 '-{개시-갯}-'과 '-{가시-갓}-'으로 사용된다. 그리고 서남방언에서는 '-겄-'으로 사용되며 제주방언에서는 어형이 전혀 다른 '-으크-'가 사용된다.

이상과 같은 추단표시 선어말어미 중에서 동북방언의 '-{개시, 갯}-'과 중부방언의 '-겠-'은 부사절 형성어미 '-{게, ㄱㅣ}' 또는 그 변형인 '-{거, ㄱ}'와 서술어 어간 '{이시, 잇}-'의 결합체에서 형성된 것이고 서북방언의 '-{가시, 갓}-'과 동남방언의 '-것-'은 부사절 형성어미의 변형인 '-{거, ㄱ}'와 서술어 어간 '{시, ㅅ}-'의 결합체에서 형성된 것이다.

이러한 추단표시 선어말어미의 형성은 15세기 후기 이전 문헌과 15세기 후기 이후에서 16세기 문헌에 등장하는 과거표시 선어말어미 '-{에시, 엣}-, -{애시, 앳}-'과 '-{어시, 엇}-, -{아시, 앗}-'이 부사절 형성어미 '-{어, 아}'와 서로 다른 서술어 어간 '{이시, 잇}-'과 '{시, ㅅ}-'의 결합체에서 형성된 것이라는 최명옥(2002b: 144-150)의 주장을 뒷받침하는 좋은 증거가 된다고 보았다.

(다) 곡용어미

여기서는 곡용어미 중에서도 주격어미와 목적격어미, 공동격어미, 호격어미에 대한 방언형들이 논의의 대상이 되었다. 그들 곡용어미에 대한 방언형은 다음과 같다.

곡용어미 \ 방언	동남	동북	서남	서북	중부	제주
주격어미	-{이, 가}, -이, -이가	-{이, 가}, -이, -이가	-{이, 가}, -이, -이가	-{이, 가}, -이	-{이, 가/거}, -이, -이가	-{이, 가}
	×	-이라서느	×	-이래	-이라 〈황해 북부〉 -이라(서) 〈충남 서해〉	-이 {라, 래}
목적격어미	-{을, 로}, -{을, 를}, -을, -으를, -으르,	-{으, 르}, -을	-{을, 를}, -을	-{을, 를}, -을	-{을, 를}, -을,	-{을, 를}, -을
공동격어미	-캉, -하고, -이랑	-{과, 꽈}, -{가, 까}, -하구	-{허, 하} 고	-{과, 가}, -허구	-{하, 허}구, -{와, 과}	-ᄒᆞ고, -영, -광
호격어미	-아, -{요, 예}	-아, -요	-아	-아	-아	-아, -예

위의 표에서 동남방언, 동북방언, 서남방언, 중부방언에서 사용되는 주격어미 '-이가'는 주격어미 '-가'가 등장하여 모음소로 끝나는 명사 뒤에서만 사용되는 시기 이전에 형성된 것이다. 그리고 동남방언의 목적격어미 '-{을,

로}'는 매우 특이한데, 그중에서 '-을'은, '집을'에서 보듯이, 자음소로 끝나는 명사와 결합하고 '-로'는, '비(雨)로 맞고'과 '물로 묵고〈물을 먹고〉'에서 보듯이,' 모음소나 'ㄹ'로 끝나는 명사와 결합한다. 그리고 목적격어미 '-{을, 를}'에서 '-을'은 자음소나 'ㄹ'로 끝나는 명사와 결합하고 '-를'은 모음소로 끝나는 명사와 결합하지만, 목적격어미 '-을'은, 주로 구어(口語)에서, 자음소나 'ㄹ'로 끝나는 명사는 물론 모음소로 끝나는 명사와도 결합한다. '빌 맞고〈비를 맞고〉'나 '시장에서 장살 하다가〈시장에서 장사를 하다가〉'에서 모음소로 끝나는 명사인데도 '-을'이 결합된 것을 볼 수 있다. 이것은 '-를'이 사용되기 전에 '-을' 하나가 목적격어미로 사용되었다는 것을 뒷받침한다.

그리고 동북방언과 서북방언과 제주방언에서 사용되는 공동격어미 '-{과, 꽈}, -{가, 까}, -{과, 가}, -광'은 '-{와, 과}'가 형성되기 전에 단독으로 '-과'가 사용되었음을 알려주며 모음소로 끝나는 명사와 결합하는 어미 '-와'는 '-과'에서 변화된 것임을 알려준다. 또 동남방언과 동북방언과 제주방언에는 다른 방언에서 사용되지 않는 존칭 호격어미 '-요'나 '-예'가 사용된다는 것을 알 수 있었다.

[4] 5장에서는 한국어 방언의 어휘에 대해서 논의했다. 여기서는 표준어 어휘를 몇 가지 범주로 나누어 해당 표준어 어휘에 대한 각 대방언(한 지점) 어휘들의 유사점과 차이점에 대해 논의했다

친족 어휘, 인체 어휘, 가축 어휘, 들짐승과 날짐승 어휘, 꽃과 풀 어휘, 음식과 음식 재료 어휘, 채소 어휘, 특수 어휘가 논의 대상이 되었다. 이들 어휘는 대방언 간에 같기도 하고 구별되기도 하였다. 구별이 되는 경우는 동일 대상에 대해 붙여진 명칭이 다르거나 동일 단어가 겪은 음운변화가 다르거나 접미사에 의한 파생이 다르거나 한 결과임을 알 수 있었다.

강신항(1976), "경북 안동·봉화·영해지역의 이중언어생활", 《성대논문》 22. 33-51.

______(1994), 《증보판 훈민정음연구》, 성균관대 출판부.

강영봉(2005-2009, 2011), 《제주 지역어 조사 보고서: 가시, 건입, 동복, 색달, 조수, 호근》, 국립국어원.

강정희(1988), 《제주방언연구》, 대전: 한남대 출판부.

고영근(1997), 《표준중세국어문법론(개정판)》, 서울: 집문당.

고영근·구본관(2008), 《우리말 문법론》, 경기, 파주: 집문당.

곽충구(1994), 《함북 육진방언의 음운론》, 국어학총서 20, 서울: 태학사.

______(1998), "동북·서북방언", 《문법연구와 자료》(서태룡 외 5인 공편, 서울: 태학사). 985-1028.

______(1998), "육진방언의 어휘", 《국어 어휘의 기반과 역사》, 서울: 태학사. 617-669.

______(2000), "함북방언의 비자동적 교체 어간과 그 단일화 방향", 《21세기 국어학의 과제》 (서울: 월인). 1123-1165.

______(2002), "방언연구 50년", 《국어학 연구 50년》, 서울: 혜안.

곽충구·박진혁·소신애(2008), 《중국 이주 한민족의 언어와 생활: 길림성 회룡봉》, 경기, 파주: 태학사.

김덕호(1997), "경북방언의 지리언어학적 연구", 경북대학교 대학원(박사학위 논문).

김무식(2005-2009, 2011), 《경북 지역어 조사 보고서: 경주, 상주, 청송, 고령, 청도, 의성》, 국립국어원.

김병제(1959), 《조선어방언학개요(상)》, 평양: 과학원출판사.

______(1965), 《조선어방언학개요(중)》, 평양: 과학원출판사.

______(1975), 《조선어방언학개요(하)》, 평양: 사회과학출판사.

______(1980), 《방언사전》, 평양: 과학, 백과사전출판사.

______(1988), 《조선언어지리학시고》, 평양: 과학백과사전종합출판사.

김봉국(2002), "강원도 남부지역 방언의 음운론", 서울대학교 대학원(박사학위 논문).

______(2005-2009, 2011), 《강원 지역어 조사 보고서: 삼척, 원주, 양양, 홍천, 평창, 인제》,

국립국어원.
______(2006), "경기도 방언의 음운론적 특징", 《어문연구》 51. 253–278.
김세환(2012), "청송지역어 용언 어간의 통시적 변화", 서울대학교 대학원(박사학위 논문).
김영돈(1956), "제주 방언의 어미 활용 (1)", 《한글》 119. 44-52. 17.
______(1957), "제주 방언의 어미 활용 (2)", 《한글》 121. 34-45.
______(1957), "제주 방언의 어미 활용 (3)", 《한글》 122. 42-51. 67.
김영배(1979), "평안방언의 형태론적 고찰", 《성곡론총》10. 246-290.
______편(1992), 《남북한의 방언연구》, 서울: 경운출판사.
______(1997), 《증보 평안방언연구》, 서울: 태학사.
______(1997), 《평안방언연구(자료편)》, 서울: 태학사.
김영태(1975), 《경상남도방언연구(1)》, 서울: 진명문화사.
______(1998), 《경남방언과 지명연구》, 경남대 출판부.
김영황(1982), 《조선어방언학》, 평양: 김일성종합대학출판사.
김옥화(2001), "부안지역어의 음운론적 연구", 서울대학교(박사학위 논문).
김웅배(1998), 《전라남도방언연구》, 서울: 학고방.
김이협(1981), 《평북방언사전》, 경기, 성남: 한국정신문화연구원.
김인기(2004), 《강릉방언총람》, 서울: 한림출판사.
김정균(2009), 《안동 방언 사전》, 안동문화원.
김정대(2005-2009, 2011), 《경남 지역어 조사 보고서: 고성, 창원, 창녕, 산청, 남해, 울주》, 국립국어원.
김정화 역(2003), 《사라져 가는 목소리들》, 서울: 이제이북스. Nettle & Romaine(2000), *Vanishing Voices: The Extinction of the World's Languages*, Oxford Univ. Press, Inc.
김주석 · 최명옥(2001), 《경주 속담 · 말 사전》, 서울: 한국문화사.
김춘자(2008), 《함경남도 삼수지역어의 음운론》, 서울: 도서출판 역락.
김충회(1990), "충청북도방언의 언어지리학적 연구", 단국대학교(박사학위 논문).
김태균(1986), 《함북방언사전》, 서울: 경기대학출판국.
김택구(1991), "경상남도 방언의 지리적 분화에 관한 연구", 건국대학교(박사학위 논문).
김형규(1974), 《한국방언연구》, 서울: 서울대 출판부
김홍실(2008), "평북 초산 지역어의 종결어미 연구", 서울대학교(박사학위 논문).
리윤규 · 심희섭 · 안훈(1992), 《조선어방언사전》, 연변: 연변인민출판사.

문순덕(2003), 《제주방언 문법연구》, 제주: 도서출판 세림.
박경래(1993), "충주방언의 음운에 대한 사회언어학적 연구", 서울대학교 대학원(박사학위 논문).
______(2005-2009), 《충북 지역어 조사 보고서: 제천, 청원, 충주, 옥천, 보은》, 국립국어원.
박성종·전혜숙(2009), 《강릉방언사전》, 경기, 파주: 태학사.
박양규(1980), "서남방언 경어법의 한 문제", 《방언》 3. 27-45.
방언연구회(2001), 《방언학 사전》, 서울: 태학사.
배주채(1994), "고흥방언의 음운론적 연구", 서울대학교(박사학위 논문).
서정목(1987), 《국어 의문문 연구》, 서울: 탑출판사.
성기철(1990), "공손법", 《국어연구 어디까지 왔나》(서울대학교 대학원 국어연구회 편, 서울: 동아출판사). 401-408.
소강춘(1989), 《방언분화의 음운론적 연구》, 서울: 한신문화사.
______(2005–2009, 2011), 《전북 지역어 조사 보고서: 완주, 남원, 무주, 군산, 고창, 임실》, 국립국어원.
소신애(2006), "공시적 음운 변이와 통시적 음운 변화의 상관성", 서강대학교 대학원(박사학위 논문).
송철의(2008), 《한국어 형태음운론적 연구》, 경기, 파주: 태학사.
신기상(2013), 《울산방언사전》, 울산광역시.
신승원(1997), "경북 의성지역어의 음운론적 분화 연구", 영남대학교(박사학위 논문).
오선화(2010), "함북 부령지역어의 통시음운론", 서울대학교(박사학위 논문).
오청진(2008), "전남지역의 친족어", 《방언학》 7. 125-151.
오홍일(2005), 《전남 무안 지방의 방언사전》, 무안문화원.
왕한석 외(2005), 《한국 사회와 호칭어》, 서울: 도서출판 역락.
왕한석(2012), 《한국의 언어 민속지: 경상남북도 편》, 서울: 서울대학교 출판문화원.
위평량(2000), "전남-경남 접경지역의 언어 연구", 전남대학교(박사학위 논문).
유영대·이기갑·이종주(1998), 《호남의 언어와 문화》, 서울: 백산서당.
유창돈(1964/87), 《이조어사전》, 서울: 연세대출판부.
______(1973), 《어휘사연구》, 서울: 선명문화사.
______(1973), 《이조국어사연구》, 서울: 선명문화사.
유필재(2006), 《서울방언의 음운론》, 서울: 월인.

이금화(2007), 《평양 지역어의 음운론》, 서울: 도서출판 역락.
이기갑(1982), "전남 북부방언의 상대높임법", 《언어학》 5. 한국언어학회. 143-162.
______(1986), 《전라남도의 언어지리》, 서울: 탑출판사.
______(1997), "한국어 방언들 사이의 상대높임법 비교 연구", 《언어학(서울대)》 21. 185-217.
______외(1998), 《전남방언사전》, 서울: 태학사.
______(2003), 《국어 방언 문법》, 서울: 태학사.
______(2005-2009, 2011), 《전남 지역어 조사 보고서: 곡성, 진도, 영광, 보성, 영암, 신안》, 국립국어원.
이기문(1972a), 《국어사개설(개정판)》, 서울: 탑출판사.
______(1972b), 《국어음운사연구》, 한국문화연구소(서울대).
______외(1993), 《한국 언어 지도집》, 서울: 성지문화사.
이기백(1969), "경상북도의 방언구획", 《동서문화(계명대)》 3. 183-217.
이돈주(1979), 《전남방언》, 어문총서 206, 서울: 형설출판사.
이병근(1979), 《음운현상에 있어서의 제약》, 서울: 탑출판사.
이병근, 정인호(1999), "중국 조선어 방언 조사: 원평북방언을 중심으로", 《한반도와 중국 동북 3성의 역사 문화》(김시준 외, 서울대학교출판부). 1–44+(45–75).
이병근(2004), 《어휘사》, 경기, 파주: 태학사.
이상규(2000), 《경북방언사전》, 서울: 태학사.
이상신(2008), "전남 영암지역어의 공시음운론", 서울대학교 대학원(박사학위 논문).
이숭녕(1957), "제주도 방언의 형태론적 연구", 《동방학지》 3. 39-193.
이승재(1983), "재구와 방언분화: 어중 '-ㅅㄱ-'류 단어를 중심으로", 《국어학》 12.
______(2004), 《방언연구》, 서울: 태학사.
이시진(1996), "경북방언의 공시음운론적 연구", 영남대학교 대학원(박사학위 논문).
이익섭(1974), "국어 경어법의 체계화 문제", 《국어학》 2. 39-64.
______(1974), "영동방언의 경어법 연구", 《논문집: 인문사회(서울대)》 6. 49-67.
______(1976), "한국 어촌언어의 사회언어학적 고찰", 《진단학보》 42. 61-97.
______(1979), "강원도 영서지방의 언어분화", 《진단학보》 48. 93-129.
______(1981), 《영동 영서의 언어분화 : 강원도의 언어지리학》, 서울대출판부.
______(1984), 《방언학》, 서울: 민음사.

이진숙(2012), 《전남 진도의 언어와 문화》, 서울: 지식과 교양.
______(2013), "고흥 지역어와 진도 지역어의 음운론적 대비 연구", 전남대학교 대학원(박사학위 논문).
이진호 역주(2009), 《한국어 방언 연구》, 전남대출판부. 《조선어 방언의 연구 상(朝鮮語方言の研究 上》, 小倉進平(1944), 東京: 岩波書店.
______(2012), 《한국어 방언학 시론》, 전남대 출판부. 하야육랑(1945), 《조선방언학시고–「협(鋏)」어고》, 경성: 동도서적.
이혁화(2005), "무주·영동·김천 방언의 음운론적 대비 연구", 서울대학교(박사학위 논문).
______(2007), "경북 서부방언의 상대경어법", 《정신문화연구》30–4. 251–278.
임석규(2007), "경북북부지역어의 음운론적 연구", 서울대학교(박사학위 논문).
전광현(1973), "방언의 어휘론적 시고", 《한국언어문학》 10. 325–334.
______(1995), "전라북도 방언구획 시고: 어휘분포를 중심으로", 《동양학》 25. 1–18.
______(2003), 《국어사와 방언 2: 방언 연구》, 서울: 도서출판 월인.
전상범(1995), 《형태론》, 서울: 한신문화사.
전인득(1979), "경북 상주방언의 활용어미 연구", 영남대학교 대학원(석사학위 논문).
정석호(2007), 《경북동남부 방언사전》, 서울: 글누림출판사.
정승철(1985), "제주방언 의문법 어미", 《관악어문연구(서울대)》 10. 415–427.
______(1988), "제주도 방언의 모음체계와 그에 관련된 음운현상", 서울대학교(석사학원 논문).
______(1994), "제주도 방언의 통시음운론", 서울대학교(박사학위 논문).
______(2013), 《한국의 방언과 방언학》, 경기, 파주: 태학사.
정용호(1988), 《함경도방언연구》, 평양: 교육도서출판사.
정인호(2006), 《평북방언과 전남방언의 음운론적 대비연구》, 경기, 파주: 태학사.
제주특별자치도(2009), 《개정증보 제주어사전》.
조규태(1992), "진양군 수곡지역어 연구", 《경남문화연구(경상대)》 14. 59–135.
조항범(1992), "국어친족어휘의 통시적연구", 서울대학교(박사학위 논문).
______(1998), 《주해 순천 김씨 묘 출토 간찰》, 서울: 태학사.
채옥자(2005), 《중국 연변지역 조선어의 음운연구》, 서울: 태학사.
천시권(1965), "경북지방의 방언구획", 《어문학》 13. 533–544
최명옥(1980), 《경북 동해안방언 연구》, 대구: 영남대출판부.

______(1982), 《월성지역어의 음운론》, 대구: 영남대출판부.
______(1985), "서북방언의 문장 서술어에 대한 형태론적 연구", 《방언》 8. 57-97.
______(1992a), "경상북도의 방언지리학: 부사형어미 '아x'의 모음조화를 중심으로", 《진단학보》 73. 139-63. 최명옥(1998b: 337-372)에 재수록.
______(1992b), "경상남북도간의 방언분화 연구", 《애산학보》 13. 53-101. 최명옥(1998b: 421-466)에 재수록.
______(1992c), "19세기 후기 국어의 연구: 〈모음음운론〉을 중심으로", 《한국문화》13. 55-90.
______(1994), "경상도의 방언구획 시론," 《우리말의 연구》, 대구 : 우골탑. 861-892. 최명옥(1998b: 376-417)에 재수록.
______(1997), "동남방언과 동북방언의 대조연구," 《국어학연구의 새 지평〈성재 이돈주 선생 화갑기념〉》, 서울: 태학사. 585-630.
______(1998a), "진양지역어와 김해지역어의 대조연구," 《방언학과 국어학 〈청암 김영태교수 회갑기념논문집〉》, 서울: 태학사. 367-397.
______(1998b), 《한국어 방언연구의 실제》, 서울: 태학사.
______(1998c), "방언(국어학의 이해 6)," 《새국어생활》 8-3. 193-202.
______(2000), "경남방언의 분화론," 《배달말》 27. 153-180.
최명옥 · 곽충구 · 배주채 · 전학석(2002a), 《함북 북부지역어 연구》, 서울: 태학사.
최명옥(2002b), "과거시제 어미의 형성과 변화," 《진단학보》 94. 135-165.
______(2003), "방언 조사와 연구의 의의," 《새국어생활》 13-4. 5-21.
______(2004), 《국어음운론》, 서울: 태학사.
______(2004-2009), 《경기 지역어 조사 보고서: 용인, 화성, 포천, 파주, 양평, 이천》, 국립국어원.
______(2008a), 《한국언어지도(공)》, 경기, 파주: 태학사.
______(2008b), 《현대 한국어의 공시 형태론: 경주지역어를 실례로》, 서울대학교 규장각한국학연구원 한국학 모노그래프 59, 서울: 서울대학교출판부.
최전승(2004), 《한국어 방언의 공시적 구조와 통시적 변화》, 서울: 도서출판 역락.
최학근(1977), 《개정국어방언연구》, 서울: 경인문화사.
______(1978), 《한국방언사전》, 서울: 현문사.
______(1980), "평안도방언연구," 《한국방언학》 창간호. 17-34.

하신영(2010), "전남 곡성지역어와 경남 창녕지역어의 음운론적 대비 연구," 서울대학교 대학원(박사학위 논문).
한국방언학회(편)(2014), 《이숭녕의 방언채집 자료》, 경기, 파주: 태학사.
한국정신문화연구원(1987–1995), 《한국방언자료집 I–IX》.
한성우(2006), 《평안북도 의주방언의 음운론》, 서울: 도서출판 월인.
______(2009), 《인천 토박이말 연구》, 인천: 인천학연구원.
______(2011), 《경기 지역어 조사 보고서: 강화》, 국립국어원.
한영목(2005-2009, 2011), 《충남 지역어 조사 보고서: 공주, 논산, 서천, 예산, 서산, 대전》, 국립국어원.
______(2008), 《충남 방언 문법》, 서울: 집문당.
한영순(1967), 《조선어 방언학》, 평양: 김일성 종합대학 출판사.
현평효(1974), "제주도방언의 정동사어미 연구", 동국대학교(박사학위 논문).
______(1985), 《제주도방언연구: 논고편》, 서울: 이우(二友) 출판사.
홍종림(1975), "제주도 방언의 의문법에 대한 고찰", 《논문집(한국국어교육연구회)》 8. 147-226.
황대화(1999), 《조선어방언연구》, 심양: 료녕민족출판사.
______(2007), 《황해도방언연구》, 서울: 한국문화사.
황대화·양오진(2009), 《서북방언의 친족어 연구》, 서울: 제이앤씨.
小倉進平(1929), 《평안남북도의 방언 平安南北道の方言》, 경성제국대학법학부연구조사책자 제1집.
小倉進平(1944), 《조선어방언의 연구 하 朝鮮語方言の硏究 下》, 東京: 岩波書店.
河野六郎(1945), 《조선방언학시고: '협'어고 朝鮮方言學試攷: '鋏'語攷》, 京城: 東都書籍.
Anttila, Raimo(1972), *An Introduction to Historical and Comparative Linguistics*, New York: MacMillan Publishing Co., Inc.
Hock, Hans Henrich(1986), *Principles of Historical Linguistics*, Mouton de Gruyter.
Jeffers & Lehiste(1979), *PRINCIPLES AND METHODS FOR HISTORICAL LINGUISTICS,* The MIT Press.
King, Robert D.(1969), *Historical Linguistics and Generative Grammar*, Englewood Cliffs, New Jersey: Prentice-Hall. Inc.
Lass, Roger(1997), *Historical Linguistics and Language Change*, Cambridge: Cambridge

University Press.

Lehmann & Malkiel(eds.)(1982), *Perspectives on Historical Linguistics*, John Benjamins Publishing Company.

McMahon, April M. S.(1994), *Understanding language change*, Cambridge: Cambridge University Press.

Nida, Eugene A.(1963), *MORPHOLOGY: The Descriptive Analysis of Words*, Ann Arbor: The University of Michigan Press.

Ramsey, S. R.(1978), *Accent and Morphology in Korean Dialects*, 서울: 탑출판사.

Ross, John(1877), *Corean Primer*, Shanghai.

Spencer, Andrew and Arnold M. Zwicky(eds.)(1998), *The Handbook of Morphology*, Blackwell Publishers.

Trudgill, P.(1974), *The Social Differentiation of English in Norwich*, Cambridge: Cambridge University Press.

Weinreich, U.(1953), *Languages in Contact*, New York & The Hague: Mouton.

_찾아보기

· 용어색인

/X이] Vst 어Y/의 음운과정 95, 284
'-나?'의 실현조건 148
'-노?'의 실현조건 148
/여/의 /에/화 112, 286
{허, 하}우체 137

ㄱ
가부 판정 288
가축 어휘 255
각 방언의 특수 어휘 272
격 219
결과 문장 206
결속성 65
경구개음 81
경남방언 33
경북방언 33
계사 195
고조소 78
곡용어미 126, 219, 294
공동격어미 219, 227
관형격어미 219
관형사형어미 24
관형절 형성화 198
교착어 123
교체 87
교호성(交互性) 62
구문론 125
구어(口語) 224
구조주의 언어학 202
구체적인 단어 242
기본문 195
꽃과 풀 어휘 263

ㄴ
농촌어휘 235

ㄷ
다양성 62, 64
단(短)모음소 78
단어 20, 241
단일형태소 123
단일화 218
대등연결어미 197
대방언 31, 58
대방언구획 31
대방언의 음운목록 283
도시방언 61
동남방언 31
동남방언의 존대등분 128
동북방언 31
동북방언의 존대등분 133
동작동사 27
들짐승과 날짐승 어휘 259

ㅁ
마찰음소 82
모음소 78
모음충돌 256
목적격어미 219, 224
목적어 23
문법 교육 203
문법 범주 219
문법적 의미 23
문법적인 문장 125
문법형태 23
문법형태소 20, 122, 126
문법형태화 218
문어(文語) 224

ㅂ
반모음 83
반자음 83
방언 22, 56-59
방언의 간섭 62
방언의 성격 31, 62
방언의 접촉 62
방언의 중요성 31, 65
방언의 형성 31, 59
변종 58
변형·생성문법 202
보문화 199
보수성 62, 64
보편적 문법 202
복합형태소 121, 123
부가의문문 50
부사격어미 219
불연속체 76
불완전타동사 196
불완전한 정보 202
비문법적인 문장 125, 207
비성조방언 78
비음성 25
비(鼻)음소 82
비음소화 89
비음장방언 78
비음장·비성조방언 31, 33, 78

ㅅ
사고(=생각) 20
사투리 59
사회방언 60
상승조소 78
상층어(上層語, adstratum) 61
상태동사 27
색채어휘 235
서남방언 31
서남방언의 존대등분 134
서법(敍法, mood) 127
서북방언 31
서북방언의 존대등분 135
서술어 23, 195
선어말어미 201, 212, 292
성문음소 82
성분 23, 125
성조 78
성조방언 31, 33, 78
성조소 목록 78
소리 75
소방언 58
순간행위연속 197
신체어휘 235

ㅇ
아저씨체 147, 177, 289, 290
양순음소 81
양순음소화 91
어간말 /어/ 또는 /아/ 탈락 108
어간말의 /ㄹ/ 탈락 108
어간말의 /으/ 탈락 111
어간말의 /ㅎ/ 탈락 107, 286
어간 형태 25
어간 형태소 24
어미 25
어미말의 /ㄹ/ 탈락 286
어미초의 /으/ 탈락 106, 286
어미 형태 25
어미 형태소 25
어촌어휘 235
어휘 235
어휘론 27, 125
어휘적 의미 23
어휘체계 27
어휘형태 23
어휘형태소 122
어휘화한 이형태 121, 124, 218

언어(=말) 20, 21, 56, 57
언어상대성 가설 21
언어의 간섭 62
언어의 접촉 62
언어학적 이해 능력 21
언어활동 76
연결어미 195, 291
연구개음소 81
연구개음소화 90
연속체 76
영수체 147, 288
완전자동사 195
완전타동사 195
요리동사어휘 235
운소 77
원순모음소화 208
유기음소화 113, 286
유(流)음소 82
유음소화 93, 285
음성 75
음소 24, 77
음소목록 25
음소의 변동 25
음식과 음식 재료 어휘 265
음운 76
음운과정 25, 87
음운규칙 26
음운론 26
음운 목록 75
음운체계 75
음장 78
음장방언 31, 33, 78
음파 76
의문법 종결어미 145, 288
의사소통 20, 76
의존형태소 123
이유표시 연결어미 209
이중목적타동사(수여동사) 196
이해하는 능력 21
이형태 23, 119
인체 어휘 250

ㅈ

자네체 147, 289, 291
자립형태소 122
자음소 77
자음소군 단순화 102, 285
자음소동화 88, 284
자음소 목록 80
장(長)모음소 78
재구(再構) 211
저조소 78
저층어(底層語, substratum) 61
절단(切斷, truncation) 160, 212
접두사 122
접미사 122
접촉 62
접촉방언 60
제주방언 31
제주방언의 존대등분 141
조건 문장 206
조건표시의 연결어미 206
조음방식 82
조음위치 81
존대등분 126, 287
종결어미 145
종속연결어미 197
주격어미 219, 220
주어 23
중방언 58
중부방언 31
중부방언의 존대등분 136
지역방언 60
지역어 59
지칭어 235

ㅊ
채소 어휘 269
청자 127
최소의 음성단위 77
추단표시 선어말어미 217
추상적인 단어 242
축약 112
치음 81
치조음소 81
친족어휘 235, 244

ㅌ
통사론 27, 125
통어론 125

ㅍ
파생접미사 201
파열음소 82
파찰음소 82
평파열음소화 87, 284
표준어 58
표준한국어 67
표현 76
표현하는 능력 21

ㅎ
하게체 147
하이소체 147
한국어 20, 58
한국어 문법 20
한국어 방언 58
한국어 방언의 실상 31
한국어의 기본문 195
한국어의 존대법 287
한국언어지도집 31
할아버지체 147, 183, 289, 290
해라체 147
형용사 27, 195
형태 23
형태론 125
형태분석 200
형태소 23, 120, 122
형태소 설정 23
형태음소 24
호격어미 219, 229
호칭어 235
활용어미 126, 143, 287
활용형 25
활음소 83
히아투스(hiatus) 256

· 어간색인 ①

{가, 개}매티 265
{귀/구}체보다 277
{놈, 놈}삐 269
{몰, 말}류다 273
(보리)골 265
{상, 생}치 269
{쉐, 세}우리 269
{쉬, 시}엄 251
{읎, 읎}다 277
{젼, 제}껭이 252
{졸, 줄} 236
(춤)비눔 263
{파, 포}랭이 239
(패)마농 269

ㄱ
가개비 277
가루 265
가르(도) 265
가리 265
가마 275
가막딸리 263

가매치 273
가무(+대) 265
가미 265
가미이 275
가분다리 272
가뿍 275
가상 274
가새 272, 276
가소마니 276
가스아바지 249
가스어마니 249
가슬 64, 236
가:시 275
가시개 272
가시아바지 249
가시아방 249
가시어마니 249
가시어멍 249
가실 64, 236
가싥 64, 236
가알 236
가읅 236
가이 276
가주 276
가툴하다 274
각단이 275
각시질허다 275
간대르 274
간:디 275
간진자리 275
갈가비 277
갈그(+대) 265
갈기 265
갈독지 277
갈때 263
갈:때 263
갈때풀 263
갈아지다 275
갈앙그다 275
갈앍다 275
갈앉다 275
갈퀴지다 277
감비역 277
감주 265
갑 102
값 102
강새이 255
강생이 255
강아지 255
개개비 277
개냉이 273
개똥불 274
개애지 255
개역 277
갠데 274
갱아지 274
거게 275
거따 275
거:시 274
거시기 52
거욱 256
거위 256
거자 275
거작 275
거정청이 278
거지깔 274
거짐 275
거:짓갈 275
거짝거짝 278
거판시롭다 275
겁나 275
겁나게 275
경게 274
게나제나 55
게난 55
게드랑이 252

게사니 256
게읆 272
겐디 55
겡게 273
겡아지 255
겨슬 64
고고리 277
고내기 64
고내이 255
고냉이 64
고넹이 255
고니 64, 257
고들{베/배} 278
고뜬 55
고방 272
고붓고붓 278
고시다 273
고양이 255
고이 64, 257
고장 277
고정듣다 277
고테 276
고티- 53
곤밥 265
곧 52
곧작 278
골배이 273
골칫가심 274
곰만 274
곱소리 277
과:이 255
과:티다 276
괴니 257
구렌나루 251
구리쉐에미 251
구리쉐에미, 쉐에무(+대) 251
구저지다 277
구진꼴하다 277
구진체하다 277
구짝 278
구짱 278
군두 274
군지 274
굴트다 277
궁글궁글 278
궤내기(구) 255
귀얄쒸염 251
그닥그닥 278
그듸 278
그디 55
그랴 277
그런디 52
그럼 67
그려 277
그룽지 272
그리여 277
그스렁 67
그슬먹 67
그시렁 67
그쓰름 67
그질로 275
근디 275
글고 275
기 50
기게 52
기내 274
기래니까 274
기애니까 52, 274
기어니 275
기언치 275
기엉코 275
기우 256
길금 265
길이다 274
ㄱ{로, 루} 265
ㄱ대 263

ᄀᆞ로기 277
ᄀᆞ루기 277
ᄀᆞ슬 236
ᄀᆞ슴 277
ᄀᆞᄉᆞᆯ 64
ᄀᆞᄉᆞᆶ 236
ᄀᆞ음 277
ᄀᆞᆯ개비 277
까리비다 273
까마티 265
까시롭다 275
깐딱 275
깜:밥 265
깝 102
깝치다 273
깨네기 273
께나 275
꼬꼽쟁이 275
꼬꾸영(구) 251
꼬내기(신) 255
꼭대기 252
꽁 260
꽂보무라지 273
꾸무리하다 273
꿔이 260
꿩: 260
끄럼 67
끄름 67
끄스럼 67
끄스름 67
끄시럼 67
끄시름 273
끄으럼 67
끄지름 273
끈지름 273
끝타부 276
낄장구 263

ㄴ

나마리 276
나무새(집) 269
나물(산) 269
나상구 274
나새이 269
나생이 269, 270
나숭개 274
나숭게 269
나시 269
나싱개 272
나이 269
나조 273
나찹다 275
나풀나풀 278
난물 276
난쟁이 269
날구다 274
남자리 273, 275, 276
낭중 277
내 50
내낭 278
내바끄다 278
내바트다 278
내씩내씩 278
내애나 50
내훑다 277
냉갈 274
너꾸리 253
너벅지 273
넉 102
넋 102
널:다 274
널리다 278
넘 54
넓다 277
넓차개 276
네끼다 278

녀꾸리 253
녀진 52
노고지리 260
노구지리 260
노란허다 275
노루 259
노:루 259
노리 259
노{믈, 물} 269
노지리 260
녹{떼, 띠}시엄 251
놀가지 259
놀개이 259
놀기(-이) 259
놀기다 274
놀:멘 276
누나 249
누님 249
누렁밥 265
누렁지 265
누렝이 265
누룽지 265
누부 249
누이 249
누이니메 249
눅다 274
눈드베 251
눈뚜겅 251
눈뚜겅이 251
눈뚜게 251
눈뚜껑 251
눈뚜덩 251
눈뜨베 251
눈짠덩 251
눈짠덩이 251
눈텅이 251
눈테이 251
눈티이 251
눙꺼풀 251
느베 249
능가 272
능까 272
니마빼이 251
니망 251
니매 251
니어 276
니팝 265
니:팝 265

ㄷ

다람쥉이 260
다람지 260
다부 273
다황 272
닥 54
닥싸리 263
닦다 274
단술 265
달부다 275
닳다 275
당추 276
대럼 249
대리미 249
대통 273
댐 53
댕가지 276
댕추 276
더버 67
덥박 278
덩삭이 278
덩싹덩싹 278
데끼다 278
데침박다 277
도나다 277
도동넘바늘 263
도딕키다 273

도라지 269
도랏 269
도새기 255
도야지 255
도투비느리 263
독 55, 274
독세기 55
돋 255
돌 102
돌개 269
돌씨 102
돔베 277
돔부다 273
동개다 273
동곳 277
동달쌔 260
동삼 273
돝 255
돼:지 255
되련님 249
되른님 249
되야지 255
두깨비 263
두룩 274
두지 272
두지기 274
둥구리 256
둥굴쉐 256
뒈예주 255
뒤출집다 277
드티우다 274
듣기다 273, 274
드람지 260
득꼬달 263
득새기 277
들라내다 277
따물다 277
따몰다 277
따바리 273
따뱅이 273
딸기다 274
떼까우 256
또가리 274
또랑 274
또바리 273
똘 274
똘가데디다 274
뜸북쌔 260
뜨음딸 260
뜸부기 260
뜸북쌩이 260
뙬풀다 277

ㅁ
마농 277
마누래 274
마다매 247
마다바네 247
마다바니 247
마다바지 247
마더머니 247
마루새 276
마슬 67
마실 67
마알 67
만저 274
맏아뱀 276
맏어맴 276
말기(다) 66
말기다 273
망하다 277
망홯다 277
매사미친다 276
맥지 273
맷가심 274
맹 273

머 51
머꺼딩이 272
머끄데이 252
머라쿤다 273
머리까락 252
머리꺼대기 272
머리끼 252
머리상곡때기 252
머리카랑 252
머리칼 252
머시락허다 275
멀끄디이 252
멀크락 252
멋: 274
멍장구 273
멕쎄기 273
멩고롬허다 275
모둘치다 275
모디(寸) 239
모리다 275
모실 67
모테다 275
모트다 275
몰쌍시롭다 275
몽댕이 276
무끼 269
무리 273
무수 269, 276
무순둘레 263
무스그 52
무시 269
무심둘레 263
무우 269
무허다 277
묵쩨기 265
문들레 263
문입젱이 277
묻기다 274
물구덕 277
물구룸허다 275
물딸기 260
물자리 277
물쩰 277
물팍 274
뭇하다 277
뭇허다 277
미죽다 278
민둘레 263
민들레 263
밀께 265
밀껴우리 265
밀{쭈, 추}시 265
밀찌부레기 265
밀찌울 265

ㅂ

바{ㅅ-ㅌ} 121
바깥쉐 256
바농 263, 277
바당 277
바람치다 277
바르카다 277
바릇가다 277
바쁘다 274
바쭈기 260
받깔쉐 256
받(<밧)어르신 246
밤물 265
밤버리 277
밤주리 277
밥깜주 265
배끼 273
배우리 256, 274
백부님 247
백지 273
뱅모 247

버끔 274
버디다 274
버리 276
버큼 274
벌차다 276
베짜개 263
베채기 263
벡이다 275
벨르 274
벵아리 256
병아리 256
보꾸다 275
보둠기다 275
보둠다 275
보둠키다 275
보듬다 273
보리싹누룩 265
보릿가실 275
보족가리 275
볼르다 275
볼부다 275
볿다(踏) 239, 275
봉닥찌 252
봉대기 276
부루 269
부석 273
부시 273
부적 273
부직 273
부{초, 추} 236
부:추 269
북새 274
분주하다 274
분{초, 추} 236
불거디 276
불거지 276
불구지 276
불기 269
불다 277
불술기 273
붓쟁이 276
비듬 263
비룸 263
비름 263
비리 272
비린닙 263
비바리 277
빙애기 256
빙장님 249
빠마데기 275
빡:찌 260
빨:쭈 260
빨간허다 275
빨쮜 260
빼뿌쨍이 263
뺍째이 263
뺍:째이 263
뱃올쮜 260
뽈다(吸) 239
뽈딱쟁이 275
뿌사리 256, 274
삐가리 256
삐개이 256
삐비 273
삐삐 273
삐아리 256
삐치다 274

ㅅ

사뷩 64
산 274
산내끼 276
살기 259
살밥 265
살괭이 259
상추 269

삭 274
새 263
새꼬롬하다 273
새뱅이 64, 67
새비 64, 67, 272
새빠닥 252
새{와/워}니 249
새첩다 273
샘일 52
샙빠늘 252
샛거리 275
샛바람 274
생우지 67
생이 67
샥시 276
서 252
서나 276
서빠늘 252
성이 54
세 252
세과디 276
세띠 252
세벤주룽ᄒᆞ다 278
세빠늘 252
세양치 255
셉빠늘 252
소{불, 풀} 236
소곰재: 274
소곰쟁이 274, 276
소나기 274
소세 70
소슬 70
소시 70
소체 70
소츨 70
소치 70
소통 273
솔 236
솔: 269
솟 54, 71
솟/솥 71
송아지 255
송애기 255
솣 71
솣/솥 70, 71
수꿩 272
수꿍 272
수꿍그(+대) 252
수꿍기 252
수닥 256
수더구 276
수쏘 256
수탁 256
숨을내기 273
숭능 265
숭늉 265
숭님 265
숭영 265
쉐에미 251
쉐에{미, 무} 251
쉐에지 255
쉐투리 273
쉬:예미 251
쉬염 251
슁뉴우(+대) 265
스아버님 247
스애끼 249
스어마님 247
슬기 259
슷다 274
시동상 249
시시마꿈 273
시아 249
시아바이 247
시아바지 247
시아버지 247

시어마이 247
시어머니 247
시염 251
시지마굼 273
시케 265
식 259
신다리 273
실개이 259
심장구 273
싱거무 273
싱뉴이 265
싸다 274
쌀가지 259
쌀밥 265
쌩고롬허다 275
쌩구룸허다 275
쌩뎅이 275
쎄허다 275
쑤왁허다 276
쒜비 64, 67
쓰리 252
쓸 252
씨롭다 275
씨아방 247
씨아버지 247
씨어머니 247

ㅇ
아그덜 274
아먼 52
아바제 246, 249
아바지 246
아반님 247
아방 246, 277
아배 186, 246
아뱀 247
아버님 246, 247, 249
아버임 247
아버지 246, 247, 249
아부님 246, 247
아부임 247
아부지 246
아빠 246
아슴채이오 273
아심찮다 273
아지 273
아지방 249
아채기 273
안어르신 246
알괴(다) 66
알구(다) 66
알구다 274
알귀(다) 66
알기(다) 66
알쭌하다 276
알쿠다 274
앗아빼:다 274
앙그다 275
앙까이 273
애앵구 273
앤 49, 52, 257
야달 102
야들 53
야듦 51
야듭 274
야발쟁이 275
야시 64, 259, 272
야중 277
야찹다 275
약꾸리(구) 253
양 55
어드메 274
어렵다 274
어마 246
어마네 246, 249
어마{니, 님} 246

어매 186
어맴 186, 247
어머니 246, 247, 249
어머님 246, 247, 249
어멍 246, 277
어무니 246
어무님 247
어무이 246, 247
어언제 273
어웍 263
어지럽다 274
억수로 273
얻어보다 274
얼라 50
얼{렁/룽} 277
얼커니 276
엄마 246
엉겅기 263
엉넌 276
에미{네/낸:} 276
에비다 273
에펜아 51
여{ㄲ, ㅅ} 259
여께이 64
여깽이 64
여끼 64
여덜 102
여덥 102
여라 52
여수 64
여시 64
여:시 259
여우 259
여:우 259
여위 64
여의 259
여이 259
여찌름 265
여파리 273
여호 64
여후 259
역꾸리 253
역꾸리(신) 253
염:지 269
엽{깔, 꽐}리 253
영팽이 64
영끼 64
영우 64
영이 64
예끼 64
예비다 273
예수 64, 259, 272
오구랑죽 273
오꽂 278
오레미 276
오론도론 278
오롬 277
오르바니 276
오름 277
옳다 274
옴:허다 276
완으르 274
왕:새 263
왜크라바네 244
왜크라바니 244
왜클매 244
왜할머니 244
왠: 274
외하나부지 244
외할머니 244
외할무니 244
요답 102
요덥 102
요돕 102
욕보다 274
우경 269

우덜 276
우{방, 벙}지 269
우벙이 269
우봉 269
우엉 269
우왕 269
우티 276
울구(다) 66
울기(다) 66
움물 276
웍:쌀나무 263
웨에할배 244
웨하르방 244
웨할망 244
웨에할매 244
웨할머니 244
웨할머님 244
이기덜 274
이마 251
이망 251
이매 251
이멩이 251
이새물 273
이케 50
인저 277
인차 274
임데이쪼광 251
입빠{위, 이} 252
입서{벌, 버리} 252
입서블 64
입수구리 64
입수부리 64
입술기 64
입시울 64
입쑬 252
입쑬가리 252
입짝 276

ㅈ

자개미 273
자라이 274
자마리 276
자물씨다 275
자배기 185
자부름 272
자울치다 275
자트래이 252
작숙 274
잠자리 276
장꿩 260
장냥 54, 276
장닥 256
장딕 256
장딱 256
장딸 256
장모 249
장모님 249
장물 273
장인 249
장인어르신 249
장인어른 249
재래지 273
재매기 273
재장바르다 276
잰재리 274, 276
잼자리 274, 276
쟈개애미 252
쟝모님 249
저그니 249
저그아 276
저드렁이 252
저슬 64
저실 64, 272
저싦 64
저읆 272
저탈{밋, 밑} 252

접짝 276
정{구, 고}지 236
정구지 269
정수리 252
조출레 277
조코고리 277
종다리 260
종질새 260
주룸 251
주룸(쌀) 251
주름살 251
주름쌀 251
주벅 274
즐게 276
지게미 274
지껄이다 274
지렁 272, 273
지주움지주움 273
지지베 276
지치다 277
질갱이 263
질굼 265
질금 265
질찌개미 265
짓가심 274
징하다 275
징합다 275
짜구배 274
짜다락 51
짤기다 273
짱박 252
짱배기 252
쪽다 273
쭈구럭살 251
쭈룩쌀 251
쯤 273
찐:데기 263
찔게 276

ㅊ
차대기 274
차두 274
차마리 275
차미 54
차전자 263
찬밥 276
찰레비 273
참바리 275
채소 269
채:소 269
채:수 269
채애소(신) 269
채애수(구) 269
처모 249
처진거리 275
철갱이 273
철기 273
추부 272
추비 272
치비 272
치와라 276

ㅋ
칼 263
칼큻다 273
코{페, 피}랭이 251
코고망 251
코깨애지 251
코꾸냥 251
코꾸녕 251
코꾸녁 251
코꾸먹 251
코꾸멍(신) 251
코꾸무 251
코따까리 251
코따댕이 251
코딱지 251

코찐재리 251
크나반 276
크나방 247
크나배 247, 276
크나버님 247
크나버지 247
크나부지 247
크너매 247
크너머니 247
크너머님 247
크너멍 247
크너무이 247
크라매 244
크라바네 244
크라바니 244
크라바지 244
큰엄매 247
클마니 244, 276
클만 276
클매 244
클아반 51

ㅌ
태깍질 275
투대 276
틀부다 275
티껍다 276

ㅍ
파 269
파데디다 274
파이 269
파이(팡이) 269
팡가티다 276
팡게 269
패내끼 273
퍼깍질 275
퍼꺽질 275
퍼리 239
포리 239
폴(臂) 239
폴쎄 275
푸초 269

ㅎ
하나부지 244, 245
하나비 245
하나씨 244, 245
하낭 276
하라바지 244
하라버님 244
하라버지 244
하라부지 244
하르방 277
하르버님 244
하마 273
하모 273
한빨띠이 273
한솔 276
한심하다 274
할딱 275
할딱보 275
할마시 51
할망 277
할매 186, 244
할맴 186
할머니 244
할머님 244
할메에 274
할무이 244
할배 244
할부지 244
함부레 273
항거석 273
항소 256
해가우리 263

해개부리 263
해다 277
해바래기 263
해애바라기 263
해자부리 273
행오리 273
허다 277
허튀 273
헐하다 274
헤(때기) 252
헤간 51
헷바늘 252
형데 51
호부래비 272
호숩다 275
호시다 275
호양 273
황새 263
황소 256
황쇠 256
후비다 273
후:제 275
후추 276
흐니허다 276
흑 102
흔디 51
흙 102
힌동제 251
힌자시 251
힌자우 251
힌저울 251
힌창 251
힌채이 251

· 어간색인 ②

(X)ㅎ{ㅏ-ㅐ}- 111
(X)해- 111
{시-*ㅅ}- 217
{이시-잇}- 217

ㄱ

깕- 103

ㄴ

농가디- 52
니- 96

ㄷ

다{∅-ㄹ}르- 112
달{이-르}- 112
달르- 112
닭- 103
답따바- 114
답따파- 114
답땁하- 114
따드타- 114
따뜨다- 114
따뜯하- 114

ㅁ

맨들- 53
몬하- 50
무태- 54
묵- 50

ㅂ

부- 55
비아- 50
빫- 51
뻔지- 51

ㅅ
생가가- 114
생가카- 114
생각하- 114
쉬- 49
심심해- 54

ㅇ
아이- 50
애니- 52
언주- 55
엾- 50
없- 102
엇- 56
여란허- 54
우:트- 53
욦- 54

ㅈ
쟝만하- 51
쬚- 103

ㅊ
촐리- 56

ㅎ
하- 55

· 어미색인

-{가, 고}? 147, 163
-{가, 까} 294
-{가, 거}시- 218
-{가시, 갓}- 213, 292
-{갓, 겻}- 218
-{개, 게}시- 218
-{개시, 갯}- 213, 292
-{갯, 겟}- 218
-{거, ᄀᆞ}- 218
-{거시, 것}- 218
-{과, 가} 294
-{과, 꽈} 294
-{게, 기}- 218
-{나, 노}? 147, 159
-능고? 167
-{능, 응}가? 172, 173
-{능, 응}{가,고}? 167
-{능, 응}교? 187, 289
-{니, 냐}? 164
-(니)이껴? 186, 289
-{다'아, 도'오}? 154
-{디, 디아}? 165
-{라, 로}? 150
-{ㅅ-j}오 135
-{소, 오}? 179, 191
-{소와, 와}? 181
-{소, 요}? 178
-{수, 우}까? 194
-{슴, 음}네까? 191
-{슴, 음}니까? 188, 193
-{슴, 음}두? 189
-{슴, 음}마? 180
-{습/십, 읍}디여? 190
-{습, 읍}던두? 189
-{습, 읍}데? 180, 289, 290
-{습, 읍}데까? 188, 192
-{심, 음}니꺼? 184, 289
-{심, 음}니{껴/꺄}? 189
-{십, 읍}디까? 178
-{십, 읍}디꺼? 184, 289
-{앗, 아시}- 213, 292
-{앗-아시}- 214
-{애, 에}시- 215
-{앳, 엣}- 215
-{와, 과} 294

-{요, 예} 294
*-으니까ㄴV 211
-{으, 르} 294
-{을, 로} 294
-{을, 를} 294
-응가? 167
-응고? 167
-{이, 가} 294
-{이, 가/거} 294
-{하, 허}구 294

ㄱ

-가 227
-가? 148, 151, 157, 164, 288, 290
-가시- 215
-간? 161
-갓- 215
-갯- 218
-거 218, 221
-거잇- 218
-것- 215
-것-/-겟- 213, 292
-겄- 213, 292
-게 129, 130, 132, 133, 137-141
-겟- 215, 218
-겠- 213, 218, 292
-고? 148, 151, 164, 290
-고사나 204
-고?와 -나? 288
-골랑 49
-과 227
-광 229, 294
-꺼정 54
-꼬 49

ㄴ

-나? 137, 138, 148, 155, 159, 174, 289
-난 55
-냐? 135, 156, 162, 164, 290
-네? 136, 138, 158
-노? 129-133, 148, 159, 288, 289
-능가? 129-133, 135, 167, 172, 173
-능고? 167
-능교? 187
-능기요? 131
-니? 134, 137, 139, 140, 162, 164, 290
-니(이)껴? 133

ㄷ

-다아? 154
-더나? 154, 155
-더{나, 노}? 153
-더냐? 155, 160, 162
-더노? 154
-더니 160
-더니? 155
-던? 160, 161
-던강 49
-덩가? 168, 174, 176
-덩{가, 고}? 168, 176, 291
-덩고? 168, 176
-덩교? 187, 289
-데? 162
-도오? 154
-두 54
-드냐〈-더냐〉? 156
-든? 156
-등가? 172
-디 52, 53
-디? 165, 290
-디냐? 156
-디아? 165, 290
-디야? 156
-디오 53
-디이껴? 186, 289

ㄹ
-라? 151
-라 50, 53, 153
-라우 53
-래 151
-래요 51
-로? 151
-로 49, 50, 226
-르 51

ㅁ
-마씨 55

ㅂ
-보텀 52

ㅅ
-서 140
-소 134, 135
-소? 129, 132, 134-136, 140, 178, 179, 182, 191
-소와? 181
-수? 141
-수까? 194
-수다 55
-슴네까? 191
-슴니까? 137, 140, 188, 193
-슴두? 134, 189
-슴마? 136, 180
-습던두? 189
-습데 182
-습데? 180
-습데까? 188, 192
-습/십디여? 190
-시꺄? 141
-심니꺼? 129, 130, 184
-심니{껴/꺄}? 189
-십디까? 178
-십디꺼? 185

ㅇ
-아 229, 294
-아게지구 53
-아네 55
-아라 129, 130, 132-137, 140
-아요? 132
-아요 132, 136
-안? 161
-암사신디 205
-앗- 213, 292
-앗{∅-이}- 214
-앗{이-∅}- 214
-았- 213, 292
-야 229
-어 139
-어? 139-141
-어냐? 166
-어라 138-141
-어멍 55
-어서러 50
-어시- 55
-어시오 53
-어야? 166
-어요? 290
-어유? 138, 139
-엇는 50
-엉 55
-엉가? 176
-엉{가, 고}? 176, 291
-엉고? 176
-영 229, 294
-예 230, 294
-오? 179, 191
-와? 181
-왕 55
-요 134, 178, 230, 294

-우/오? 182
-우까? 194
-우꽈 55
-으 51, 226
-으{마, 만} 205, 292
-으{머, 먼} 205, 292
-으{모, 몬} 205, 292
-으{무, 문} 205, 292
-으까미 204
-으나네 209, 292
-으난 209, 292
-으냐? 162
-으느 49
-으는 51
-으니? 162
-으니{까, 깐} 209, 292
-으니{까, 끼}니 209, 292
-으니까 209, 292
-으니까네 209, 292
-으니까니 53
-으니깐두루 209, 292
-으니꺼네 209, 292
-으레 54
-으렌 56
-으로 226
-으루 54
-으르 226, 294
-으를 226, 294
-으머 50
-으먼 205, 292
-으문 205, 292
-으믄 54, 205, 292
-으민 205, 292
-으세요 137, 140
-으세요? 192, 290
-으세유 139
-으세유? 139
-으소 129, 131-133, 140
-으시 136
-으시소 131
-으시오 138
-으씨요 135
-으이께네 49
-으이소 129, 130
-으크- 213, 292
-은? 161
-은가미 204
-은게 56
-은고라 55
-은뎬 55
-은두 52
-을 294
-을건 204
-을래 204
-음네까? 191, 194
-음니까? 188, 193
-음니꺼? 184
-음니{껴/꺄}? 189
-음두? 189
-음마? 181
-음서? 141
-음수꽝? 141
-음시냐? 141
-읍던두? 189
-읍데 182
-읍데? 180
-읍데까? 188, 192, 195
-읍디까? 178
-읍디꺼 185
-읍디여? 190
-읍서 141
-읍소 134
-읍주 55
-읍주게 55
-응{가, 고}? 175, 291
-응가? 167, 172-175

-응게 52, 209, 292
-응고? 167, 175
-응교? 187
-응께 209, 292
-응께네 209, 292
-이 54, 221, 294
-이{라, 래} 294
-이가 222, 294
-이라 223, 294
-이라(서) 294
-이라서느 223, 294
-이랑 229, 294
-이래 223, 294

ㅈ
-저 56
-젠 55

ㅋ
-캉 50, 229, 294

ㅎ
-하고 227, 294
-하구 294
-허고 228
-허구 228, 294
-ᄒᆞ고 294

석학人文강좌 58